Couvertures supérieure et inférieure manquantes.

DE LA

MÉTAPHYSIQUE

CONSIDÉRÉE

COMME SCIENCE

DE LA

MÉTAPHYSIQUE

CONSIDÉRÉE

COMME SCIENCE

PAR

J.-E. ALAUX

DOCTEUR ÈS-LETTRES, PROFESSEUR AGRÉGÉ DE PHILOSOPHIE

Ouvrage qui a obtenu une mention honorable
à l'Académie des sciences morales et politiques

> Il est indigne de l'homme de ne pas
> chercher la science à laquelle il peut
> atteindre.
>
> ARISTOTE, *Métaphysique*, 1, 2.

PARIS

G. PEDONE-LAURIEL, LIBRAIRE-ÉDITEUR

13, rue Soufflot, 13

1879

Tous droits réservés

AVANT-PROPOS

—

L'Académie des sciences morales et politiques avait proposé, pour un prix de philosophie à décerner en 1877, le sujet suivant : *De la métaphysique considérée comme science ;* et elle en avait tracé le programme en ces termes :

1º Les concurrents rechercheront quelle est la nature, quelles sont les conditions et les lois de ce qu'on doit appeler *science*, et ils se demanderont si, et jusqu'à quel point, cette dénomination peut être appliquée à la métaphysique elle-même ;

2º Après cette recherche préliminaire, ils examineront si l'esprit humain est capable de connaître autre chose que des phénomènes et des rapports de phénomènes, et si ce qu'on nomme cause, substance, espace, temps, infini, absolu, parfait, sont des notions sans valeur et sans signification ;

3º En supposant que, après l'examen précédent, les concurrents aient reconnu aux notions précitées au moins une réalité subjective, ils auront à rechercher si elles ont, en outre, une valeur objective ou si elles ne sont que les lois de l'esprit humain ;

4º Enfin les concurrents se demanderont, en terminant, pour quelle raison la métaphysique, dès son origine, s'est trouvée divisée en systèmes opposés, et depuis lors toujours renaissants ; si cette division est nécessaire, et si elle se reproduira dans l'avenir comme dans le passé, ou s'il y a lieu d'espérer, par des recherches plus exactes et une étude plus approfondie de ces mêmes systèmes, l'établissement d'une métaphysique une et définitive.

Un tel sujet intéressait au plus haut degré tous les philosophes. Aussi le concours a-t-il été déclaré « nombreux et brillant. » — « Sur douze mémoires présentés, ajoute le président de l'Académie en son discours lu à la séance publique annuelle de 1878, sept sont des ouvrages très sérieux. » Il en distingue plusieurs : deux en première ligne, ceux de M. Liard et de M. Desdouits, qui ont été couronnés ; puis deux autres : « Afin de ne pas laisser sans un témoignage de satisfaction, dit-il, le mérite de deux autres ouvrages qu'a produits ce remarquable concours, deux mentions honorables sont accordées, l'une à M. Domet de Vorges, auteur du mémoire n° 7, l'autre à M. Alaux, professeur agrégé de philosophie au lycée de Nice, auteur du mémoire n° 11. »

Les ouvrages qui ont obtenu les prix ne sont pas encore publiés, à notre grand regret, comme au regret de tout le monde philosophique. Nous en espérons, nous en demandons la publication prochaine. En l'attendant, nous publions le nôtre. En pareille matière, un livre n'empêche ni ne remplace un autre livre, parce que chaque auteur a ses vues, dont la communication au public est toujours utile : bonnes ou mauvaises, et de grande portée ou de petite, il convient que le public les puisse connaître, ou pour en faire justice et les bannir de la science, ou pour en faire son profit dans la mesure de leur valeur.

Ce livre, quand l'Académie en mit au concours le sujet, était déjà fait en ce qu'il a d'essentiel, et prêt à paraître. Il se rattache étroitement à un autre, publié, il y a peu d'années, sous ce titre : l'*Analyse métaphysique, Méthode pour constituer la philosophie première* [1] ; et quelques pages sont communes aux deux. Dans l'*Avant-propos*, j'annonçais le présent travail comme ayant pour but de « fixer, avec l'objet de la philosophie, la nature de la méthode qu'il commande et la doctrine qu'il suppose et qui est déjà toute une philosophie. » — « Ce livre-ci, ajoutais-je en parlant de celui que je publiais alors, cherche cette méthode, et en trouve une, qu'elle propose : est-ce la bonne ? Qu'on en juge. Celui que j'annonce ne la propose ni ne la cherche, mais se contente d'en déterminer le caractère, et de tirer, d'une définition bien établie de la philosophie, une philosophie : je pourrais obtenir, sur ce terrain plus solide, des résultats qui vaudraient assez par eux-mêmes pour que j'eusse à m'y borner ; j'ai donc préféré consacrer à ces deux objets, savoir, la détermination de la philosophie en soi, et la description de la méthode philosophique ou de l'*analyse métaphysique*, deux ouvrages. » Le dernier fut publié ; l'autre, ajourné, fut annoncé sous ce titre : *La Métaphysique, Etude sur la philosophie première*. L'Académie, en mettant au concours *De la métaphysique considérée comme science*, faisait de mon travail une réponse à une des questions de son programme.

La première partie de mon livre, augmenté à cet effet, répond, en trois chapitres, sur *la science*, sur *les idées de raison*, sur *la valeur objective des idées de raison*, aux trois premières questions ; la seconde partie, plus considérable, répond à la quatrième question, et la dépasse.

Les ouvrages que l'Institut a couronnés se renferment

[1] Paris, Sandoz et Fischbacher, un vol. in-8º.

peut-être mieux dans les limites de son programme ; et peut-être est-ce là un des motifs de sa préférence légitime. Le caractère personnel d'un travail qui, modifié pour le concours, n'avait pas été fait en vue du concours, mais en vue du public, en explique la publication : l'auteur l'envoie à son adresse : heureux de la récompense dont il a été honoré ; heureux surtout que les intérêts de la métaphysique, qu'il estime être au nombre des plus grands intérêts de l'humanité, aient trouvé de plus habiles défenseurs.

LA MÉTAPHYSIQUE

CONSIDÉRÉE COMME SCIENCE

INTRODUCTION

LA CRISE

I

La métaphysique est-elle une science ? Ou, si elle n'est pas encore parvenue à être une science, peut-elle y parvenir un jour ? Ou enfin, si elle ne comporte pas la certitude positive à laquelle prétendent les sciences, comporte-t-elle aujourd'hui, peut-elle arriver à comporter un jour une certitude morale suffisante pour en faire une chose qui ne recevrait pas le nom de science, mais qui ne vaudrait pas moins, qui même, à beaucoup d'égards et toute compensation faite, vaudrait mieux ?

Question délicate et singulièrement malaisée à résoudre, mais capitale : c'est la question vitale de la philosophie dans cette « crise philosophique » où nous sommes, pour prendre à un penseur éminent [1] le mot dont il a justement caractérisé la situation intellectuelle de notre siècle.

Cette situation intellectuelle, cette crise de la philosophie contemporaine, est le *positivisme* : non sans doute la doctrine même de l'école dite *positiviste*, mais l'esprit qui a inspiré cette doctrine, et dont le règne lui conquiert aisément une influence supérieure à sa valeur propre. Disons, pour user d'une expression moins répandue peut-être, mais plus exacte, l'empirisme, naturellement lié au matérialisme. Car telle est la gravité de la question : elle n'engage pas seulement la science, mais la vie. Matérialisme et empirisme vont ensemble, non par une nécessité logique, mais par une étroite affinité de nature.

L'empirisme est la doctrine qui, n'admettant pas d'autre connaissance que la connaissance expérimentale, veut réduire la science humaine aux phénomènes et à leurs lois; le matérialisme est la doctrine qui, n'admettant pas d'autre substance que la matière, veut réduire l'homme à son corps.

Il y a là deux questions distinctes, et nous

---

[1] P. Janet, *La crise philosophique*.

n'avons garde de les confondre. La première est la seule dont nous ayons à nous occuper ici : l'esprit doit-il toutes ses idées à l'expérience, ou porte-t-il en soi des idées innées, — non des pensées innées, mais des idées constitutives de la raison, irréductibles à l'expérience, et nécessaires à la connaissance même expérimentale ? Faut-il dire avec l'empirisme de tous les temps : *Nihil est in intellectu quod non prius fuerit in sensu* ? Ou faut-il ajouter avec Leibniz et avec l'idéalisme : *Nisi intellectus ipse* ? L'idéaliste ne nie pas l'expérience ; l'empiriste nie la raison. Il n'existe point de métaphysique pour qui nie la raison ; mais la métaphysique est-elle seule en cause, et pour qui nie la raison existe-t-il encore une âme ?

L'autre question n'est point de savoir si l'homme a une âme, mais s'il est âme, distincte de son corps. On ne conteste pas l'âme : ce serait contester la pensée, et les plus acharnés adversaires du spiritualisme ne mettent pas en doute leur propre esprit. Mais l'âme n'est-elle qu'une fonction du cerveau, — du système cérébro-spinal, comme on dit aujourd'hui ; l'homme est-il un corps ayant une âme, c'est-à-dire un corps capable de sentir, de penser, de vouloir ? L'homme donc est-il un corps ayant une âme, ou une âme ayant un corps ? Suis-je un corps vivant, un cerveau pensant ? ou cet être conscient que je suis (car enfin je suis un être, et conscient) est-il distinct du cerveau, du corps, de l'organisme, sans lequel je ne penserais pas, mais pure condition entre d'autres possibles de ma pensée, excitateur extérieur à moi de mon être virtuel, suscitateur de ma conscience ? Mon corps et moi sommes-nous deux ?

Question d'une souveraine importance pour la conduite de la vie ! Si nous sommes deux, quelle que soit la part du corps dans la formation de la conscience et de la pensée, — et certes le spiritualisme la lui fait aussi grande que peuvent le prétendre les plus exigeants des matérialistes, sauf la négation de l'âme toutefois, comme l'idéalisme fait à l'expérience la part aussi grande que peuvent le prétendre les empiristes, sauf la négation de la raison; si donc nous sommes deux, la destinée de l'un n'est point nécessairement celle de l'autre : le corps, j'entends ce corps visible et tangible, ce corps périssable, s'il est la condition des manifestations de l'âme, n'en est que la condition actuelle, mais non la condition nécessaire, unique, absolue : l'immortalité est possible, et dès qu'elle a une raison d'être, elle est. Si le matérialisme est faux, l'âme peut être immortelle ; et si l'empirisme est faux, le matérialisme est faux.

Non que ces deux doctrines soient tellement liées que l'une soit la suite logique de l'autre. Il ne faut pas aggraver l'erreur qu'on relève. Nier l'empirisme, c'est nier le matérialisme ; mais il n'y a point de nécessité que l'empiriste soit matérialiste. Le matérialisme n'est concevable qu'avec l'empirisme ; le spiritualisme l'est dans l'une comme dans l'autre doctrine. Car, ôtez la raison, est-ce à dire qu'il n'y ait point d'âme ? Il ne suffit pas, pour être matérialiste, de ramener la raison à l'expérience et l'expérience à la sensation, mais la sensation à l'impression cérébrale : car la sensation expliquât-elle la connaissance entière, il y aurait encore à se demander si l'être qui sent est le même que le cerveau qui reçoit l'impression, ou s'il est autre. Bacon, ni Locke, ni Condillac, ces grands empiristes, ne sont des matérialistes.

Mais d'autre part, reconnaître une raison constituée par des idées innées, par des principes *a priori*, irréductibles à toute expérience, à toute sensation, c'est reconnaître une force intelligente irréductible à l'instrument de la sensation, un esprit distinct du cerveau et du corps. L'idéaliste sera donc spiritualiste ; l'empiriste même pourra l'être : mais quel motif aura-t-il de l'être ? Le plus souvent il ne le sera pas. D'autant plus que, bien souvent, c'est précisément pour échapper au spiritualisme qu'on est empiriste.

L'empirisme, tel est donc le nom de la sagesse du siècle : c'est-à-dire la foi exclusive (car cela même est une foi) en l'expérience, le rejet a *priori* (car cela même est un a *priori*) de tout ce qui est en dehors des prises de l'expérience, le culte superstitieux et comme l'idolâtrie du fait : tout ce qui n'est pas fait observable ou calculé d'après le fait observable, n'est pas ; mais cela est, qui est un fait, ou qu'un fait donne à l'emploi de la méthode expérimentale, seule méthode qui produise la science, seule méthode qui soit en puissance de vérité. Il n'y a d'autre vérité que la vérité scientifique, ni d'autre science que les sciences d'observation.

Les sciences naturelles dominent, et, comme elles sont maîtresses du terrain, elles font la philosophie à leur image. Tout d'abord elles écartent la métaphysique : la philosophie du jour se partage entre le positivisme, le néocriticisme, et un spiritualisme expérimental, timide et mal assuré, parce qu'il n'est pas fixé sur sa véritable base.

L'école positiviste élimine l'*absolu*, élimine même le *subjectif*, comme elle dit ; elle se réduit à l'observation extérieure des choses visibles, palpables, et cherche l'homme dans son corps : en dépit de ses efforts pour échapper à la métaphysique, elle mène droit au matérialisme, — qui est une métaphysique, elle ne l'ignore pas, et elle l'écarte à ce titre, — mais qu'elle professe sans le reconnaitre, ou qu'elle sous-entend, supposant des affirmations et des négations que sa prétention d'éliminer l'absolu devrait lui interdire.

L'école critique, ou néo-critique, fidèle à Kant dont elle se réclame, se sauve des négations funestes du matérialisme dans un spiritualisme tout moral, par la foi au devoir; sa philosophie, noble mais étroite, est d'élever cette foi sacrée au-dessus de la science, qui, habitant une autre sphère, impuissante à l'atteindre, ne saurait en démontrer ni la vérité ni l'erreur : la poursuite du bien est d'un autre ordre que la recherche des causes naturelles, et l'exécution de la loi morale autre que la détermination des lois physiques : ici, matière de science, là, de croyance; ici œuvre du savant, ayant pour résultat la certitude positive; là, œuvre de l'honnête homme, qui ne saurait vivre honnête homme qu'à la condition de croire, sans certitude positive, au bien et aux conséquences du bien. La haute doctrine de l'école critique, à laquelle on ne fera pas l'injure de la comparer avec l'école positiviste, n'en est pas moins, sous une forme autrement sérieuse, il est vrai, et pour des motifs autrement graves, l'élimination de la métaphysique.

Une école considérable fonde sur l'étude des faits de conscience, sur l'observation de l'âme par elle-même, un spiritualisme expérimental, qui a sa valeur; mais la peur de la métaphysique l'enferme dans un horizon borné. Psychologie, cela, non métaphysique; introduction à la philosophie, si l'on veut : mais rien de plus.

Il y a cependant, dans l'école de M. Cousin, une métaphysique à la suite d'une psychologie. Il y a, dans l'école de M. F. Ravaisson, une psychologie qui est une métaphysique. Il y a, dans les essais de Bordas Demoulin, une indication de métaphysique. Il y a, dans le grand ouvrage que M. E. Vacherot a intitulé : *La métaphysique et la science*, une tentative de constituer la science même de la métaphysique. Ces efforts, et d'autres que nous omettons peut-être, sont l'honneur de notre temps; mais ce sont efforts isolés, et qui n'aboutissent pas, ou qui ne réussissent pas : s'ils ont raison, on ne leur donne pas raison ; ils ne sortent pas, les uns des livres où ils se produisent, les autres d'un cercle de disciples, dirai-je officiels? dûs surtout à la situation personnelle de leurs auteurs : la foule pensante ne les suit pas.

Est-ce ignorance? inintelligence? préoccupation d'esprits ouverts d'un côté, fermés de l'autre? Ou y aurait-il dans ces tentatives de métaphysique une erreur, un vice qui les condamne? Est-ce qu'elles ont le tort de n'être point ce qu'elles doivent être, ou qu'étant ce qu'elles doivent être, le public a le tort de ne pas leur faire l'accueil qu'elles méritent? Est-ce qu'elles n'aboutissent pas, ou qu'elles ne réussissent pas? Nous aurons à nous en rendre compte.

II

Il semble cependant que le dénouement naturel de la crise ne puisse être que le succès d'une métaphysique. Il semble qu'il y ait place pour une métaphysique, et il semble que la philosophie languisse dans l'attente anxieuse de quelque chose, qui ne saurait être autre chose, et qui ne vient pas. Elle s'est arrêtée. Les sciences ont marché. Pendant qu'elle se repose ou qu'elle hésite, incertaine de sa route, les sciences vont, la débordent, l'enveloppent de toutes parts, et bientôt lui prennent son nom même avec sa place. Le jour où il n'y aura plus d'autre philosophie que ce qu'on appelle aujourd'hui la *science*, la philosophie n'existera plus. Existe-t-elle pour ceux qui ne voient que dans la *science* la connaissance raisonnable de la vérité; pour ceux qui retranchent de la vérité tout ce qu'il faut retrancher de la *science*, race de gens dont le nombre va croissant de jour en jour ? Plusieurs, parmi ceux-ci, admettent encore une philosophie dite *positive* : ce n'est, entre eux et les autres, qu'une différence de nom. Au fond, c'est la même doctrine: la même négation de la philosophie.

Il y a, nous croyons pouvoir l'établir, une philosophie scientifique, une métaphysique véritable, aisément reconnaissable au milieu des vaines tentatives d'usurpation : elle a sa tradition, sa marche progressive, comme toutes les sciences; elle est une science, elle a son histoire : l'histoire d'une chose vivante, qui croît et se développe, et dont la variété n'exclut pas l'unité, — la variété de la vie, l'unité de la vie. Mais c'est une vie qui a ses points d'arrêt, ses temps de crise, ses faiblesses même et ses défaillances passagères.

Le grand fait qu'invoque le scepticisme contre la philosophie, c'est la divergence avec l'état stationnaire de ses doctrines. Elle est, dit-on, un champ clos où se battent mille systèmes, toujours les mêmes, et qui ne se renouvellent pas : ceux qui aujourd'hui se disputent le terrain ne sont pas autres que ceux qui se le disputaient hier. Le vaincu du jour est le vainqueur de la veille, vainqueur du lendemain. Ils sont trois ou quatre, avec leurs innombrables variétés, qui reparaissent tour à tour : spiritualisme, matérialisme, scepticisme, mysticisme. Le mal est que le spiritualisme n'a pas changé de figure depuis qu'il a paru dans le monde ; que le matérialisme n'a pas grandi davantage, ni le mysticisme : enfants avortés, incapables de croître.

Ainsi dit le scepticisme, et il ne songe pas qu'il est lui-même un des trois ou quatre, et qu'il n'a pas grandi plus que les autres. Si c'est une raison contre le spiritualisme, qu'il n'est pas le seul occupant du champ de bataille, et qu'il n'a pas fait de progrès depuis qu'il a commencé à paraître, si ce double motif empêche qu'on ne soit spiritualiste, n'empêchera-t-il pas également qu'on ne soit matérialiste ? Car, si le spiritualisme a tort parce qu'il a contre lui le matérialisme, le matérialisme aura le même tort, ayant contre lui le spiritualisme ; et l'on ne voit pas d'ailleurs que ces deux systèmes aient fait plus de progrès l'un que l'autre. Le mysticisme également. Là-dessus, les sceptiques triomphent, et les *positivistes* bâtissent la négation qui est le fondement de la philosophie positive : l'élimination de l'absolu, la suppression pure et simple de la métaphysique. Mais les sceptiques triomphent trop tôt : n'ont-ils pas le même tort, ayant contre eux spiritualistes et matérialistes à la fois ; et voit-on que leur école ait beaucoup renchéri sur les anciennes écoles de scepticisme ? Ou l'esprit humain est juge compétent pour choisir entre les diverses doctrines qui prétendent chacune être la philosophie, sans que les oppositions l'émeuvent outre mesure : il choisira un certain dogmatisme, et il saura que répondre aux autres dogmatistes ainsi qu'aux sceptiques ; — ou il ne l'est point : et, s'il ne peut choisir entre les doctrines, si les oppositions le terrassent, comment ne se sentira-t-il pas terrassé par les oppositions du dogmatisme ? Comment choisira-t-il d'être sceptique ?

Quand donc, au lieu d'étudier les choses en elles-mêmes, on les regarde du dehors, quand on les envisage par leurs caractères extérieurs, quand on ne se demande pas d'une doctrine si elle est vraie, mais si elle rencontre des résistances, ou si elle est lente en sa marche progressive, on se rend impuissant à répondre ; il n'est pas plus permis de répondre scepticisme, qu'un dogmatisme quelconque. On se met dans l'impossibilité de conclure. On suit une voie qui n'a pas d'issue. On s'est fourvoyé dans une impasse.

C'est qu'aussi, s'il n'y a rien de plus répandu, rien de plus vulgaire, que le scepticisme philosophique, il n'y a rien de moins solide que le motif qui en est le fondement vulgaire. Il n'est pas vrai que la philosophie soit un champ de bataille que se disputent mille systèmes. Les mille, aujourd'hui, se réduisent à trois ou quatre, auxquels on ramène tous les autres : au matérialisme, les diverses formes du sensualisme ; au spiritualisme, celles de l'idéalisme ; et dans le scepticisme on fera rentrer les variétés du mysticisme, qui, tenant les problèmes philosophiques pour insolubles à l'intelligence, en demande la solution à d'autres puissances, à un sentiment, à une parole révélatrice, à la foi.

Trois ou quatre, ce serait trop encore : il n'y a pas quatre systèmes philosophiques contraires : car ils ne sont pas tous les quatre philosophiques. En voici d'abord deux qui, visiblement, ne le sont pas : le scepticisme et le mysticisme ; puisqu'ils sont, l'un, la négation, et l'autre le remplacement de la philosophie. Les sceptiques et les mystiques ne sont donc pas des philosophes, mais des adversaires de la philosophie. Quelle bizarrerie, et quelle injustice, de compter leurs opinions au nombre de celles des philosophes, auxquels on impute de la sorte des divergences qui ne viennent pas d'eux, mais précisément de leurs adversaires ! Restent le spiritualisme et le matérialisme. Or, ces deux systèmes ne sont pas seulement différents : ce qui leur permettrait d'être vrais ensemble. Ils ne sont pas contraires : ce qui leur permettrait d'être faux ensemble. Ils sont contradictoires : en sorte que l'un des deux est faux, et l'autre vrai; il y a une philosophie certaine, et il n'y en a qu'une. Il n'y a donc, au fond, qu'un seul système philosophique : c'est ou le matérialisme, ou le spiritualisme. Il faut opter entre les deux. Il n'y a pas lieu de chercher à les concilier, comme plusieurs ont prétendu faire : ils ne peuvent être vrais ensemble, puisqu'ils sont contradictoires. Et il n'y a pas lieu de chercher à les détruire l'un par l'autre au profit du scepticisme philosophique : ils ne peuvent être faux ensemble, puisqu'ils sont contradictoires.

Le matérialisme nie ce qu'affirme le spiritualisme. Si le spiritualisme a raison dans ses affirmations, il est la vraie philosophie ; s'il a tort, le matérialisme est la vraie. Ce qu'affirme le matérialisme, le spiritualisme ne le nie pas : il l'accepte, et y ajoute quelque chose, qui explique tout. L'un dépasse l'autre. Le matérialisme, en ce qu'il a d'affirmatif, est contenu dans le spiritualisme, qui l'enveloppe. Il semble n'être que le commencement d'une philosophie mutilée. Il apparaît comme une négation. Cela seul est une forte présomption en faveur du spiritualisme.

Quoi qu'il en soit, il n'y a de philosophie que l'un des deux ; il n'y a d'histoire de la philosophie que l'histoire de l'un des deux. Qu'on choisisse l'un ou l'autre, et qu'on en fasse l'histoire : celle du spiritualisme, par exemple. Pour un spiritualiste, l'histoire de la philosophie sera l'histoire du spiritualisme : les autres systèmes n'y apparaîtront qu'au second plan, dans leur rapport avec celui-là. Une telle histoire n'aura-t-elle pas son unité ? N'aura-t-elle pas ses développements ? N'offrira-t-elle pas une tradition constante, suivie, progressive ? De même, pour un matérialiste, l'histoire du matérialisme. Le sceptique ni le mystique ne sont des philosophes.

Pour nous, notre choix est fait depuis longtemps. Les affirmations du spiritualisme sont celles même de la croyance générale des hommes. En sorte que, ne parvînt-il pas à les établir d'une manière solide, définitive, scientifique, il aurait encore raison de les soutenir avec le genre humain ; et le matérialisme n'aurait pas seulement, pour triompher, à lui demander de les prouver, mais à prouver contre lui qu'elles sont fausses. Si elles étaient de pures hypothèses toutes gratuites, il faudrait en effet, pour les admettre, en attendre la preuve. Mais c'est chose grave de s'inscrire en faux contre la conscience morale de l'homme, d'où elles émanent : il ne suffit plus alors d'attendre la preuve : il faut faire la preuve opposée, et démontrer que la conscience humaine se trompe en ses affirmations naturelles. Le matérialisme ne peut être vrai qu'à ce prix. C'est à lui de fournir la preuve. Tant qu'il n'y sera point parvenu, le spiritualisme doit être tenu pour vrai.

Le tenir pour vrai, ce n'est point le savoir, c'est le croire : foi, et non science. Le spiritualisme, à son tour, ne comptera pour la science qu'à la condition qu'il se prouve, non du dehors, par son accord avec la foi naturelle du genre humain et par la légitimité de cette foi, mais par la vérité intrinsèque de ses doctrines. S'il se contente de s'exposer, de s'affirmer, sans éclairer la raison, s'il ne se démontre pas, il n'a pas de valeur philosophique. On peut dire, et il sera établi dans la suite, que la philosophie est la démonstration de la vérité telle que l'homme la connaît. C'est ainsi que les maîtres en philosophie, j'entends les plus grands ou du moins les plus renommés et les plus autorisés d'entre les philosophes, sont spiritualistes. Le progrès de la science est dans la croissante perfection de cette démonstration, que chaque jour peut rendre plus complète, plus compréhensive surtout.

On nous reproche d'en être encore aujourd'hui aux vérités philosophiques de Platon. Il est clair que, depuis Platon, nous n'avons pas changé de vérités ; et il serait étrange que ce qui était la vérité eût cessé de l'être. Nous démontrons encore les mêmes, je l'accorde ; et j'imagine que, dans quelques milliers d'années, la physique future établira les mêmes lois que fait celle de nos jours. Nos contemporains admirent la croissance d'une science jeune et qui grandit sous leurs yeux : leurs successeurs, quand elle sera devenue toute grande, la trouveront bien vieille, et trop officielle pour leur indépendance : ils feront une révolution dont l'audace les étonnera et les enorgueillira, et qui sera de reprendre, par amour de la nouveauté, la physique des anciens. — Oui, nous en sommes encore à l'âme, à Dieu, à ces « bons vieux mots un peu lourds (E. Renan). » Oui, nous démontrons, en philosophie, les mêmes vérités que démontrait Platon ; mais nous les démontrons mieux, et avec une compréhension plus large, qui embrasse dans une synthèse beaucoup plus vaste une connaissance beaucoup plus étendue.

On a essayé d'arracher la philosophie à la métaphysique, de lui faire un sort à part, plus humble, mais plus sûr : beaucoup de nos philosophes, et non les moins distingués, ferment à leur prudente pensée l'espace et lui refusent l'essor, s'abstenant de toute question d'origine, de fin, d'essence, de cause première, de portée d'un phénomène au-delà de ce que l'observation donne ou vérifie : ils se bornent à la psychologie expérimentale. Nous en connaissons, et qui occupent un haut rang dans notre estime : ils sont les mieux faits pour la réhabiliter, pour la rétablir, ou, si l'on veut, pour l'établir définitivement en sa vraie place, celle d'une science spéciale, distincte de la métaphysique. Mais sera-ce encore de la philosophie? Mais l'ensemble même des sciences qui se rapportent à l'homme spirituel suffira-t-il, en dehors de toute métaphysique, pour constituer une philosophie? Mais surtout l'esprit humain peut-il se passer de métaphysique? Lui est-il possible de se réduire à l'observation? Observer, expérimenter, comparer, généraliser, classer, induire, je ne demande pas si c'est là tout pour l'homme, je demande si l'homme peut cela même en dehors de toute conception métaphysique? La philosophie n'est pas seulement l'explicatrice des choses, elle est encore la régulatrice des sciences.

On relègue la métaphysique dans le pays des ombres, dans la haute région des nuages, dans les sublimes espaces, vastes et vides; on élimine l'absolu, le rationnel pur, comme la pure chimère : on s'efforce de réduire tout savoir *positif* au relatif, à l'expérimental. On est philosophe d'ailleurs. Les choses spirituelles sont, dit-on, de même que les corporelles, objets d'expérience, et observables à ce titre : elles donnent lieu à tout un groupe de sciences, les *sciences morales*, dont l'ensemble constitue la philosophie.

Les plus francs, ou les plus clairvoyants, ne

trop officielle pour leur indépendance : ils feront une révolution dont l'audace les étonnera et les enorgueillira, et qui sera de reprendre, par amour de la nouveauté, la physique des anciens. — Oui, nous en sommes encore à l'âme, à Dieu, à ces « bons vieux mots un peu lourds (E. Renan). » Oui, nous démontrons, en philosophie, les mêmes vérités que démontrait Platon ; mais nous les démontrons mieux, et avec une compréhension plus large, qui embrasse dans une synthèse beaucoup plus vaste une connaissance beaucoup plus étendue.

On a essayé d'arracher la philosophie à la métaphysique, de lui faire un sort à part, plus humble, mais plus sûr : beaucoup de nos philosophes, et non les moins distingués, ferment à leur prudente pensée l'espace et lui refusent l'essor, s'abstenant de toute question d'origine, de fin, d'essence, de cause première, de portée d'un phénomène au-delà de ce que l'observation donne ou vérifie : ils se bornent à la psychologie expérimentale. Nous en connaissons, et qui occupent un haut rang dans notre estime ; ils sont les mieux faits pour la réhabiliter, pour la rétablir, ou, si l'on veut, pour l'établir définitivement en sa vraie place, celle d'une science spéciale, distincte de la métaphysique. Mais sera-ce encore de la philosophie ? Mais l'ensemble même des sciences qui se rapportent à l'homme spirituel suffira-t-il, en dehors de toute métaphysique, pour constituer une philosophie ? Mais surtout l'esprit humain peut-il se passer de métaphysique ? Lui est-il possible de se réduire à l'observation ? Observer, expérimenter, comparer, généraliser, classer, induire, je ne demande pas si c'est là tout pour l'homme, je demande si l'homme peut cela même en dehors de toute conception métaphysique ? La philosophie n'est pas seulement l'explicatrice des choses, elle est encore la régulatrice des sciences.

On relègue la métaphysique dans le pays des ombres, dans la haute région des nuages, dans les sublimes espaces, vastes et vides ; on élimine l'absolu, le rationnel pur, comme la pure chimère : on s'efforce de réduire tout savoir *positif* au relatif, à l'expérimental. On est philosophe d'ailleurs. Les choses spirituelles sont, dit-on, de même que les corporelles, objets d'expérience, et observables à ce titre : elles donnent lieu à tout un groupe de sciences, les *sciences morales*, dont l'ensemble constitue la philosophie.

Les plus francs, ou les plus clairvoyants, ne

laissent pas de reconnaitre que nulle de ces sciences n'a encore acquis une pleine et entière existence scientifique : la philosophie leur semble n'être encore qu'une sorte de champ-clos ouvert à la discussion des questions qui s'y rattachent, et où la victoire passe d'un côté à l'autre, sans que la lutte prenne fin. En présence d'un tel spectacle, quel parti faut-il prendre? Convient-il d'imiter cette société qui forme galerie autour des combattants, se faisant juge des coups, saluant le vainqueur et dédaignant le vaincu jusqu'à ce qu'une nouvelle joûte le fasse vainqueur à son tour, ne s'inquiétant pas du résultat, pourvu qu'elle assiste à de brillantes passes d'armes? Nous arrêterons-nous dans ce dilettantisme sceptique, cher à une certaine école critique, aussi curieuse des formes par lesquelles l'homme exprime ce qu'il croit être la vérité qu'indifférente à la vérité elle-même? Ou croirons-nous qu'il existe une vérité en effet dans l'ordre social, dans l'ordre moral, comme dans l'ordre naturel? Oui, sans doute, elle existe, cette vérité. Il y a des faits sociaux, des faits moraux; donc il y a des lois de ces faits. Ou bien, est-ce que l'homme ne peut parvenir à les connaitre? Mais il connait ces faits, puisqu'il en parle; et puisqu'il connait les faits, il en déterminera les lois, comme on détermine les lois des faits de tout ordre, par la méthode d'observation.

Voilà comme ils discourent. Voyez, disent-ils encore, les sciences physiques et naturelles telles que notre siècle les admire et en profite pour le bonheur des hommes. Tant qu'elles ne daignèrent pas se borner ou se résigner à observer, tant qu'elles espérèrent emporter la vérité de haute lutte par l'unique force du raisonnement, l'ignorance, l'incertitude pire que l'ignorance, l'erreur même pire que l'incertitude, les punit de leur orgueil. Du jour où elles regardèrent la nature au lieu de chercher à l'inventer, elles eurent, pour magnifique récompense de leur sagesse, la certitude dans une vérité féconde en bienfaits pour le genre humain. Ce fut l'histoire des sciences naturelles; ce sera celle des sciences morales, quand la honte de leur triste état les fera consentir à quitter le raisonnement pour l'observation.

Il y a d'autres faits observables que les faits qui tombent sous les sens. Ils sont régis également par des lois; ils donnent lieu à des inductions également légitimes, également certaines; la même expérience en fournit la preuve. La statistique, ajoutent les plus *positifs*, est ici d'un puissant secours; elle témoigne de l'étonnante régularité avec laquelle chaque année ramène les mêmes faits dans les mêmes proportions : preuve qu'ils ne se produisent pas au hasard, mais qu'ils sont dus à des causes, et que la loi les gouverne comme elle gouverne tous les phénomènes de l'univers....

La loi ! Arrêtons-nous à ce mot. Car enfin, l'expérience, qu'on invoque, la suppose, et ne l'établit point. De ce qu'un rapport constant relie un certain nombre de phénomènes qu'on a observés, est-on en droit de conclure que le même rapport relie aussi la quantité innombrable de phénomènes du même ordre qu'on n'a pas observés, qui échappent à toute observation possible ? Oui; mais pourquoi, si ce n'est que l'on sait d'avance que ce rapport constant entre tous les phénomènes d'un ordre donné existe ? On sait d'avance que chaque ordre de phénomènes a sa loi ; et, étant donné un ordre de phénomènes, on cherche quelle en est la loi. On ne cherche pas si elle est, mais quelle elle est ; et on ne le cherche que parce qu'on sait qu'elle est. Comment le sait-on ? Par l'observation ? Non, mais par la raison. L'observation ne donne que ce qu'elle montre : des faits, non leurs lois. La raison seule en tire les lois, par une induction qui se fonde sur un principe qu'elle ne trouve qu'en elle-même, et qu'elle ne tire d'aucune expérience. Elle tire de l'expérience des lois particulières et déterminées, non le principe même en vertu duquel elle y arrive. Est-ce là ce qu'ils entendent, quand ils veulent faire de la méthode expérimentale l'unique méthode ? Mais la science même de la méthode, celle qui pose et qui étudie les principes nécessaires, absolus, tout rationnels, sur lesquels se fonde la méthode, à quelle méthode la demandera-t-on ? A l'observation ? Il y aurait contradiction. Voilà donc une des *sciences morales*, la logique, qui ne saurait être, par la nature même des matières qu'elle traite, une science d'expérience, mais de raisonnement.

On préfère de beaucoup l'observation au raisonnement. On présente des exemples de mauvais raisonnements, ou de raisonnements bâtis sur des hypothèses; serait-il impossible de répondre par des exemples de mauvaises observations, insuffisantes ou mal faites ? On croit aujourd'hui que de l'observation se tirent même les principes, et l'on raille ceux qui prétendent les poser en eux-mêmes, d'une manière absolue. Mais il y a principes et principes. Il y en a de relatifs, qui ne sont que des faits généraux, qu'il faut connaître d'abord et tirer en effet de l'observation par l'induction expérimentale, avant de tirer d'eux-mêmes, par la déduction, des applications nouvelles ; telles sont les lois : ce sont des résultats avant d'être des principes. Mais il y en a d'absolus. Ceux-ci, qui gouvernent l'expérience, qui la règlent, qui la jugent, n'en viennent pas et ne s'en tirent pas.

III

Mais non. On veut que ceux-ci même s'en tirent, que toute vérité s'en tire, qu'il n'y ait pas d'autre source de vérité. Ou veut qu'il n'y ait pas d'autre méthode légitime que la méthode expérimentale. Il n'y en aura pas d'autre, dût la science humaine y périr. Il est trop clair, et nos docteurs aperçoivent trop bien, que plusieurs sciences, telles du moins que l'homme les a conçues jusqu'ici, échappent à cette méthode ; elles n'existeront pas, ou elles se transformeront, en changeant d'objet, c'est-à-dire en cessant d'être. La métaphysique ne sera pas. La philosophie sera, mais elle sera, sous le même nom, tout autre chose. Pauvre métaphysique ! Elle est tombée à ce dernier degré d'infortune, qu'on a perdu jusqu'au respect de son nom. La philosophie est encore une puissante dame; on la ménage; on lui laisse son nom : on se contente de la dénaturer.

Les sciences morales, dit-on, ne sont pas faites; c'est la méthode d'observation qui les fera. — Où en est aujourd'hui la philosophie ? Où elle en était hier, où elle en a été toujours, depuis qu'elle existe : elle se cherche. Elle n'a ni cadre, ni méthode, ni même un objet bien déterminé.

Peut-être. Il en résultera que le remède à un tel mal ne sera point dans la méthode d'observation, non plus que dans aucune autre panacée. On s'en serait avisé, ce semble, depuis le temps. Mais si l'objet même de la philosophie n'est pas bien déterminé, comment en déterminer le cadre, comment surtout en déterminer la méthode ? Commençons donc par en bien définir le propre objet. Or, le *positivisme* scientifique manque de précision sur ce point capital. Il est visible toutefois que la philosophie est pour lui tout autre que ce qu'elle est, que ce qu'elle fut jusqu'à nos jours pour la plupart des philosophes. Ceux qui la définissent « la science des premiers principes et des premières causes, » n'en donnent, sans doute, qu'une idée très-vague; mais enfin, c'est l'idée à laquelle se ramènent toutes les définitions qu'on a faites de la philosophie, et il n'y a de philosophie que ce qui s'y rapporte. On la rejette bien loin. Il est vrai qu'une science des premiers principes et des premières causes échappe à toute méthode d'observation : car quelle expérience atteindra jamais les premières causes ? Et qui constatera les premiers principes ? Aussi les déclare-t-on inaccessibles. Mais c'est déclarer la philosophie impossible, chimérique, interdite à l'intelligence humaine; c'est la nier, et lui substituer une autre science, à laquelle on accordera peut-être encore le même nom : car qu'importe le nom, pourvu qu'on soit délivré de la chose ?

Et voilà comment on parvient à tout réduire au joug d'une méthode unique. On n'en veut plus d'autre que la méthode expérimentale : il faut que toute science s'y ramène, ou périsse. Il est impossible que la philosophie s'y ramène : elle périra. Mais il est impossible que la philosophie périsse : on la conservera. On aura toujours la philosophie. Seulement, ce ne sera plus la philosophie.

Non qu'on prétende mettre en doute les grandes vérités de l'ordre moral. S'il en est qui vont jusqu'à nier la moralité même avec le libre arbitre, il en est qui adhèrent aux dogmes de la philosophie spiritualiste ; mais, fidèles à leur méthode, qu'ils s'obstinent à ne pas vouloir trahir, ils les retrouvent par une autre voie que la voie philosophique. — L'homme est en possession de quelques notions premières et fondamentales. Sont-elles acquises, ou innées, ou révélées ? Qui le sait ? Et qu'importe ? Ils disent simplement qu'elles sont. Ils les affirment, ils ne les démontrent pas. Elles sont dans l'humanité, dont l'immense et irréfragable témoignage les impose à notre foi certaine. Découvrir, par l'observation et par l'histoire, ce témoignage de l'humanité sur elle-même, telle sera l'œuvre de la philosophie. Ainsi la philosophie sera la science du consentement universel. Elle nous enseignera de la sorte que l'humanité affirme Dieu, affirme l'âme immortelle : que par conséquent l'âme est immortelle, et qu'il existe un Dieu, créateur de l'univers, souverain auteur de toutes choses, juge infaillible de l'homme. — Qui nous assure que ces affirmations du genre humain soient vraies ? C'est une loi du genre humain d'affirmer l'existence de Dieu : s'ensuit-il que Dieu existe ? — Il suffit que telle soit notre loi, répondent-ils. — Accordons-le. Nous déterminerons, par cette observation historique de la nature humaine, une espèce de *foi* philosophique, ainsi que plusieurs la nomment très à propos; nous ne constituerons pas la *science* philosophique.

Comme ils réduisent la philosophie générale à une sorte de foi philosophique, ils réduisent la psychologie à une sorte d'histoire naturelle de l'âme. Laissons les questions relatives à l'origine, à la nature propre, à la cause des faits que nous atteste la conscience; laissons là ces insolubles problèmes : expliquer la sensation, la perception, la mémoire, est impossible. Et à quoi bon? Contentons-nous d'observer cet ordre de phénomènes comme on observe tous les autres, et d'en saisir les connexions constantes, les enchaînements, les lois... Bornons-nous à ce qui est observable, et la méthode d'observation nous suffira. — Je le crois, à ce prix.

IV

En psychologie, constater, par l'observation directe de la conscience, des phénomènes; en philosophie générale, constater, par cette observation indirecte qui est l'histoire, les dogmes que l'homme affirme universellement, et abandonner les essais infructueux d'une science philosophique pour s'en tenir à une foi philosophique : voilà comment ils constituent pour toujours cette philosophie depuis de si longs siècles en quête d'elle-même ; voilà comment ils réussissent à couper court, pour toujours sans doute, à mettre un terme aux interminables discussions qui occupent, chez les philosophes, tout le terrain de la science positive.

Je ne sais s'il est aisé d'obtenir de l'histoire toute pure, sans aucun recours à deux ou trois petits principes rationnels, des réponses vraiment positives. Mais je sais que, si telle était la philosophie, la philosophie ainsi faite serait faite une fois pour toutes ; que le philosophe qui aujourd'hui étiquetterait et classerait commodément, en trois ou quatre compartiments faciles à reconnaître, les phénomènes psychologiques, et déterminerait, en outre, par une bonne observation historique, les trois ou quatre dogmes de la foi philosophique du genre humain, épargnerait bien du travail à ses successeurs : précieux homme, le plus grand des hommes, dont l'œuvre supprimerait à jamais l'activité intellectuelle des autres hommes, les philosophes futurs n'ayant plus qu'à répéter ses leçons, et à se reposer dans la satisfaction de savoir et de transmettre ce qu'ils auraient reçu de lui. A lui le travail créateur, aux autres le repos du septième jour : un livre aura suffi. L'œuvre sera faite, et achevée.

Mais peut-être l'est-elle déjà depuis longtemps : les casiers psychologiques sont à leur place ; les dogmes de la foi philosophique sont connus. Et cependant on ne se repose pas dans la satisfaction de leçons bien apprises ; on ne s'arrête pas les bras croisés dans la contemplation d'une classification psychologique bien entendue, convenable et commode ; et la connaissance des vieux dogmes ne contente pas ces esprits inquiets qui cherchent encore à les comprendre. Que dis-je ? Il en est qui les contestent ; il en est qui les méconnaissent, qui les récusent, qui les nient. L'histoire n'a donc pas suffi à les leur imposer ? Mais ce qui se constate s'impose : on ne nie pas ce qu'on voit, on ne récuse pas ce qu'on observe. C'est donc qu'il y a autre chose qu'observation, que constatation pure, en histoire ; c'est que l'histoire n'a de valeur que grâce à un élément supérieur à l'observation, et par un appel à des principes qui ne se constatent pas. Voilà pourquoi ces esprits contestent l'existence de Dieu, l'existence et l'immortalité de l'âme ; mais contester n'est pas récuser, n'est pas nier : pourquoi ne se bornent-ils pas à contester ? Pourquoi nient-ils ?

Il y a de ceci un motif plus grave, et qui renverse par la base toute la prétention de l'empirisme dit *positif*. Ils nient ces vérités, parce qu'ils les jugent impossibles; parce qu'ils les estiment en contradiction avec la conception métaphysique des choses, telle qu'ils se la sont faite, ou telle qu'ils la portent en eux, plusieurs à leur insu. Tant le besoin de comprendre la raison des choses, ce qui est le propre objet de la métaphysique ou de la philosophie spéculative, a de profondes racines dans l'intelligence de l'homme !

« O physique, délivre-moi de la métaphysique ! » Newton a jeté ce cri, qui a retenti jusqu'à nous, et qui est devenu comme le mot d'ordre d'une faction puissante, comme le cri de guerre d'une formidable armée. Mais ceux mêmes qui ne veulent point de métaphysique en ont une, au nom de laquelle, bien qu'ils ne s'en aperçoivent pas toujours, ils condamnent ce qu'ils condamnent, ils nient ce qu'ils nient, ils repoussent jusqu'aux dogmes qui sont les croyances presque unanimes de l'humanité.

D'où vient qu'il y a des gens qui ne peuvent

croire aux miracles, auxquels d'autres croient sans peine ? D'où vient que telle religion positive est prouvée jusqu'à l'évidence aux yeux des uns, qui semble à d'autres contraire au sens commun, contraire à la morale même, absurde et inique dans ce qu'elle enseigne, dans ce qu'elle invoque à l'appui de son enseignement ? Renvoyez donc à l'observation des hommes qui vous déclarent d'avance que les faits que vous les invitez à constater sont impossibles, et qu'il est extravagant d'y aller voir. Ils ne les verront pas.

Et ce n'est point injustice ni mauvaise foi de leur part : ils ne récusent pas l'observation, ils la dénaturent. Ils la dénaturent tout bonnement, tout simplement, sans parti pris. Ils regardent avec des yeux prévenus. Les uns voient bleu, les autres voient jaune, ou rouge, ou vert. Il y en a qui voient incolore : ce qui n'est pas encore voir les choses comme elles sont, s'il est vrai qu'elles aient leur couleur.

C'est que chacun a sa métaphysique. L'art du métaphysicien est de se rendre compte de sa propre métaphysique, et de la formuler. Celui qui, faisant cela, formule la métaphysique générale des hommes de son temps, est le grand métaphysicien. Il est dans le vrai, parce qu'elle ne saurait être une erreur. Ce n'est pas leur connaissance, c'est leur intelligence des choses qu'il exprime ; et par là, il fait faire un pas à l'esprit humain sur la route de la vérité. Il formule une métaphysique qu'ils avaient en eux-mêmes sans le savoir, et qu'ils employaient inconsciemment à juger de toutes choses : ils la reconnaissent, et se reconnaissent en lui.

L'emploi et le choix même d'une méthode supposent une métaphysique ; et si ces esprits *positifs* veulent tout réduire à l'observation, n'est-ce pas en vertu d'une métaphysique latente, qui est la leur, et qu'ils ignorent ? N'est-ce pas en vertu d'une certaine manière de concevoir la relation normale de l'esprit humain aux choses, et par conséquent la nature des deux termes de cette relation ? Et l'observation, à laquelle ils ont voué une fidélité si méritoire, ne devrait-elle pas leur faire voir cette recherche de la métaphysique comme un des caractères permanents, un des besoins constants de l'homme, et leur montrer que leur propre doctrine est le scepticisme dans l'ordre de la métaphysique ou de la philosophie spéculative, c'est-à-dire un des systèmes qui se débattent entre philosophes, le plus propre peut-être à satisfaire certaines paresses ou certaines défaillances de l'intelligence contemporaine, mais aussi le moins propre à satisfaire l'ardeur de ceux chez qui existe le noble besoin qu'il affecte de méconnaitre et qu'il froisse?

Quelle peur a-t-on donc de la raison ? Pourquoi se méfie-t-on du raisonnement ? Singulière méfiance ! étrange peur, bien faite pour effrayer les gens sensés ! Les facultés humaines sont-elles plus légitimes les unes que les autres ? Le tact et la vue plus que l'intelligence ? L'expérience plus que la raison ? L'œil de la raison mérite-t-il moins la foi à son témoignage que l'œil du corps au sien ? N'y a-t-il pas une lumière intelligible, comme il y a une lumière sensible ? — Le raisonnement trompe ? Les sens aussi trompent. On le disait autrefois. Il fallait démontrer la véracité des sens; faudra-t-il, aujourd'hui, démontrer celle de la raison? Que les temps sont changés ! Est-ce bien à leur avantage? On ne doutait pas de la raison, on doutait des sens; ce n'est plus des sens, c'est de la raison que l'on doute. On est moins assuré de bien penser que de bien voir.

Il existe des conditions pour que l'observation soit valable; il en existe également pour que le raisonnement le soit. Un bon raisonnement, ayant pour point de départ, non une hypothèse, mais une proposition démontrée, ou un fait, ou un axiome (selon les cas), n'aboutira pas à l'erreur. On répète toujours le même argument : autant de raisonneurs, autant de raisonnements différents, autant de conclusions différentes. Il faut d'abord tenir compte de la différence des points de vue, qui peuvent être divers sans cesser d'être vrais. La vérité est une ; elle est multiple aussi. Des conclusions différentes, qu'importe ? Dites contradictoires : nulle alors ne sera vraie, ou une seule. Laquelle ? Cherchez, raisonnez, pensez. Eh! donnez-vous la peine de penser comme on se donne celle de regarder. Vous savez regarder, et répondre à qui se trompe sur ce qu'il vous montre : « Mon ami, ce n'est point cela, vous n'avez pas de bons yeux, vous ne voyez pas clair. » Vous croyez à la clarté, que ne croyez-vous à l'évidence ? Vous croyez à la lumière qui éclaire vos regards ; que ne croyez-vous à la lumière qui éclaire votre entendement ? Toujours, pour certaines gens, le dernier qui a parlé a raison, et bientôt ils ne savent plus qui a raison ni qui a tort. Cela fait peu d'honneur à leur judiciaire. Grande faiblesse ou grande paresse de leur esprit. Qu'importe qu'il se soit produit, sur une question, beaucoup de conclusions, toutes fausses, sauf peut-être une ? — Que de raisonnements ! On ne sait auquel entendre. — A aucun. Qu'on se fasse juge soi-même. Servons-nous de notre raison comme nous nous servons de nos yeux. Hélas ! Nous vivons par le dehors; nous ne savons pas nous recueillir dans le sanctuaire de notre âme. Y aurait-il donc, dans cette peur que nous inspire aujourd'hui la raison, une diminution de la raison, un affaiblissement de l'intelligence, une défaillance de la pensée ? Quelquefois l'on se prend à le craindre, et je ne saurais dire de quelle tristesse amère cette crainte pénètre le cœur.

LIVRE PREMIER

POSSIBILITÉ DE LA MÉTAPHYSIQUE

CHAPITRE PREMIER

LA SCIENCE

Oui, la philosophie traverse une crise redoutable. Elle est niée, et elle est dénaturée. Elle est niée au nom de la science, comme elle a été niée au nom de la foi ; et elle a rencontré de pires adversaires, qui la nient en son propre nom, lui prenant son nom pour le donner à tout autre chose. La foi qui l'écarte reste la foi, la science qui l'écarte reste la science ; il y a une foi qui l'écarte, et qui se dit la philosophie : c'est la religion naturelle ; il y a une science qui l'écarte, et qui se dit la philosophie : c'est la philosophie positive, c'est la psychologie, c'est le criticisme. Croyants et leurs suivants, savants et leurs disciples, d'accord en cela seul, mais en cela d'un commun accord, la repoussent; le pis est que beaucoup de ceux qui l'accueillent, n'accueillent qu'une usurpatrice de son nom, et, sous le nom de métaphysique, la repoussent elle-même.

Telle est la situation, telle est la « crise philosophique. » Nos savants, et avec eux ceux qui, sans prétendre au même titre, ont reçu la même culture, ont le respect, disons la superstition, disons l'idolâtrie et comme le fétichisme, de la science : par quoi ils entendent la science expérimentale. Quelques-uns repoussent la philosophie, comme entachée du vice de métaphysique; quelques-uns acceptent la philosophie, mais soigneusement purgée du vice de métaphysique : la métaphysique, tous la repoussent. La métaphysique n'est pas une science. La métaphysique ne saurait être une science.

Qu'est-ce que science? Et qu'est-ce que métaphysique?

La science est la connaissance certaine, méthodique, progressive, du général. La métaphysique a un objet essentiellement général, dont la connaissance comporte certitude, méthode, progrès : donc elle est ou elle peut devenir science.

De ces deux thèses, la première est établie depuis longtemps, et il suffira de la rappeler ; la seconde a contre elle tous les préjugés du siècle, et l'effort de ce travail sera de l'établir.

Nous montrerons que, s'il n'y a point de science métaphysique possible, il n'y a point de science possible ; que les motifs sur lesquels on prétend fonder l'impossibilité de la métaphysique valent contre la science ; que l'existence de la science même suppose, non la métaphysique sans doute, mais l'objet et comme le terrain de la métaphysique. Après quoi, ayant prouvé que la métaphysique est possible, nous essaierons de dire comment elle est possible ; nous tenterons, tâche ardue ! de présenter l'idée d'une métaphysique méthodique, certaine, une, à la fois définitive et progressive : en un mot, d'une science qui soit la métaphysique.

I

La science est une forme de la connaissance. Connaître scientifiquement n'est pas simplement connaître. Connaître scientifiquement, c'est connaitre par soi-même, non par autrui ; connaitre par méthode, et en se rendant compte de sa connaissance ; connaître de plus en plus non des faits sans lien, mais des rapports de faits liés et ordonnés pour un tout, mais des espèces et des genres, mais des causes, mais des lois, mais des caractères universels d'où l'on puisse déduire des prévisions qui vérifient et des applications qui justifient les découvertes.

Connaitre un fait, une qualité, une propriété, une chose, une personne, ce n'est point de la science. La science n'est point de connaitre la chute accidentelle d'une tuile, mais la chute en général, mais la loi de la chute des graves, la pesanteur ; la science n'est point de connaitre le mouvement apparent du soleil autour de la terre, mais le mouvement de la terre lié au mouvement des planètes autour du soleil, mais la gravitation des astres, comme un cas de pesanteur ; la science n'est point de savoir que, dans un animal ouvert, on a vu un cœur double, comme deux cœurs accolés, chacun des deux ayant une oreillette et un ventricule, mais que chez tous les mammifères, l'homme compris, il en est ainsi, que l'un des deux cœurs reçoit par son oreillette le sang des veines du corps et le chasse par son ventricule en des artères qui le conduisent au poumon s'hématoser ou se vivifier d'oxygène, que l'autre le reçoit par son oreillette des veines du poumon et le chasse par son ventricule en des artères qui le conduisent dans tout le corps pour le nourrir, et que cette double circulation est un des traits qui distinguent les mammifères des autres vertébrés; la science n'est point de savoir que huit angles formés par la rencontre d'une sécante avec deux droites parallèles se sont trouvés égaux et se sont trouvés droits, mais de savoir que toujours une telle rencontre forme huit angles dont quatre d'une part sont égaux entre eux, quatre de l'autre égaux entre eux, et l'un quelconque des quatre premiers supplémentaire de l'un quelconque des quatre autres, d'où il suit que, si les supplémentaires l'un de l'autre sont égaux entre eux, ils sont tous égaux et tous droits, ou encore que, s'ils sont tous droits, ils sont tous égaux. En un mot, la science n'est point du particulier, mais du général.

Et elle n'est point de savoir le général par ouï-dire, sur la foi d'un témoin ou d'un maître, elle n'est point de connaître le fait d'une vérité universelle, mais de la reconnaître en elle-même par l'usage méthodique de l'intelligence.

Ajoutons la certitude : non une certitude quelconque, telle que la certitude morale qui s'attacherait à l'autorité du maître ou du témoin, mais la certitude intellectuelle, qui résulte de l'usage méthodique de l'intelligence.

Ajoutons la prévision, avec l'application, qui la suppose : car on applique selon qu'on a prévu ; et prévoir n'est qu'appliquer ce que l'on sait déjà, étendre la loi, ou en déduire les conséquences.

Ajoutons enfin le progrès : non comme un des traits de la science parfaite : mais la science humaine, qui ne saurait être parfaite, doit être perfectible. A moins de s'arrêter à une limite une fois atteinte : mais alors, à partir de cette limite, il n'y aurait plus de science. La science arrêtée serait une science terminée sans être achevée ; une science passée, non présente : il y aurait eu science, il n'y en aurait plus. « Le savoir parfait, dit avec raison, à l'article *Science*, le *Dictionnaire des Sciences philosophiques*, serait la certitude absolue et universelle ; mais ce savoir, qui serait infini et immuable, est évidemment en dehors et au-dessus des conditions de notre nature : il est un attribut de Dieu, et il ne peut être autre chose. Pour nous, c'est un idéal vers lequel nous pouvons tendre indéfiniment sans l'atteindre jamais. Le savoir humain sera toujours borné et toujours perfectible. »

Telle est la science. Les sciences incontestées sont de deux sortes : les unes traitent de notions pures, applicables aux choses, mais conçues par l'esprit et, pour l'esprit, vraies en elles-mêmes indépendamment de toute application aux choses ; les autres traitent des choses. Les unes déterminent les propriétés de la quantité, de l'étendue, de la force, abstraites et idéales ; les autres déterminent des caractères, des causes, des lois d'êtres réels. Les unes sont les mathématiques, les autres les sciences physiques. Laissons les sciences morales ; laissons, dans les sciences physiques, toute recherche d'origines et de fins, qu'on déclare inabordables : bornons-nous à la science incontestée, et voyons quelles conditions elle requiert, à quelles lois elle est soumise ; voyons quelles affirmations elle sous-entend, quels postulats elle est forcée d'admettre ; voyons si elle est possible sans l'a *priori*, qui rend la métaphysique possible.

La science incontestée se divise en deux groupes : sciences mathématiques, et sciences physiques. Il convient de diviser aussi les sciences physiques en sciences physiques proprement dites, dont l'objet est d'étudier les propriétés des corps, et de déterminer les lois qui régissent les phénomènes corporels; et en sciences naturelles, dont l'objet est de distribuer les êtres en leurs espèces et leurs genres, et, soit par la génèse des espèces et des genres, soit par le développement ou la fonction des organes, d'expliquer la vie.

Les mathématiques se font par déduction : on pose des définitions, on en déduit les conséquences. La physique et l'histoire naturelle, par induction : on observe des phénomènes, on en induit ou les conditions ou les lois.

II

Parlons d'abord des mathématiques.

D'où tire-t-on les définitions que l'on pose ? Et sur quoi fonde-t-on les conséquences qu'on en déduit ?

L'empirisme contemporain, même sur ce terrain où il semble que l'*a priori*, que l'absolu règne avec une irrésistible évidence, élimine l'absolu, l'*a priori* : l'expérience, nous dit-il, toujours l'expérience ! elle seule donne les notions dont les définitions servent de principes au raisonnement, qui s'en empare pour en déduire arithmétique, géométrie, algèbre, etc. Une expérience universelle présente sans cesse à tous les hommes des nombres, des quantités, des volumes, des mouvements ; expérience à chaque instant renouvelée, à laquelle nul n'échappe, inévitable, primitive : universelle, parce qu'elle est nécessaire, et nécessaire, parce qu'elle est inévitable. Les rationalistes, ajoute-t-il, arguent du nécessaire et de l'universel en faveur d'une raison irréductible à l'expérience, qui ne saurait donner que le particulier et le contingent : mais les objets donnés sont particuliers en effet et contingents, l'expérience qui les donne est universelle et nécessaire. Il ne s'agit point ici d'un universel en soi, d'un nécessaire en soi : c'est l'expérience même qui est universelle et nécessaire, étant inévitable.

— Oui, à ce point inévitable, que les animaux ne l'évitent pas plus que les hommes; ils ont la même expérience : pourquoi n'en tirent-ils pas les mêmes notions, les mêmes définitions, la même arithmétique ou la même géométrie ? Est-ce parce qu'ils ne peuvent raisonner ? Mais pourquoi ne le peuvent-ils pas ? Et encore, non-seulement le pouvoir de raisonner leur manque, mais les principes même, les définitions : ils n'ont pas les notions, bien qu'ils aient l'expérience, qui, au dire de l'empirisme, suffit à les fournir.

Ils n'ont pas les idées. Le géomètre ne raisonne pas sur des angles, des triangles, des cercles, des sphères, mais sur les idées de l'angle, du triangle, du cercle, de la sphère. L'expérience montre des objets particuliers : montre-t-elle des quantités, des propriétés de nombre ? Il y a tant d'objets d'une certaine sorte : on les compte, s'il n'y en a pas trop, et si l'on sait compter. Mais y en eût-il peu, on a beau les voir, il faut savoir compter : le nombre est un point de vue de l'esprit. Et y en eût-il trop pour être comptés, ou fussent-ils placés de manière à échapper à la supputation directe, on les calculera très exactement, si l'on a des méthodes suffisantes de calcul : ces méthodes sont l'œuvre de l'esprit. L'expérience montre des formes plus ou moins cubiques, sphériques, etc.; elle montre des espaces fermés, circonscrits, des volumes, et non parfaits : elle ne montre pas d'angles, puisqu'un angle n'enferme pas un espace, ni de triangles, de carrés, de cercles, etc., qui sont des surfaces, ni, et moins encore, de lignes, de points, puisqu'elle ne montre que des volumes. Elle présente, il est vrai, des images de points, de lignes, de cercles, de carrés, de triangles, images à propos desquelles on conçoit les idées qu'on livre définies au raisonnement qui en tire les mathématiques. Mais un triangle, par exemple, objet d'expérience, un triangle que l'on voit, n'est que l'image du triangle : d'abord, il n'est pas un triangle pur, puisqu'il n'est pas une pure surface, et que les trois lignes dont l'intersection le constitue ne sont que des à peu près de lignes droites; ensuite, fût-il un vrai et parfait triangle, il serait un certain triangle d'une certaine étendue et d'une certaine forme, il ne serait pas le triangle; or, c'est du triangle qu'il s'agit en géométrie, non d'un certain triangle, ni de plusieurs. Le triangle qui est l'objet de la géométrie est si peu tel triangle objet d'expérience, qu'il n'est même pas représentable : on l'entend, on ne l'imagine pas. On l'entend à l'occasion de celui que montre l'expérience ou qu'on imagine : mais celui-ci n'est qu'une image de l'autre. Et encore, est-ce bien parler de dire qu'il en est une image, puisqu'il ne lui ressemble pas? Il en est un signe; il en éveille l'idée, et l'exprime, non parce qu'il lui ressemble, mais parce qu'il la suscite. C'est ce que l'esprit doit à l'expérience : non l'idée, mais la suscitation de l'idée. Sans l'expérience, il n'aurait l'idée qu'en puissance, il ne l'aurait pas en acte ; mais elle est de lui, et l'expérience ne lui donne que l'occasion de l'entendre ou de la concevoir ou de l'apercevoir et de la reconnaître en lui-même.

Les mathématiques ne traitent point d'êtres ni de modes actuels d'êtres ou de phénomènes, mais d'idées, qui ont pour objets non des réalités, mais de purs intelligibles, des possibles : l'esprit les conçoit, les détermine, en tire les conséquences, et les impose, pour ainsi dire, à l'expérience, qui sans doute le provoque à les concevoir, mais qu'il ne comprend que moyennant ces conceptions. L'expérience donne le réel, non le possible : c'est l'esprit qui, à propos du réel que lui donne l'expérience, conçoit le possible ; et c'est du possible que traitent les mathématiques : non de quantités, ni d'étendues, ni de mouvements, mais des possibles de la quantité, des possibles de l'étendue, des possibles du mouvement.

Quand on accorderait à l'empirisme l'origine expérimentale des idées dont les définitions sont les principes des sciences mathématiques, il y aurait encore à opérer sur ces idées, à étudier les propriétés des formes de la quantité ou de l'étendue ou du mouvement ainsi définies, à déduire des principes posés les conséquences nécessaires. Mettons que ces principes soient des hypothèses, et en un sens ils ne sont pas autre chose : mettons, dis-je, que ces hypothèses, principes du raisonnement mathématique, viennent de l'expérience ou en dérivent : quand on aurait ainsi rendu compte des principes, il resterait à rendre compte du raisonnement.

On tire de principes, qui seront, si l'on veut, contingents, des conséquences nécessaires, et universelles, parce qu'elles sont nécessaires, dans la donnée de ces principes. Les trois angles d'un triangle égalent deux droits : le triangle est ou n'est pas, c'est le principe : non contingent ni particulier, il n'est pas une réalité, mais un possible, mais la détermination et la définition par l'esprit qui le conçoit d'un possible de l'étendue. N'importe, accordons-le particulier et contingent ; et, contingent ou non, il est hypothétique : voilà donc le triangle, il est ou il n'est pas, il est par hypothèse, c'est le principe : l'égalité de ses trois angles à deux droits est une conséquence nécessaire de l'hypothèse, et universelle dans la donnée de l'hypothèse : toujours et partout, nécessairement, s'il y a triangle, les trois angles de ce triangle égaleront deux droits : toujours et partout, non sans doute en dehors du triangle, mais dès qu'il y a triangle. L'égalité des trois angles du triangle à deux droits est universelle, nécessaire ; et c'est parce qu'elle est nécessaire qu'elle est universelle. Si le raisonnement tire de principes hypothétiques des conséquences nécessaires, c'est qu'il s'appuie sur les lois de l'esprit, sur des axiomes : axiomes d'étendue : le tout est plus grand que la partie, etc. ; axiomes de quantités : deux quantités égales à une troisième sont égales entre elles, etc. ; axiomes d'existence : une même chose, sous le même rapport, ne peut tout ensemble être et n'être pas (c'est le grand axiome dont les autres sont des applications spéciales) ; tous nécessaires et universels, tous universels parce qu'ils sont nécessaires, tous absolus : on tire par eux des conséquences universelles, nécessaires, absolues, dans la donnée des hypothèses que l'on pose. Universelles et nécessaires dans l'hypothèse, absolues dans le relatif : sachons reconnaître le relatif, qui est partout ; mais ne méconnaissons point l'absolu, qui est partout aussi, qui est excellemment dans les mathématiques, dont lui seul fait l'exactitude merveilleuse, l'admirable rigueur.

Or, quelle expérience donne l'universel ? Nous vivons comme emprisonnés, au milieu de l'immensité des choses, dans un cercle étroit de phénomènes. Et quand l'expérience donnerait l'univers¹, est-ce qu'elle donne est-ce qu'elle peut mais donner le nécessaire, l'absolu ? On élimine l'absolu, parce qu'on veut se réduire à l'expérience. Et l'on a raison : l'absolu est de sa nature supérieur à toute expérience : il est *hyperphysique, métaphysique*. La métaphysique même n'est pas autre chose qu'une science de l'absolu ; elle pourra être dite : la science de l'absolu dans le relatif, du nécessaire dans l'expérimental, du devoir être de ce qui est. Oui, l'empirisme a raison d'éliminer l'absolu : il ne saurait être l'empirisme qu'à ce prix. Et il est vrai qu'éliminer l'absolu c'est éliminer la métaphysique ; mais c'est éliminer les mathématiques du même coup.

Les sciences mathématiques n'ont donc rien d'expérimental : ni leur objet, tout idéal ; ni leur méthode, toute déductive, fondée sur la nécessité d'affirmations qui n'ont d'autre garantie de leur certitude que leur nécessité même : mais quelle garantie pourrait être supérieure à celle-là ? Et le rationnel pur qu'elles déterminent, ces pures idées de quantité, d'étendue, de mouvement, ne sont pas de vaines imaginations : ce sont conceptions de l'esprit que l'esprit impose à la matière. Elles ont une valeur subjective : elles sont le possible, l'intelligible de la matière, pour notre esprit, sinon en soi ; et elles ont une valeur objective : elles sont le possible, l'intelligible de la matière, en soi. Car nous les appliquons à la matière pour la connaître ; par ces conceptions, nous concluons de ce que nous voyons ce que nous ne voyons pas ; et la physique mathématique, optique, astronomie, etc.. ne vaut que dans l'hypothèse de leur valeur objective. Otez ces conceptions tout idéales, que l'expérience, qu'elles surpassent de la supériorité de l'absolu sur le relatif, ne donne pas, ôtez ces idées pures de l'esprit, vous ôtez les mathématiques ; et réduisez-les à n'être que des idées sans vérité en dehors de l'esprit qui les conçoit, vous détruisez l'utilité, vous anéantissez le prix avec le légitime usage des mathématiques.

C'est le double postulat des sciences mathématiques, qu'il y a des idées *a priori* dans l'esprit humain, et que ces idées sont vraies, non d'une vérité subjective et relative à nous, mais bien d'une vérité objective et absolue : par le premier de ces deux postulats, les mathématiques sont ; par le second, elles méritent d'être : le premier fait leur être, le second fait l'utilité et la valeur de leur être. Ce sont deux postulats : les mathématiques ne prouvent ni l'un ni l'autre, mais les supposent l'un et l'autre. Et n'est-ce point là supposer l'objet même de la métaphysique? Un absolu conçu par la raison, un absolu étant en soi tel que le conçoit la raison : disons un absolu vrai, accessible à l'homme. Ce que supposent les mathématiques, la métaphysique pourra prendre à tâche de l'établir.

III

Si les mathématiques supposent, pour être utiles et en quelque sorte pour mériter d'être, l'objectivité de certaines idées a *priori* de l'esprit humain, la physique, dans la mesure où elle emploie le calcul, la physique dite mathématique, la suppose pour être : comme les mathématiques n'existent qu'à la condition que nous ayons des idées a *priori*, la physique mathématique n'existe qu'à la condition que ces idées soient vraies, vraies absolument, c'est-à-dire vraies objectivement. Le physicien, comme le mathématicien, croit au calcul, et, dès qu'il peut construire une théorie par l'application de l'analyse mathématique à l'expérience, il triomphe. Trop vite quelquefois.

Une loi présumée, on en déduit des conséquences, des faits souvent inattendus, nouveaux, curieux, qui l'éclairent et la confirment. Or, le plus puissant instrument de déduction, c'est le calcul, c'est l'analyse mathématique, partout où il est possible de l'employer; merveilleuse machine déductive, mais machine, et rien autre. Mais il advient que les conséquences qu'on tire ainsi d'une loi donnent lieu, par leur étonnante richesse et par leur précision, à une illusion singulière : la loi, avec toute la suite des corollaires qui lui font cortége, prend, dans un grand nombre d'esprits infatués d'algèbre, les proportions d'une théorie mathématique ; comme elle emprunte aux sciences dites exactes leurs constructions, leurs chiffres, leurs formules, elle leur dérobe du même coup une chose que ces sciences hautaines se gardent bien de lui prêter : leur certitude respectée, irrécusable, absolue. A quel titre ? Que peut ajouter leur certitude à sa certitude propre ? Le chiffre, appliqué à une loi, l'analyse avec puissance, mais rien de plus. Il en extrait des faits qui ne seront vrais qu'autant qu'elle sera vraie elle-même. Il opère sur des données : il ne saurait transformer des données fausses ou hypothétiques en données vraies ou certaines. Les phénomènes qu'il tire d'une loi donnée, s'ils coïncident avec ceux qu'on observe, la confirment (ou plutôt ne l'infirment pas : car ce que ne contredit pas l'expérience n'est jamais que possible, et ne demeure qu'à titre de conjecture plus ou moins probable). Que si l'observation les condamne, ils condamnent la loi d'où on les tire : qu'on la rejette. Un tel usage de l'analyse, ainsi que de la déduction, instrument d'une vérification indirecte, serait légitime ; mais on ne s'en tient pas là : on en fait comme un tout indivisible avec la donnée à laquelle on l'applique, qui prend dès lors je ne sais quelle apparence d'algébrique rigueur, et plane au-dessus du doute, et joue à ravir la certitude. La voilà sur le trône, souveraine dont nul ne conteste plus l'autorité : que si quelque expérience la contredit, tant pis pour l'expérience. La théorie règne de droit divin, ou de droit mathématique : elle ne peut se tromper.

C'est là un excès, source d'erreurs, d'ailleurs peu communes : l'excès prouve la force de la tendance, et combien l'on croit à l'*a priori* mathématique. Sans cette foi, il n'existerait point d'erreurs de cette sorte ; mais une physique de cette sorte, qui doit aux mathématiques d'avoir pu pénétrer si avant dans la nature, n'existerait point.

La physique mathématique suppose et sous-entend ce que supposent et sous-entendent les mathématiques. Mais encore toute physique, même la moins spéculative, la plus expérimentale, affirme un double *a priori* : l'ordre et la loi. Toute physique affirme, par le seul fait de son existence, qu'il existe des corps, lesquels se manifestent par des phénomènes ordonnés, soumis à des lois stables et générales.

Les sciences naturelles recherchent surtout l'ordre; les sciences physiques proprement dites recherchent surtout les lois. Les unes classent les êtres; les autres déterminent les conditions de production ou d'apparition des phénomènes.

Les classifications peuvent-elles avoir une autre valeur que d'être un soulagement pour l'esprit ? Y en a-t-il qui aient une valeur propre ? Sont-elles toutes artificielles, ou y en a-t-il de naturelles ? La distribution hiérarchique des êtres en leurs espèces et en leurs genres, n'est-ce qu'une méthode à notre usage, ou est-ce une vérité ? Les vertébrés, par exemple, sont-ils reptiles, poissons, oiseaux, mammifères, absolument, ou relativement à nous ? Un chat et un chat, sont-ce deux êtres de même espèce, ou ne le disons-nous qu'autant qu'ils se ressemblent en effet et ne savons-nous qu'ils se ressemblent qu'autant que nous avons pu les disséquer pour les observer tous deux ? Ou encore ne le disons-nous que pour avoir des mots convenus et pour nous entendre entre nous, sans qu'il en soit rien ? Que sont les genres ? des noms ? des conceptions de l'esprit ? des réalités ? Et, réalités, ne sont-ils que des collections d'êtres semblables pour l'expérience positive, effective, qui les observe tels ? ou sont-ils autre chose ?

Ce fut le grand débat de la philosophie, de la métaphysique, au Moyen-Age. Les philosophes, on le sait, se divisèrent, sur cette question dite des universaux, en nominalistes, conceptualistes, réalistes. La question des universaux n'est plus agitée, ce semble. Elle ne l'est plus sous la même forme, mais l'est toujours dans son fond : ce n'est plus la question des universaux, c'est la question des idées. Question grave, fondamentale, éternelle. C'est la même : car les genres sont objets d'idées, et les idées sont générales par essence. Les idées sont-elles des noms, ou des conceptions de l'esprit, ou quelque chose d'autre, savoir, un intelligible, indépendant en soi de l'esprit qui le pense ? Cette dernière solution du problème des idées, qui est un idéalisme objectif, fut celle que donna du problème des universaux le réalisme. L'empirisme est forcément nominaliste. La plupart, empiristes ou non, et sans plus de réflexion sur une question pour ainsi dire démodée, sont conceptualistes : conceptualistes, nominalistes, ils se trompent tous, si l'histoire naturelle ne se trompe pas, si les sciences naturelles sont légitimes. L'histoire naturelle est réaliste ; les sciences naturelles impliquent un réalisme, qui est l'idéalisme objectif.

S'il y a une classification naturelle, c'est que dans la nature il y a une hiérarchie d'espèces et de genres. Et quand la hiérarchie des espèces et des genres serait fictive et relative à nous, quand elle serait sans fondement dans la nature, si un chat et un chat sont de même espèce, c'est qu'il y a des espèces, c'est qu'il y a des genres. Et si les genres ne sont que des collections de semblables observés, on sait pour deux chats observés qu'ils sont de même espèce : on ne le sait pas pour un troisième chat, tant qu'on ne l'a pas encore ouvert. Le malade consulte en vain le médecin ; comment le médecin pourra-t-il me dire de quoi mon estomac souffre, ou mon cœur, puisqu'il ne sait pas si j'ai un estomac et un cœur ? Car comment le saura-t-il, ne m'ayant pas encore ouvert pour me voir ? Il sait que certains êtres, qu'il a disséqués à l'amphithéâtre, ont de tels organes : ces êtres forment, avec d'autres disséqués par d'autres savants, un genre auquel nous lui accorderons licence d'octroyer le nom d'hommes : mais c'est tout. Nous, qu'il n'a pas disséqués, nous ne pouvons être pour lui des hommes certains, mais seulement des hommes possibles. Il nous tient pourtant, avec la parfaite sécurité d'une certitude entière, pour de vrais hommes : c'est que le genre ne se borne pas à n'être qu'une collection donnée à l'expérience d'individus semblables. Nous savons que les caractères des êtres sont liés de telle sorte, que la présence des uns est inséparable de la présence des autres, et que d'informes débris d'animaux disparus ont pu permettre à un Cuvier de reconstituer, de recréer, dirai-je, dans leur vérité ignorée jusqu'à lui, des monstres antédiluviens. Mais d'où la connaissons-nous, cette liaison de caractères ? Il ne faut pas répondre que nous l'avons observée : car nous n'en avons observé que la coïncidence chez quelques êtres, et c'est la liaison que nous en connaissons, comme une condition de l'être même, pour tous.

Il y a des genres. Les genres ne sont pas des collections d'individus semblables : car on ne pourrait les affirmer que des individus qu'on aurait vérifiés semblables, sans rien dire des autres, sans savoir ni s'ils appartiennent aux mêmes genres, ni s'il y a encore des genres chez eux. D'ailleurs, il n'est point de nombre qui constitue un genre, ni de nombre qui l'épuise : l'humanité est toute dans un homme, comme dans mille, comme dans la multitude innombrable de ceux qui vivent, de ceux qui ont vécu, de ceux qui vivront. L'humanité n'est donc point la multitude des hommes, ni le genre la multitude des semblables : qu'est-il donc, sinon une idée, mais une idée vraie objectivement ? Les genres sont les idées inhérentes à la raison des choses, les idéaux que réalisent, les types qu'expriment plus ou moins parfaitement les êtres particuliers : la tâche de ceux d'entre ces êtres, s'il en est de tels, qui sont libres, est d'exprimer de plus en plus leur type en eux-mêmes, de réaliser de plus en plus leur idéal.

Nous voilà voguant en pleine métaphysique. Sommes-nous sortis des sciences naturelles ? Nous nous sommes élevés à ce qu'elles supposent, à ce qu'il faut qu'elles admettent pour être, à ce que, le sachant ou l'ignorant, elles croient. Elles croient à une distribution hiérarchique des espèces et des genres : c'est croire à l'ordre ; elles croient d'abord et avant tout qu'il y a des genres : c'est croire qu'il y a des types, des idéaux.

J'entends dire qu'il se pourrait qu'il n'y eût point de genres ; j'entends parler de la variabilité des espèces comme d'une vérité prête à s'imposer à la science ; le transformisme darwiniste, s'il était la vérité (et il l'est, ou il va l'être) serait la négation de ces idéaux, de ces types... En quoi, s'il vous plaît ? Et d'abord, s'il en était ainsi, ce serait tant pis peut-être pour le transformisme, qui n'est qu'une hypothèse, après tout, laquelle ne sera jamais vraie qu'autant que s'en accommodera la raison. Mais en quoi serait-il donc la négation d'idéaux, de types, qui ne se produisent, qui ne se réalisent dans le monde qu'à des conditions déterminées, sans doute ? Il est la négation d'une création directe et successive des espèces, sans l'être d'une création première, ni d'une création continue sous forme d'évolution ou de développement spontané des êtres ; il ne porte que sur l'origine des espèces et des genres, non sur leur existence, ni sur leur nature.

La science croit à l'ordre. Elle n'est, elle ne peut être qu'autant qu'elle y croit. L'observation lui donne des êtres disséminés ; elle en étudie quelques-uns, non pour savoir s'il y a des genres, et s'il y a hiérarchie de genres, mais pour savoir quels sont les genres, quelle en est la hiérarchie, comment la nature les classe ; dans ces multitudes que lui présente le hasard expérimental, elle introduit l'ordre, et le leur impose, l'affirmant réel, le déclarant vrai. Elle affirme un réalisme, c'est-à-dire un idéalisme objectif, dont elle n'a pas discuté le problème ; elle déclare comme d'autorité la vérité d'une métaphysique.

Les sciences naturelles ne s'arrêtent pas là. Elles ne se contentent pas de classer les êtres : elles assignent à leurs organes leurs fonctions ; elles s'efforcent d'expliquer leur vie. Mais c'est là une recherche de fins, une recherche de causes, un travail tout métaphysique, pour peu qu'il ne se borne pas à n'avoir d'autre résultat qu'un autre nom des phénomènes observés : car parler, comme on fait, de finalité, de propriétés vitales, est-ce rien dire, sinon que l'opium fait dormir *quia habet virtutem dormitivam?* C'est toute la science à laquelle a droit l'empirisme, la science des savants de Molière ; et c'est en effet celle d'un grand nombre de nos docteurs. Hors de cela, métaphysique. Laissons les sciences naturelles au point où elles rencontrent la métaphysique : qu'il nous suffise d'avoir montré que, circonscrites dans le domaine le plus sévèrement limité, réduites à leur œuvre de classification, la seule entreprise de cette œuvre est déjà l'affirmation d'une métaphysique.

IV

Les sciences physiques proprement dites recherchent surtout les lois. Elles débutent par l'observation des phénomènes : les phénomènes bien et dûment constatés, elles en déterminent, sous le nom de lois, les rapports invariables. Quelle méthode emploient-elles à cet effet ? La méthode expérimentale, qui consiste en une double opération : à observer d'abord, puis à induire.

Que suppose une telle méthode ? Beaucoup de savants estiment qu'elle ne suppose rien, et que l'expérience lui suffit. Ainsi disent les négateurs de la métaphysique. Ils se rattachent à Bacon ; l'expression achevée de leur doctrine est chez J. Stuart-Mill. Plusieurs ignorent J. Stuart-Mill, et même Bacon : ils n'en sont pas moins baconistes : ils respirent le baconisme dans l'air du temps, d'autant plus convaincus, que ce baconisme n'est point chez eux le résultat de l'étude, mais l'état d'un esprit tout pénétré comme d'une maligne influence.

La destinée philosophique de Bacon est singulière. Les empiristes se réclament de lui, en l'élevant sur un trône : il est pour eux le roi des philosophes. Il a conçu la philosophie comme la science de la nature, science dont l'utilité fait la valeur : il s'est avisé de dire qu'il fallait assujettir la nature à nos besoins, l'asservir à nos appétits ; qu'il fallait la connaître pour l'asservir, et la regarder pour la connaître. Il a institué la méthode expérimentale et par là fondé la science de la nature, qui est toute la science, toute la philosophie.

D'autres lui contestent cette gloire, et Liebig, un des grands savants de notre âge, relève, en un livre consacré à le détrôner, tout ce qu'il y a chez lui d'ignorance ou d'inintelligence de ces sciences même dont on le glorifie et de la méthode qui leur convient. « C'est une très grande erreur, dit Joseph de Maistre dans le huitième entretien de ses *Soirées de Saint-Pétersbourg*, que celle de croire qu'il a influé sur la marche des sciences : car tous les véritables fondateurs de la science le précédèrent, ou ne le connurent point. Bacon fut un baromètre qui annonça le beau temps ; et parce qu'il l'annonçait, on crut qu'il l'avait fait. Walpole, son contemporain, l'a nommé le *prophète de la science*, c'est tout ce qu'on peut lui accorder. J'ai vu le dessin d'une médaille frappée en son honneur, dont le corps est un soleil levant avec la légende : *Exortus uti Æthereus sol*. Rien n'est plus évidemment faux. Je passerais plutôt une aurore avec l'inscription : *Nuncia solis*, et même encore on pourrait y trouver de l'exagération ; car lorsque Bacon se leva il était au moins dix heures du matin. »

Aux détracteurs de Bacon, M. P. Janet répond en ces termes : « Galilée, nous dit-on, faisait des expériences pendant que Bacon se contentait de dire qu'il en fallait faire ; le premier fondait cette science, que le second ne faisait qu'annoncer. Mais pourquoi deux hommes de génie n'auraient-ils pas à la fois la même idée, l'un en pratique, l'autre en théorie ? Et en quoi la gloire de Galilée contredit-elle celle de Bacon ? N'est-ce pas d'ailleurs un vrai trait de génie de la part de celui-ci d'avoir deviné que cette méthode toute neuve et à peine éprouvée était le renouvellement de la science et de l'esprit humain ? Descartes sans doute était un homme de génie plus inventeur que Bacon ; il lui est passablement postérieur ; il a certainement connu les expériences de Galilée et même de Torricelli et d'autres encore ; il en a fait lui-même. Et cependant il n'a pas deviné la révolution faite par ces grands expérimentateurs. Il a continué à voir dans la méthode expérimentale une méthode subalterne et d'une importance secondaire. Il n'était donc pas si facile d'avoir l'idée de Bacon, même en ayant sous les yeux plus d'exemples qu'il n'en avait eu. »

Soit. Bacon sera l'homme de la théorie, non l'homme de la pratique ; non celui qui fait, mais celui qui fait faire. C'est le rôle qu'il s'attribue lui-même : *Ego, buccinator tantum, pugnam non ineo, unus fortasse ex iis de quibus Homerus* :

Χαίρετε, κήρυκες, Διὸς ἄγγαλοι ἠδὲ καὶ ἀνδρῶν.

Bacon ne s'attribue pas un autre rôle ici que celui de héraut ; M. P. Janet, et la plupart des philosophes, même en dehors de l'empirisme, lui accordent généreusement une œuvre supérieure, celle du théoricien. Grande tâche, si elle est bien remplie ! Bacon la pousse ardemment, exposant sa méthode en un langage animé, coloré, chaud, plein de verve, parfois de finesse, toujours d'éclat et de feu ; que dis-je, l'exposant ? la proclamant plutôt : il y a du coup de trompette dans son style, et il est bien le *buccinator* qu'il dit être.

Que vaut sa méthode ? Tout est là. Car sa méthode est celle dont s'appuient les éliminateurs de la métaphysique. La philosophie est, pour lui comme pour eux, l'ensemble des sciences ; pour lui comme pour eux, il n'y a d'autres sciences que les sciences naturelles, ayant pour but le bien-être humain, j'allais dire le confortable : ce sont les seules sciences qui ne soient point chimériques ni vaines, les seules utiles et les seules aussi possibles à l'homme. Elles sont expérimentales : c'est-à-dire que, pour les constituer, il faut observer d'abord les phénomènes tels qu'ils sont, sans aucune hypothèse préconçue ; il faut ensuite, par la généralisation des observations faites, en déterminer les lois.

Passons sur les détails plus ou moins heureux : il en est d'ingénieux, les vues justes abondent chez le philosophe anglais au pittoresque langage ; et, s'il y a peut-être à lui diminuer, il n'y a pas à lui ôter sa gloire. Passons donc sur les détails : Bacon n'est pas en cause. Il s'agit de savoir si la méthode expérimentale ne requiert rien autre que l'expérience, si elle est tout entière dans une observation sans idées qui la précèdent et la dirigent, dans une induction qui ne soit qu'une généralisation d'observations faites.

Eh bien, non, il n'en va pas ainsi. Observer, c'est regarder; c'est, conduit par une idée, diriger sa vue quelque part. Et induire, c'est affirmer, sur la foi d'une idée, infiniment loin au-dessus de toute expérience possible.

Qu'est-ce qu'on regardera, si l'on ne sait pas de quel côté porter sa vue ? Et comment se fait-il que, parmi tant de gens doués de vue, il y en ait si peu qui observent ? Que, parmi tant de gens qui observent, il y en ait si peu qui découvrent ? Les animaux ont de meilleurs sens que les hommes ; beaucoup d'hommes en ont de meilleurs que les observateurs les plus sagaces ; et ceux d'entre les observateurs qui ont fait les plus belles découvertes n'étaient pas ceux qui avaient le moins besoin de lunettes pour voir clair. La différence est dans l'intelligence, dans la pensée, dans l'idée préconçue. S'il faut une idée pour observer, à plus forte raison en faut-il une pour expérimenter : le choix d'une direction de recherche est une idée, qui conduit à un fait, d'où naît une idée nouvelle, celle d'une expérience à faire.

Eh ! l'on ne peut observer, l'on ne peut surtout expérimenter, au hasard ! Il faut bien un but, il faut un plan, il faut savoir ce que l'on fait. Qu'on me cite une seule découverte, j'entends grande, importante, de celles qui comptent dans la science, que n'ait précédée, que n'ait préparée une idée, une hypothèse ! L'astronomie est née d'une pensée de Kopernick, imaginant qu'il se pourrait bien que la terre tournât sur elle-même et se mût autour du soleil. Mais d'où vint à Kopernick cette imagination, que les hommes de son temps durent juger bizarre ? C'est qu'il jugea bizarre, lui, le monde du système de Ptolémée, compliqué, confus, incohérent, indigne de son auteur. Ce monde ne lui plut pas, il en chercha un autre. Il trouva quelque part, dans Cicéron, que Nicétas de Syracuse expliquait l'apparence du mouvement des cieux autour de la terre par une rotation de la terre sur son axe ; ailleurs, dans Plutarque, il trouva que le pythagorien Philolaüs faisait tourner la terre annuellement autour du soleil : il combina ces deux idées en une, qui fut l'hypothèse mère de l'astronomie moderne.

« La découverte, dit un médecin philosophe [1], gît dans l'idée. Les *faits*, sans l'idée, ne sont rien : car ils ne valent qu'en tant qu'ils

---

[1] L. Peisse, *La Médecine et les Médecins*.

expriment, manifestent, réalisent l'idée. L'idée ne vient donc pas à la suite des faits et à titre de simple corollaire; loin de là, les faits ne sont des faits que par la signification que leur donne l'idée. Il est pourtant d'usage, parmi nos savants, de dire que la théorie doit suivre les faits, et non les faits suivre la théorie. Cette formule est très contestable en principe ; et en fait, l'exemple des théories dont l'esprit humain fait le plus volontiers parade (le système copernicien, la gravitation newtonienne, la circulation du sang, etc.) lui donnerait tort. » Et plus loin, parlant de la dernière des trois théories qu'il rappelle : « Ce n'est donc pas précisément faire l'histoire d'une découverte ou invention que d'énumérer les ébauches plus ou moins informes qui l'ont précédé. Ces précédents, en effet, n'acquièrent une valeur, comme éléments de la pensée nouvelle, qu'à la lumière fournie par cette pensée même. La connaissance des valvules des veines fut, dit-on, un acheminement à la théorie de la circulation. Rien de moins sûr. Il serait plus exact de dire que c'est l'idée de la circulation qui a fait reconnaître le rôle fonctionnel des valvules ; et, de fait, leur vraie fonction a été méconnue, même par leur inventeur, jusqu'à Harvey. C'est que Harvey avait, pour ouvrir la serrure, la clef qui manquait à Fabrice d'Acquapendente.... Flourens semble supposer qu'on n'est arrivé à la découverte de Harvey que pas à pas, par pièces et par morceaux. Cisalpin a vu ceci, Colombo cela, Fabrice une autre chose, Servet une autre encore... Très-bien ! Mais l'*idée !* Cette idée..., cette conception d'un mouvement circulaire du sang dans un système continu de canaux revenant sur eux-mêmes, qui l'a eue le premier ? qui le premier l'a explicitement formulée avec la pleine conscience de son contenu et de sa vérité ? C'est celui-là, et celui-là seul, qui a fait connaître la circulation du sang. Les autres, à parler rigoureusement, n'en ont su ni beaucoup ni peu. Probablement même ils l'auraient niée, si elle leur avait été présentée comme conséquence de leurs propres travaux. Harvey lui-même ne nia-t-il pas les vaisseaux chylifères d'Aselli et le réservoir de Pecquet, qui n'étaient, au fond, que des compléments du mécanisme circulatoire, des confirmations de sa théorie générale ? — Il y parut bien, lorsque Harvey annonça sa découverte. Malgré tous ces prétendus précurseurs, il ne rencontra d'abord que des incrédules et des opposants. Ce n'est que plus tard, lorsqu'il fallut se rendre à l'évidence, qu'on trouva la circulation partout. »

Mais écoutons la parole décisive d'un homme qui sait à quoi s'en tenir là-dessus, d'un homme qui, ayant la pratique heureuse de l'observation, en a l'intelligence, d'un des plus grands expérimentateurs de notre siècle, M. Cl. Bernard : « Il n'y pas de règles à fixer pour faire naître à propos d'une observation donnée une idée juste et féconde : cette idée une fois émise, on peut la soumettre à des préceptes et à des règles; mais son apparition a été toute spontanée, et sa nature est toute individuelle. C'est un sentiment particulier, un *quid proprium* qui constitue l'originalité, l'invention ou le génie de chacun. Il est des faits qui ne disent rien à l'esprit du plus grand nombre, tandis qu'ils sont lumineux pour d'autres. Il arrive même qu'un fait ou une observation reste longtemps devant les yeux d'un savant sans lui rien inspirer; puis tout à coup vient un trait de lumière. L'idée neuve apparait avec la rapidité de l'éclair comme une révélation subite. La méthode expérimentale ne donnera pas des idées riches et fécondes à ceux qui n'en ont pas; elle servira seulement à diriger les idées chez ceux qui en ont. »

Les phénomènes observés, la physique n'a pas encore ce qu'elle cherche. Ce qu'elle cherche, c'est la loi des phénomènes. Qu'est-ce que la loi ? L'invariable dans le variable. Les faits particuliers, changeants, soutiennent entre eux des rapports constants, fixes, invariables : ces rapports sont leurs lois. Toujours, certaines conditions déterminées ayant lieu, certains faits se produisent, et ils ne se produisent jamais hors de ces conditions ; toujours, un fait se produisant, un autre fait se produit à la suite ; l'un est toujours l'antécédent, l'autre le conséquent ; l'un est la condition de l'autre : dans le langage des physiciens, il est dit cause, l'autre effet. Ces rapports de cause à effet, de condition à conditionné, d'antécédent à conséquent, sont les rapports constants, fixes, invariables, qui sont les lois. Voilà ce que cherche la physique : elle ne cherche que des rapports, mais invariables. Quelle expérience donne l'invariable ?

La loi trouvée n'est pas vraie de cent faits observés, ou de mille, ou de dix mille, mais de tous. La loi de la pesanteur n'est pas vraie pour un corps ou pour plusieurs, mais pour tous les corps à la surface de la terre, pour tous les corps du système solaire, pour tous les corps du système stellaire, pour tous les corps de l'univers sans bornes, pour tous les corps dans le présent, inobservable immensité, dans l'inobservable éternité du passé, dans l'inobservable éternité de l'avenir, dans l'inobservable infini du possible. Quel observateur a donc pu la voir toujours et partout à l'œuvre, cette loi, que ne limite pas la totalité du réel, qui s'étend au possible, qui embrasse un infini ?

Qu'est-ce que le petit nombre observé des faits d'un certain ordre au regard de l'infini possible des faits du même ordre ? Et cependant, quand, dans ce petit nombre de faits observés, on a reconnu un caractère toujours le même, on l'affirme pour tous les faits réels, pour tous les faits possibles du même ordre : un caractère qui n'a pas varié dans la variété de quelques phénomènes qu'on a pu voir, on le déclare invariable. Non par conjecture, mais avec une pleine certitude : je sais avec certitude que, si je lâche tout à l'heure cet objet que j'ai dans les mains, il tombera ; je sais ce qu'il fera, quelle direction il prendra, quelle sera la vitesse, quelle sera la forme de son mouvement : je ne l'ai pas vu, et je le sais avec la même certitude que si je l'avais vu. Je le sais sur la foi d'un *a priori* de la raison.

M. J. Stuart-Mill a écrit la *Logique* du positivisme. C'est une théorie de l'induction, une réduction des principes de la raison, des causes, des lois, à l'expérience. Point d'axiomes, mais des vérités générales ; point de substances, mais des amas de phénomènes; point de causes, mais des faits liés à des faits : nous ne savons même qu'il y a des lois que par l'expérience, et dans la mesure où l'expérience nous les montre à l'œuvre. A peine pouvons-nous atteindre une partie extrêmement petite de l'univers : le reste du monde est-il régi par les mêmes lois? L'est-il par des lois? On l'ignore. Nous ne connaissons que des faits liés à des faits, ceux-ci à d'autres, jusqu'à d'autres sur l'origine desquels on n'a rien à dire, non pas même s'ils en ont une ou s'ils existent absolument. Pourquoi sont-ils? Et y a-t-il un pourquoi? Y a-t-il une raison d'être de ce qui est? Le propre de cette doctrine est d'éliminer hardiment, logiquement, de la raison humaine la raison : aussi est-ce le positivisme, très autorisé comme on sait, et très fier de lui-même.

Mais c'est une gageure difficile à soutenir jusqu'au bout que d'ôter la raison à l'intelligence. Si l'expérience toute seule, et sans l'appui de nulle idée innée, se charge de nous instruire, elle ne nous apprendra rien. Elle nous laisse ignorer s'il y a des lois dans le reste du monde? Oui, sans doute; mais elle ne nous enseigne pas davantage s'il y a des lois dans ce monde-ci. Qu'on me dise donc une loi qu'elle nous montre, un invariable, un universel, même borné à ce monde! La pesanteur, par exemple : est-ce qu'elle nous la montre — toujours et partout dans le possible? je n'en demande pas tant : toujours et partout dans tous les mondes? je n'en demande pas tant : mais toujours et partout à la surface de la terre? Quoi! toujours, même avant qu'il y eût des observateurs? partout, même hors de leur vue? partout, loin du regard des hommes, au fond des solitudes, au sommet des montagnes, sous les eaux? toujours, demain comme aujourd'hui? L'objet que j'ai dans la main, si je le lâche, tombera-t-il? En vérité, l'expérience ne me l'a pas montré encore. Il faut attendre, pour voir.

Je le sais cependant. Je le sais, parce que telle est la loi. Et je sais que telle est la loi, parce que, dans quelques faits observés, elle a été reconnue à ce signe : la succession constante, ou « la séquence invariable, » comme on dit dans l'école de M. J. Stuart-Mill. Invariable dans quelques faits observés : d'où l'on affirme l'invariabilité dans tous les faits possibles, à l'infini, du même ordre, qui est la loi. On n'a donc pas observé la loi, qui est inobservable : mais un signe, où l'on a reconnu la loi. Et si l'on a pu la reconnaître, c'est qu'on la connaissait : on savait qu'il y a des lois, sans savoir lesquelles, et même, il est vrai, sans y penser tant que l'expérience n'en avait pas suscité l'idée par les signes. Telle est la part de l'expérience : elle suscite l'idée de lois stables et générales par des signes qui, en même temps et en outre, permettent de reconnaître ces lois. Il y a des lois, voilà ce que dit la raison ; c'est-à-dire qu'il y a, dans les phénomènes changeants et divers d'une même espèce, une unité qui caractérise l'espèce et en détermine la condition d'être ; or l'expérience montre, dans un certain nombre de phénomènes de telle espèce, dans tous ceux qui en ont été observés, tel caractère uniforme; donc ce caractère est la loi des phénomènes de cette espèce.

M. J. Lachelier, auteur d'une profonde étude sur l'*Induction*, y démêle fort bien dans le principe de l'induction deux principes : d'abord, que, les mêmes conditions se produisant, les mêmes phénomènes apparaissent ; mais ensuite, que ces mêmes conditions se reproduisent en effet.

D'abord, les lois de la nature sont stables et générales. Ne soulevons pas ici les difficultés du miracle : il s'agit de la nature, non d'une toute-puissance capable, par hypothèse, de vaincre la nature ; et s'il n'y avait point de lois, le miracle n'aurait rien de miraculeux. Le miracle d'ailleurs est moins, comme on le définit assez mal à propos peut-être, une suspension des lois de la nature, qu'une modification de leur action par l'intervention d'une action de la volonté divine : nous-mêmes nous modifions leur action par notre action propre, et il en résulte ce que la nature n'eût pu produire ni, si nous sommes libres, prévoir : un vrai surnaturel. L'hypothèse du miracle est celle d'une intervention directe de Dieu dans l'univers, celle d'une providence qui, agissant ordinairement d'accord avec les lois de la nature, les surmonte quand il le faut, et, sans les suspendre, s'ajoute à elles pour une résultante que la nature seule n'eût pu ni produire ni prévoir. La question du miracle n'a donc rien à faire ici, non plus que celle de l'origine, ni même celle de la nécessité ou de la contingence fondamentale des lois du monde. Elles sont stables, il suffit à la science; mais la science, qui les veut stables, veut de plus qu'il y en ait. Qu'il y ait des lois, et qu'elles soient stables : deux choses en une. Si la terre tourne sur son axe, il y aura succession de jour et de nuit : la condition produite, le phénomène apparaîtra, c'est la stabilité de la loi. La terre, tant qu'elle sera terre, tournera sur son axe; toujours la condition se produira, c'est la loi même. Le principe de la stabilité et de la généralité des lois de la nature, est qu'il y a des lois, et qu'elles sont invariables : que tous les phénomènes sont régis par d'invariables lois.

C'est que la loi, qui pour le physicien n'est qu'un fait universel, est autre chose encore pour le métaphysicien. « Si nous croyons d'une croyance assurée et réfléchie que ce qui a été sera, c'est dans le cas seulement où nous jugeons qu'à cela il y a une raison.[1] » Aussi ne suffit-il point, pour qu'une loi soit acquise à la science, que l'expérience la confirme. L'expérience ne confirme rien. On dit que l'expérience confirme, quand elle n'infirme pas : son rôle est négatif. Une loi est acquise à la science quand, n'étant pas infirmée par l'expérience, elle est d'ailleurs avouée et comme reconnue par la raison. C'est la raison qui la déclare vraie.

La loi, pour le philosophe, n'est pas seulement un fait : elle est l'ordre, elle est la raison dans l'univers. Elle est la cause qui fait être ce qui est, mais le fait être pour une fin, sa cause à elle-même, — pour le bien, cause de la cause. Il est très remarquable que la langue fasse des mêmes mots de *loi* et d'*ordre*

---

[1] Ravaisson, *Rapport sur la philosophie en France.*

l'usage le plus différent, ce semble, en physique et en morale. Qu'y a-t-il de commun entre un ordre qui est un commandement moral et un ordre qui est la régularité nécessaire des phénomènes physiques? Qu'y a-t-il de commun entre la loi morale, qui prescrit aux volontés libres leur devoir, qui ne sera exécutée qu'autant qu'elle sera obéie, qui sera violée au gré des libertés maîtresses de leurs actes, et la loi physique, inviolable, qui toujours s'exécute sans jamais rien prescrire, qui toujours est en fait, qui physiquement n'est rien autre qu'un fait universel ? On insiste en philosophie sur cette différence, où beaucoup ne voient qu'un tort de la langue. Mais la langue n'a pas tort, et il y a, au-delà de la physique, dans la métaphysique, quelque chose de commun entre ces deux lois, entre ces deux ordres : l'ordre de la nature est comme un commandement d'en haut à la nature; les lois de l'univers lui sont imposées par la même autorité qui prescrit des lois à l'homme; l'homme exécute librement ou librement viole sa loi, l'univers ne peut qu'exécuter la sienne. Ici le vrai, là le bien : mais le bien et le vrai sont un. Le bien n'est pas la manière dont on agit, mais la manière dont on doit agir, la conformité de l'acte libre à la loi; et le vrai n'est point ce qui est, mais ce qui doit être, la conformité de l'être à la loi de l'être. De part et d'autre, la raison oblige l'acte libre ou détermine l'acte fatal duquel résulte l'être, la loi gouverne la force, l'intelligible règne sur le monde.

Ainsi, comme les autres sciences naturelles, et d'abord comme les sciences mathématiques, les sciences physiques proprement dites supposent toute une métaphysique. Bornons-nous à ces sciences : plusieurs négateurs de la métaphysique n'en considèrent pas d'autres, et elles nous suffisent. Elles sont ce qu'ils nomment la science : il est dans la nature, il est dans les conditions et dans les lois, non-seulement de ce qu'on doit appeler science, mais de ce qu'ils appellent eux-mêmes de ce nom qu'ils prodiguent peu, de requérir, pour pouvoir être, pour avoir le droit et jusqu'à la possibilité d'être, des idées *a priori*, innées à l'esprit humain, et vraies absolument, — un idéalisme objectif.

Cela étant, la science métaphysique est possible, ou nulle science ne l'est. La métaphysique a un objet, qui est le postulat de la science : objet vrai, si la science, dont il est le postulat, est vraie; objet connaissable avec certitude, si la science, dont il est le postulat, est certaine : car la science n'a de certitude, la science n'a de vérité, que dans la double hypothèse et de la réalité subjective et de la valeur objective d'idées a *priori* de l'esprit humain. Cet objet de la métaphysique est général, puisque toutes les sciences le supposent également ; la certitude en est intellectuelle, et résulte d'un usage méthodique de la raison ; et l'intelligence qu'on en peut avoir croit par cet usage même de la raison : donc, si la science est la connaissance certaine, méthodique, progressive, du général, la métaphysique est ou peut devenir science : plus ou moins réalisée, plus ou moins désirée, plus ou moins avancée ou retardée, mais science par nature.

En examinant les conditions et les lois de la science pour voir si la métaphysique satisfait à ces conditions et à ces lois, nous avons trouvé, non qu'elle y satisfait, mais qu'il faut qu'elle y satisfasse, mais que nulle science n'y satisfait si la métaphysique n'y satisfait pas, mais que les moins contestées d'entre les sciences, celles qui se prévalent avec le plus d'orgueil de leur caractère positif, n'y satisfont que grâce à une métaphysique latente, certaine de leur certitude, principe de leur être.

CHAPITRE II

LES IDÉES DE RAISON

I

La science prétendue positive n'admet point qu'on puisse connaître avec certitude autre chose que des phénomènes et des rapports de phénomènes : elle se borne, par suite, à induire de phénomènes observés des rapports constants, qui sont ou des genres ou des lois. Même les vérités mathématiques ne sont à ses yeux que des rapports constants de phénomènes. Il faut en effet ou les réduire à cela ou les rayer de la science. Un empirisme conséquent les rayera de la science : car elles ne sont point cela. Elles ne sont point rapports de phénomènes, mais déterminations tout idéales de possibles, purs concepts de l'esprit. Quant aux rapports des phénomènes, ils ne peuvent être des genres ou des lois qu'autant qu'ils sont invariables, et l'invariable échappe à toute observation.

Les savants « positifs » se méprennent donc sur les conditions de leurs méthodes : c'est qu'ils se méprennent sur les conditions de la pensée. Ils expliquent par l'expérience toutes les idées : il n'est pas une seule idée que suffise à expliquer l'expérience. Leur logique est mauvaise, parce que leur psychologie est mauvaise.

Ils en sont encore au vieil adage : *Nihil est in intellectu quod non prius fuerit in sensu,* oubliant ou méconnaissant la restriction fameuse qui le détruit : *Nisi intellectus ipse.* C'est une exception, mais cette exception comprend tout.

Les idées, à les en croire, nous viennent des sens, directement ou indirectement : nous recevons les unes, et de celles-ci nous dérivons les autres. — Nous ne pourrions, dans tous les cas, recevoir des sens que des idées de vérités contingentes, particulières, temporaires, locales, relatives. Ils l'accordent. On leur demande comment nous en dérivons des idées de vérités nécessaires, universelles, éternelles, absolues : ils éliminent l'absolu. — L'expérience ne présente que des phénomènes : nous ne pourrions donc en recevoir que des idées de phénomènes. Ils l'accordent. On leur demande comment nous en dérivons les idées de cause, de substance, d'être : ils écartent la cause, la substance, l'être même. — Nous ne voyons que des durées et des étendues finies, des choses imparfaites. Ils l'accordent. On leur demande comment nous en dérivons les conceptions du temps, de l'espace, de l'infini, du parfait : ils nient le parfait, ils nient l'infini, ils nient l'espace et le temps. Ils nient tous les objets de raison : et ils ont raison, dès qu'ils nous réduisent à l'expérience.

Ils éliminent l'absolu. Il y a pourtant des vérités absolues : ce sont les vérités nécessaires. C'est une vérité absolue que les trois angles d'un triangle égalent deux droits. C'est une vérité absolue qu'il n'y a point de phénomène sans cause. L'expérience externe me donne-t-elle seulement l'idée de cause ? Non ; elle ne me donne que des phénomènes. Or, il s'agit ici d'un principe qui les domine tous, que je conçois de telle sorte qu'un phénomène quelconque, en quelque lieu, en quelque temps, en quelque monde que ce soit, ne peut être, que tout aussitôt je ne lui attribue ou ne lui cherche une cause. L'expérience externe, me dit-on, n'offre que des phénomènes : mais ces phénomènes se lient dans le rapport de cause à effet. Soit : mais cette idée même, vous la tirez de vous ou d'ailleurs pour l'appliquer aux phénomènes : l'expérience ne vous la donne pas, elle ne vous donne que des phénomènes; et non les uns comme causes, les autres comme effets : elle les donne comme de simples phénomènes, tout au plus successifs, c'est-à-dire postérieurs les uns aux autres. Un homme tombe frappé d'une balle; je vois une balle qui frappe un homme, je vois l'homme qui tombe, deux faits qui se succèdent, sans qu'ils me disent eux-mêmes que l'un soit la cause de l'autre. Ils ne me le disent pas davantage alors même qu'ils se succèdent toujours : ils ne me montrent, dans ce cas même, qu'un rapport constant de succession; c'est moi qui leur applique l'idée de cause, laquelle donc est en moi sans que l'expérience me la donne. Aussi se trompe-t-on souvent, comme le prouve le paralogisme bien connu, *post hoc, ergo propter hoc*. Mais cela même, cette habitude si fréquente de prendre pour un rapport de causalité ce qui n'est qu'un rapport de succession, fait voir jusqu'à quel point nous est familière l'idée de cause. D'où vient-elle ?

De l'expérience interne, dit une autre école : le moi l'a de lui-même, cette idée, car il se sent cause lui-même, étant une force libre. Soit, mais cause particulière, et j'ai l'idée d'une cause universelle ; contingente, et j'ai l'idée d'une cause nécessaire, absolue. Le principe, du moins, est absolu : ce n'est point par conjecture, par induction, par analogie, ce n'est point parce que je me sens être une cause, c'est avec une certitude directe que je l'applique. Il ne me vient donc pas de moi ni du monde des phénomènes, mais du monde des idées, monde supérieur dont j'ai comme la vue intime, qui se manifeste à ma conscience, qui m'apparaît, à travers l'autre, mais distinct de l'autre, irréductible à l'autre. Ce principe de la cause, ou mieux de la causalité universelle parce qu'elle est nécessaire, d'où je m'élève jusqu'à une cause effective, actuellement et éternellement efficace, absolue, infinie, parfaite, jusqu'à Dieu, m'apparaît de lui-même. Je touche d'une part les phénomènes, de l'autre la cause ; d'une part le contingent, le relatif, de l'autre le nécessaire, l'absolu ; et, comme le monde à travers mon corps, à travers mon esprit Dieu se révèle.

— Il est vrai : nous n'avons expérimentalement que des phénomènes ; point de cause, point de substance, point d'être, qui nous soit expérimentalement donné. C'est qu'il n'y en a pas. Un être n'est qu'un groupe de phénomènes liés. Une substance n'est qu'une suite de phénomènes : si on les considère deux à deux, l'un est la cause, l'autre l'effet. Une cause n'est qu'un antécédent invariablement suivi d'un conséquent que nous nommons effet. Des couples de phénomènes dont l'un suit l'autre, voilà donc l'idée de cause; comme des systèmes de phénomènes qui se suivent, voilà l'idée de substance; et des systèmes de phénomènes qui s'accompagnent, voilà l'idée d'être. Le temps est la somme des durées, l'espace la somme des étendues. L'infini est ce que nous concevons au-delà des bornes : toute borne peut être reculée, toute quantité augmentée; d'une unité ajoutée à un nombre se forme un nouveau nombre, auquel peut s'ajouter une unité d'où se formera un nouveau nombre, auquel peut s'ajouter encore une autre unité d'où se formera encore un autre nombre, puis un autre, toujours, sans fin : voilà l'infini.

— Non, ce n'est point là l'infini, mais l'indéfini. L'idée de l'infini est l'idée d'une réalité illimitée, comme l'idée du fini est l'idée d'une réalité limitée : l'idée d'une possibilité de nombres à la suite n'est pas plus l'une que l'autre de ces deux idées, mais une troisième, l'idée de l'indéfini. Le fini et l'infini existent, par définition : l'un borné, d'une existence positive et négative à la fois; l'autre sans bornes, d'une existence toute positive. L'indéfini n'existe pas ; ce mot n'exprime qu'un rapport, l'idée d'une possibilité d'additions successives : c'est la grandeur prise en soi, pur attribut : toute réelle grandeur, toute chose grande, se marque par un nombre fini. Or ce que l'empirisme appelle infini n'est autre que cette nécessité d'ajouter par la pensée une grandeur à une grandeur, cette impossibilité de ne pas concevoir au-delà d'une grandeur une autre, au-delà du visible l'invisible, et toujours : en un mot, l'impossibilité de s'arrêter dans la série des nombres. Mais qu'on prenne une grandeur ou une collection de grandeurs qui existent, elle sera limitée. L'infini n'est point cela. Il est, par définition, l'être réel sans limites, indivisible, plein, absolu.

Entendu de la sorte, l'infini existe-t-il ? Peu importe en ce moment : il suffisait de montrer que les empiristes, le confondant avec l'indéfini, le suppriment.

L'espace n'est pas plus la suite des étendues dans un même temps, ni le temps la suite des durées dans un même espace, que l'infini n'est la suite des nombres : ôtez les choses qui ont de la durée, les choses qui ont de l'étendue, vous n'ôtez ni le lieu de leur durée, le temps, ni le lieu de leur étendue, l'espace. La cause n'est pas un antécédent, mais un efficient, un producteur, un créateur de l'effet : elle est ce qui fait être. L'être n'est pas un système de phénomènes qui s'accompagnent, la substance n'est pas un système de phénomènes qui se suivent : l'être est ce que manifestent les phénomènes sans l'épuiser, la substance est le fond permanent de phénomènes qui changent : d'autres êtres pourraient se manifester par le même phénomène, d'autres phénomènes pourraient manifester le même être. Etre et substance, cause, espace, temps, infini, absolu, parfait, tout cela est-il ? Et qu'est-ce que tout cela ? Nous essaierons de le dire. Mais qu'importe ? Ce sont mots pour d'autres idées que celles qu'on s'efforce de mettre sous ces mots. On veut expliquer ces idées par l'expérience ; et comme l'expérience ne les explique pas, on en donne une explication qui les supprime.

Supprime-t-on aussi la justice ? Nul n'osera. Non, on la respecte; et rendons-leur nous-même, à nos adversaires, cette justice, que leur empirisme, honorablement inconséquent, a la ferme volonté d'être moral. Et pourtant, quelle expérience donne le droit ? Produisez-nous une expérience qui nous montre, par exemple, le droit qu'a toute personne vivante d'être respectée dans l'exercice inoffensif de ses facultés, dans sa fortune, dans tout son être ; qui nous montre qu'il ne faut pas faire à autrui ce que nous ne voudrions point qui nous fût fait ; que nous avons de la sorte envers les autres un devoir d'une nature particulière, qui leur confère un droit sur nous. L'expérience peut montrer qu'il y a danger à ne pas remplir un tel devoir, à ne pas reconnaître un tel droit ; que l'ordre social exige, sous peine de dissolution, qu'on agisse conformément à cette maxime ; qu'il est funeste de la violer, qu'il est très-utile, au contraire, qu'il est nécessaire de l'observer. Mais d'utile, de nécessaire, à obligatoire, y a-t-il un pas ? Il y a un abîme. Il y a l'infini. L'utile est ce qu'il faut faire sous peine de souffrir ; le nécessaire, ce qu'il faut faire sous peine de périr : l'obligatoire est ce qu'il faut faire, dût-on souffrir, dût-on périr. Deux idées de deux mondes bien différents, qu'unit sans doute, dans la suprême unité des choses, une merveilleuse correspondance, mais qu'il est bien rare que l'expérience accorde ici-bas ! L'une habite le monde réel que nous montre l'observation ; l'autre, le monde intelligible que la raison pure nous révèle : elle émane de cette lumière qui éclaire toute intelligence, de cette souveraine loi qui gouverne la nature, mais la gouverne invisiblement.

L'expérience donne le fait. Comment le fait, unique objet de l'expérience, peut-il être ou peut-il devenir le droit ? Le fait est ce qui est ; le droit, ce qui doit être. Ce qui est, est : voilà tout. S'il est conforme à ce qui doit être, ce n'est point en tant qu'il est : car il ne serait pas moins ce qu'il est, quand il serait contraire à ce qui doit être. Il est tel, et c'est ce qui le constitue un fait ; il peut être conforme au droit : cette conformité même, quand elle existe, est un fait. Elle n'est pas un droit, pure conception, mais conception absolue d'un obligatoire : elle est un fait possible, contingent, relatif ; elle est le fait de la conformité d'un fait à un droit. Dire qu'un fait devient un droit, c'est associer des idées selon un rapport inintelligible ; c'est prononcer une parole qui n'a pas de sens. Il ne peut y avoir qu'un rapport de conformité, non d'identité, entre ces deux termes. S'ils pouvaient être identiques, l'observation, qui donne le fait, pourrait donner le droit : comme ils ne peuvent être que conformes, il faudra, pour juger s'ils le sont ou s'ils ne le sont pas, les avoir connus l'un et l'autre différemment : l'un par l'observation, sans doute ; mais que reste-t-il pour connaître l'autre, sinon la raison pure ?

On aime le bien, et l'on travaille pour le progrès : c'est-à-dire à faire passer la société d'un état moins bon à un état meilleur ; car le progrès n'est pas autre chose que ce passage. Mais qu'est-ce qui est moins bon, qu'est-ce qui est meilleur ? Qu'est-ce qui est bon ? Quelle observation le dira ? L'observation nous enseignera ce qui est agréable, ce qui est profitable, ce qui nous assure une plus grande somme de jouissances terrestres ; elle nous enseignera l'utile : elle ne nous enseignera pas le bien.

Cela est si vrai, que l'on juge tout différemment du progrès de la société, selon qu'on s'est formé une conception différente de la nature, du principe et de la fin de l'homme ; ce que tel nomme progrès, tel autre le nomme décadence : corruption pour ceux-ci, civilisation pour ceux-là. Or, qui nous instruit de la nature, du principe et de la fin de l'homme ? L'expérience ? Mais l'essence ainsi que l'origine et la destinée des choses lui échappent si bien, qu'on ne tente pas de les lui rendre : et, plutôt que de renoncer à l'emploi exclusif d'une méthode favorite, on prend résolument le parti des sceptiques contre toute métaphysique, c'est-à-dire contre toute recherche de cet ordre. L'homme, s'écrie-t-on, ne peut rien connaître de l'origine et de l'essence même des choses ; il ne peut qu'observer, et arriver ainsi à des lois qui en expriment la succession et l'enchaînement. Voilà le domaine où est circonscrite son intelligence. — Circonscrite dans le domaine des faits (car les lois, qui ne sont que la succession et l'enchaînement des faits, ne sont encore que des faits d'un caractère supérieur), incapable de connaitre les essences ni les origines, ni les fins par conséquent, comment connaitra-t-elle, je ne dis pas ce qui est utile ou ce qui est agréable à l'homme, mais ce qui est conforme à sa fin, le bien ? Comment jugera-t-elle du progrès ? Et, pût-elle en juger, d'où sait-elle que cela même est bon, de concourir au progrès ? D'où lui vient cette règle qui la dirige en ses jugements ? A moins qu'elle ne la porte en elle-même, dans sa raison : mais alors nous sortons de la méthode expérimentale, pour nous rendre, vaincus et repentants, à cette méthode spéculative dont on a horreur.

Il y a dans l'esprit humain d'autres idées que les idées dues à l'expérience : il y a donc une autre intuition que celle du sens externe, que celle même du sens intime. L'idée du bien : le sens intime nous donne à connaître des faits intérieurs, le sens externe des faits extérieurs, que nous jugeons, que nous déclarons conformes ou non à un principe dont l'intuition est en nous. Les idées de substance, de cause, d'espace, de temps, d'infini, d'absolu, de parfait : ni le sens externe, ni le sens intime ne nous donnent rien à connaître de parfait, d'infini, d'absolu ; des étendues nous sont visibles, non l'espace ; des durées nous sont sensibles, non le temps ; et quand nous connaîtrions en nous-mêmes une cause, une substance, connaîtrions-nous pour cela les rapports nécessaires, universels par suite, de modes à substances, de phénomènes à causes ?

L'esprit dérive ces idées des idées dues à l'expérience ? Mais alors, c'est qu'il opère en quelque façon sur les données de l'expérience. Comment opère-t-il ? Encore lui faut-il pour cela un pouvoir propre, des principes qu'il applique : ce pouvoir lui est sans doute inhérent par nature ; ces principes, sans doute il ne les tire pas des données sur lesquelles il ne peut opérer sans ces principes mêmes. Donc il les a en soi. Voilà le *Nisi intellectus ipse* : ce sont idées innées, constitutives de l'entendement. Nous avons montré qu'il y a des idées innées, nous en avons cité : on les méconnaît ? on les récuse ? Nous montrons qu'il doit y en avoir, qu'il y en a nécessairement. On les prétend dérivées ? S'il y a des idées dérivées, c'est qu'il y en a d'innées, par lesquelles on dérive les unes des autres.

II

On se récrie. Des idées innées! Où sont-elles chez l'enfant, chez le sauvage, chez l'homme simple, qui ne les comprennent pas même quand on les énonce devant eux ? — Elles sont dans leur esprit. Ai-je dit des pensées innées? Ce serait une absurdité. Dans la théorie des idées innées, l'idée n'est pas la pensée, mais l'objet de la pensée. Pour la rejeter comme pour l'admettre, encore serait-il bon de l'entendre. Nous sommes pleins d'idées acquises que nous ne pensons pas actuellement. Les idées innées sont comme ces idées acquises. Ai-je dit que nous les pensons ? J'ai dit que nous pensons par elles. Nous pouvons les penser, et nous les pensons quelquefois; c'est par elles que nous pensons toujours. Nous avons besoin, pour les penser, et même pour penser par elles, de l'expérience qui les suscite. La raison a besoin de l'expérience, et l'expérience de la raison. Notre vie intelligente n'est dans tout son cours qu'une pénétration intime de l'une dans l'autre : aussi les idées de raison ne se distinguent-elles et ne se formulent-elles séparément que par un effort dont peu d'hommes sont capables.

Elles sont dans tous nos jugements. Un empirisme approfondi les y découvre, et s'en sert à contre-sens pour essayer de ramener la raison à l'expérience. Les spiritualistes, dit-il (c'est l'argumentation de M. Taine contre M. Cousin), déclarent qu'on ne peut extraire le nécessaire et l'universel du contingent, du particulier, l'absolu du relatif, l'infini du fini ; fort bien : mais ne voient-ils point que dans chaque proposition contingente et particulière il y a un rapport nécessaire et universel ? La neige est blanche : rapport contingent et particulier de la qualité blanche à la substance neige, mais dans ce rapport contingent et particulier est impliqué cet autre nécessaire et universel : toute qualité suppose une substance. Il y a dans toute proposition de ce genre deux points de vue que M. Cousin confond par une équivoque, fondement ruineux de sa théorie : un cas particulier et contingent, un rapport universel et nécessaire, que l'analyse en peut extraire, puisqu'il s'y trouve. — Il s'y trouve, sans doute ; mais qui l'y a mis ? D'où vient-il ? L'idée de la blancheur de la neige contient, j'en conviens, celle du rapport de la substance au mode : que conclure de là ? sinon qu'il faut avoir l'idée du rapport de la substance au mode pour avoir celle de la blancheur de la neige ou toute autre semblable, et que, bien loin que l'idée universelle soit donnée par l'idée particulière, il est impossible d'avoir même celle-ci sans avoir déjà celle-là ?

Ecoutons encore notre contradicteur. — Toute qualité suppose une substance. Qu'est-ce qu'une qualité ? Une manière d'être, un point de vue, un *extrait* de la substance. Qu'est-ce que la substance ? Un composé de qualités. L'axiome revient donc à dire : Tout extrait d'un composé de qualités suppose un composé de qualités. Analysez le premier des deux termes de ce rapport, l'autre s'y trouve. La proposition est universelle parce qu'elle est nécessaire, et elle est nécessaire parce qu'elle est analytique ou conforme au type A=A. Pourquoi M. Cousin vient-il nous dire qu'on aura beau entasser propositions particulières sur propositions particulières, jamais on ne s'élèvera jusqu'à la proposition universelle, jusqu'au principe; que jamais addition de finis ne donnera pour somme l'infini ? Il ne songe qu'à l'addition, et il oublie la soustraction, l'abstraction. Une seule proposition particulière implique l'universelle : que l'abstraction ou l'analyse l'en dégage.

L'idée d'une seule qualité est déjà l'idée de l'axiome nécessaire, puisqu'il se formule par une proposition dont elle contient les deux termes. — Ainsi raisonne M. Taine; je lui demande à mon tour d'où il tire l'idée d'une qualité, cette première idée qui implique les autres ? Que les idées s'impliquent les unes les autres, soit; encore faut-il en avoir une, avec la puissance de l'analyser pour y trouver les autres qu'elle contient. Il faut donc admettre une faculté d'*idéer*, de penser, d'entendre, distincte de la faculté de sentir. Cette faculté est la raison. Elle est l'intuition de l'intelligible, ou du nécessaire, ou de l'absolu, ou de l'être, ou de Dieu.

— La vérité se rapporte nécessairement, comme tout mode, à une substance : la vérité parfaite à une substance parfaite, à Dieu. — Equivoque, dit M. Taine. Il y a des choses ou des propositions vraies, dont la vérité se rapporte à ces choses ou à ces propositions; et il y a la connaissance de la vérité, laquelle en effet se rapporte à un être connaissant, à un esprit. M. Cousin confond la vérité avec la connaissance de la vérité, et applique à l'une ce qui ne convient qu'à l'autre. — Ainsi dit M. Taine; et, d'accord avec lui sur le vice de la forme du raisonnement qu'il attaque, je lui dis à mon tour : Une chose n'est pas vraie en tant qu'elle est, mais en tant qu'elle est conforme à la loi de l'être, à la raison ; une proposition n'est vraie aussi que pour l'esprit qui l'entend : car il n'y a point de proposition hors de l'affirmation d'un rapport, qu'il faut bien entendre pour l'affirmer ou pour pouvoir l'affirmer. Une proposition actuellement affirmée est entendue actuellement, une proposition affirmable est un intelligible. De toute manière, la vérité n'est point la réalité, mais bien l'intelligibilité, laquelle suppose un objet et un sujet d'intelligence, une raison. Mais où est la raison ? En nous, et dans tout esprit qui entend. Mais est-elle absolument, parfaitement, en nous, ou dans quelque esprit fini ? Qui l'osera dire ? Nous n'entendons qu'imparfaitement, et nous avons besoin d'être avertis pour entendre. La conscience de nos propres idées nous fait défaut, nous ne nous connaissons pas nous-mêmes, nous ne connaissons pas du moins toute la raison, toute la vérité qui est en nous. Ce n'est donc pas seulement la connaissance de la vérité, c'est la vérité même, qui suppose l'intelligence, et l'intelligence la substance intelligente. Comme elle n'est pas toute entendue en nous, elle ne suppose l'intelligence qu'imparfaite en nous, mais la suppose parfaite hors de nous, dans un esprit infini. Oui, elle se rapporte à une substance parfaite, car elle se rapporte à la raison, et la raison à l'être raisonnable, la toute-raison à l'être tout raisonnable, à Dieu.

Nous ne pensons pas, nous ne pouvons penser la substance et le mode, la cause et le phénomène, le nécessaire et le contingent, l'absolu et le relatif, l'infini et le fini, l'un sans l'autre. Donc nous ne tirons pas de l'idée du fini celle de l'infini, sans laquelle nous n'aurions pas la première ; et, pour la même raison, nous ne tirons pas non plus de l'idée d'infini celle du fini. Il faut que le fini et l'infini nous soient donnés simultanément et l'un dans l'autre : le fini, pour que nous puissions penser l'infini ; et l'infini, pour que nous puissions penser le fini. Dans l'idée du fini, nous pensons l'infini ; et cette idée, que nous ne pouvons dériver de l'idée de l'infini, puisque nous n'aurions pas celle-ci sans elle, d'où nous vient-elle, sinon du monde ? Dans l'idée de l'infini, nous pensons le fini ; et cette idée, que nous ne pouvons dériver de l'idée du fini, puisque nous n'aurions pas celle-ci sans elle, d'où nous vient-elle, sinon de Dieu ? La double présence de l'infini et du fini, de Dieu et du monde, est nécessaire à notre pensée.

Etudions donc la pensée. Les négateurs de la métaphysique savent beaucoup de choses : mais la pensée, combien ils l'ignorent !

III

La pensée est jugement, ou suite de jugements.

J'appelle jugement l'acte de l'esprit qui affirme.

On affirme une chose d'une autre. De là deux idées nécessaires à toute affirmation : celle dont on affirme, celle qu'on affirme ; et du lien des deux résulte l'affirmation elle-même.

Celle dont on affirme est le sujet de l'affirmation ; celle qu'on affirme en est l'attribut ou le prédicat ; l'affirmation est le jugement.

Une idée n'est telle pour l'esprit, que lorsqu'elle en est conçue, c'est-à-dire bien vue et distincte de toute autre. Or l'esprit ne voit bien une idée et ne la distingue de toute autre, que s'il la compare avec celles qui en diffèrent, pour voir par où elle en diffère, par où elle leur ressemble : ce qui est la spécifier et la classer, ou la définir. Car la ressemblance de plusieurs idées exprime ce qu'il y a de général en elles, le genre, la classe; et leur différence, ce que chacune a de propre, ce qui en fait une espèce à part dans un genre, ce qui la spécifie.

Mais classer une idée, c'est affirmer d'elle, comme prédicat, sa ressemblance avec d'autres idées, une généralité, un nom commun; c'est faire un jugement. Spécifier une idée, c'est affirmer d'elle, comme prédicat, sa différence d'avec les autres du même genre, laquelle n'est au fond qu'une ressemblance avec d'autres d'un autre genre, une généralité encore, un nom commun : c'est faire un jugement.

En un mot, ce qui donne à une idée sa valeur propre, c'est l'ensemble de ses caractères, ou sa compréhension ; chacun de ses caractères est un prédicat qu'on peut affirmer d'elle, une ressemblance avec d'autres idées, un genre où elle est contenue : affirmer, entre tant de caractères, celui qui exprime son genre prochain, c'est la classer; affirmer celui qui exprime sa différence prochaine, laquelle n'est qu'un genre plus éloigné où elle soit contenue seule de son genre prochain, c'est la spécifier; classer et spécifier, c'est définir. Définir, c'est faire un double jugement.

Une idée claire est toujours, au moins implicitement, définie dans l'esprit qui la conçoit. Une idée, simple notion de chose, sans le jugement, cela ne peut être : s'il n'est pas formel, au moins est-il implicite, mais il est.

D'autre part, l'esprit n'affirme pas sans motif d'affirmer; il voit une raison qui le force à prononcer comme il prononce; il est contraint d'unir les deux termes de l'affirmation, par une certaine identité des deux, qui sont le même en un sens. Apercevoir qu'ils sont le même, c'est comprendre le motif du jugement, s'en rendre raison, raisonner. Le raisonnement, lorsqu'il est formulé, montre une identité qu'on n'avait pas aperçue : ce qui constitue la méthode.

Ainsi le raisonnement se compose de jugements, le jugement d'idées; l'idée à son tour implique le jugement, et le jugement le raisonnement. Qui conçoit, lorsqu'il s'en rend compte, juge; qui juge, lorsqu'il s'en rend compte, raisonne; qui conçoit et juge et raisonne, ce qui a toujours lieu, qu'on s'en rende compte ou non, pense.

Les idées ne sont que la matière et comme les membres du jugement; elles ne sont pas plus sans lui qu'il n'est sans elles. Le raisonnement n'est que le jugement développé pour que la raison en éclate. C'est pourquoi la pensée est jugement, ou suite de jugements : dans le jugement est l'essence même de la pensée.

Or, le jugement est l'acte de l'esprit qui affirme.

Il est l'affirmation de la convenance de deux idées.

On ajoute, ou de la disconvenance; à tort : car c'est donner comme un double objet au jugement, c'est dire qu'il est affirmation ou négation, qu'il est ceci ou cela : mais quoi? Dites donc, d'une façon précise, ce qu'il est; exprimez l'unité dans laquelle rentrent l'une et l'autre de ses deux faces affirmative et négative que vous y faites voir.

On explique bien qu'il est toujours une affirmation, car qui nie affirme : il affirme que non; et l'affirmation se trouve jusque dans le doute : on affirme alors, à tout le moins, qu'on doute. Là s'arrête ce doute universel par où Descartes prélude à ses grandes doctrines : je ne puis douter que je doute, et douter, c'est penser, dit-il; et cette nécessaire affirmation du doute même, qui résulte de ce que toute pensée est jugement, tout jugement affirmation, démontre qu'il y a pour l'homme une légitime certitude, parce que le scepticisme absolu, contradictoire en soi, n'est pas possible à l'esprit humain.

Mais, lorsqu'il y a disconvenance de deux idées, il est aisé de ramener la seconde, qui ne convient pas à la première, à une contraire ou négative qui lui convienne : un simple changement de forme suffit pour cela. Le scepticisme absolu n'est pas possible à l'esprit humain, écrivais-je tout à l'heure : voilà une disconvenance de deux idées ; que j'écrive : le scepticisme absolu est impossible à l'esprit humain, le jugement sera le même, et il sera l'affirmation de la convenance de deux idées. Telle est donc la définition du jugement, car il s'y ramène toujours ; et lorsqu'il est négatif, c'est toujours, en fin de compte, le prédicat qui exprime une idée négative.

Or il n'est pas trop tôt de s'habituer à considérer comme de véritables idées les idées négatives, qui sont positives d'une certaine manière pour l'esprit, en tant qu'intelligibles : et l'on verra qu'il n'y en a point de si positive où il n'entre quelque chose de négatif ; comme il y a du positif dans toute négative qui nous est intelligible. Les idées, comme idées, et abstraction faite du plus ou du moins d'être qu'elles représentent, se valent ; et le jugement affirme toujours la convenance de deux idées.

Il y a, dans le fait seul du jugement, plus encore qu'un invincible dogmatisme, qui résulte de ce que tout jugement est affirmation ; il y a plus qu'un dogmatisme, dis-je : il y a quel dogmatisme ; plus qu'une simple affirmation : l'affirmation de toute la théorie de l'esprit : affirmation de l'être et du non-être, de l'absolu et du relatif, de la substance et du mode, de la cause et de l'effet, du nécessaire et du contingent, de l'un et du multiple, de l'immensité et de l'étendue, de l'éternité et de la durée, — en un mot, de l'infini et du fini, du nombre, de la loi, laquelle n'est que la formule de l'ordre. Le jugement, analysé en soi-même, dans sa seule forme et quelle qu'en puisse être la matière, donne toute la raison de l'homme ; et cela doit être, puisque la pensée est jugement.

Tout jugement étant un acte de l'esprit, l'esprit s'y retrouve tout entier, et il n'est pas une pensée où il n'imprime comme un sceau toute son essence rationnelle.

1-2. *Etre et non-être. Absolu et relatif.* — Le jugement affirme l'*être* d'un *rapport* : et c'est là le jugement même. Il n'y a pas d'affirmation possible qui ne soit affirmation d'être, non de l'être pur, mais déterminé, celui-ci, non celui-là, tel rapport, non tel autre : positif et négatif tout ensemble. De là le concept fondamental de l'être et du non-être, deux termes dont la fusion, c'est-à-dire l'être à qui de l'être manque, l'être qui est cela et qui n'est que cela, déterminé, limité, nous est seule directement accessible. De là le concept de l'être absolu, que notre pensée affirme, mais qui lui échappe en soi, et de l'être relatif, qu'elle saisit.

3. *Substance et mode.* — Tout cela résulte de l'affirmation d'un rapport entre deux termes : quels termes ? Un *sujet*, un *prédicat* : une chose qui est, et la manière d'être de cette chose : une substance, un mode. Or, notre pensée ne saisit la substance que dans le mode, qui lui est seul accessible, puisque la pensée ou n'est pas, ou est jugement, c'est-à-dire affirmation du rapport d'une substance à un mode ; la pensée ne saisit un mode qu'en le rapportant à une substance, une manière d'être à un être. C'est pourquoi le prédicat, qui exprime une manière d'être, est rapporté au sujet comme à un être ; le rapport du sujet et du prédicat, dont l'affirmation est jugement, exprime un rapport de substance et de mode.

Il ne s'ensuit point que le sujet d'un jugement soit toujours une substance. Tant s'en faut. Comme la substance n'est point saisie ailleurs que dans le mode, comme elle ne nous est connue que par le mode, le mode la remplace pour nous : il désigne alors, non telle substance particulière, mais toute substance qui soit manifestée par ce mode : la bonté, ce qui est bon, toute substance bonne; la bonté est aimable : tout être bon, en tant qu'il est bon, est aimable : et le prédicat d'un jugement devient le sujet d'un autre. Le jugement lui-même, affirmation d'un rapport, c'est-à-dire fusion de deux idées en une, transformation du sujet et du prédicat en un terme complexe qui les embrasse l'un et l'autre, n'étant ni l'un ni l'autre, mais l'identité des deux, n'est jugement qu'avec le verbe, qui exprime l'affirmation actuelle : qu'on en ôte le verbe, qu'on pose le jugement comme une affirmation une fois faite, il est ce terme complexe dont j'ai parlé, idée d'un rapport; non d'un être, mais d'une manière d'être; non d'une substance, inaccessible en soi, mais d'un mode : cette idée peut donc, comme l'idée d'un mode, être un prédicat, ce qui en est le vrai rôle, ou un sujet, je l'ai fait voir, et devenir l'un des deux termes d'un nouveau jugement. C'est pourquoi le sujet et l'attribut logiques, qui ne sont chacun qu'une idée, mais presque toujours complexe, s'expriment presque toujours dans les langues par un grand nombre de mots.

4. *Cause et effet.* — J'ai déjà dit que toute affirmation suppose un motif d'affirmer : on

affirme une manière d'être d'un être, et le motif d'affirmer n'est autre que la *raison d'être* de cette *manière d'être*. Cela est ainsi : qu'est-ce à dire ? Ou j'ignore le motif d'affirmer, et j'énonce un pur fait, que je connais sans le comprendre ; ou je prononce que cela est ainsi, parce que je reconnais qu'il ne se peut point que cela ne soit pas ainsi ; c'est donc que cela doit être ainsi ; donc la raison qui, dans l'intelligibilité, me force à prononcer une manière d'être d'un être, est au fond la raison qui, dans la réalité même, force l'être à la manière d'être que j'en prononce. Démontrer, à l'entendre en rigueur, c'est établir, entre un principe et la conséquence qui en découle, un rapport de cause à effet. La cause est ce qui fait être, soit qu'elle produise l'effet, soit qu'elle en motive la production : *efficiente*, ou *finale*. La cause en soi nous échappe ; elle ne nous apparait que dans l'effet, comme la substance dans le mode : mais tout effet est rapporté à une cause, comme tout mode à une substance ; et comme tout mode saisissable est effet, ainsi toute substance est cause : tout être enferme dans son sein la double raison, efficiente et finale, de ses diverses manières d'être. C'est pourquoi le prédicat est contenu dans le sujet de telle sorte qu'on ne l'en puisse nier sans contradiction : toute proposition vraie est, en un sens, analytique.

5. *Nécessité et contingence.* — Or, lorsqu'on se demande si une proposition est vraie, que signifie cela ?— Que le rapport qu'elle exprime, seul genre de vérité qui nous soit accessible, nous semble *pouvoir être ou n'être point* : il n'est point, mais notre intelligence conçoit qu'il eût pu être, puisqu'elle s'est demandé s'il est ; ou il est, mais notre intelligence conçoit qu'il eût pu ne pas être, puisqu'elle s'est demandé s'il est. D'ailleurs, alors même qu'il est, ce n'est pas en soi qu'il est, mais en vertu d'un principe qui le fait être, lequel est, dans la réalité, le principe de son être, et, dans l'intelligibilité, le principe de la démonstration de son être. Le rapport serait-il, sans les deux termes qui le déterminent? Et l'effet, si la cause n'était point ? En soi donc il est contingent ; en tant qu'il découle de son principe, son principe donné, il est nécessaire : nécessaire comme conséquence, contingent comme être. Le principe à son tour, s'il est conséquence d'un autre principe, est pareillement contingent et nécessaire : et cet autre, et toujours, jusqu'à un premier principe, lequel, ne dépendant plus de rien, n'étant plus déterminé à être par aucun autre, est nécessaire en soi.

6. *Unité et multiplicité. Espace. Temps.* — Le jugement est vrai, lorsque ses deux termes, si divers qu'ils puissent être, sont en quelque façon identiques : et juger, qu'est-ce autre chose qu'affirmer cette identité de deux termes divers ? En tant que divers, ils sont deux ; ils deviennent, en tant qu'identiques, un troisième terme qui est les deux en un : multiplicité, unité.

L'unité est indivisible. L'unité divisible, dont se servent les mathématiques, n'est qu'une sorte d'unité factice, qu'on nomme collective : unité multiple, loin d'être une, puisqu'elle se divise en parties, puisqu'elle est une somme, un nombre. L'unité est indivisible de soi, et de soi sans limites : car, si elle n'était point sans limites, on la concevrait augmentée ou multipliée, mais par là même diminuée ou divisée, ce qui est contre l'hypothèse : elle serait une quantité déterminée, un nombre, qui se multiplie et qui se divise. D'ailleurs tout ce qui est divisible l'est indéfiniment : je n'entends pas dans la nature réelle, on verra plus loin ce qu'il en est, mais en soi : car chaque partie étant de même essence que le tout, étant, dis-je, une quantité comme le tout, peut toujours être conçue, si petite qu'on la suppose, moindre qu'elle n'est ; entre le zéro et l'infini, deux extrêmes que nulle quantité ne peut atteindre, la suite des nombres est illimitée, ce qui exprime que toute grandeur, et toute partie d'une grandeur, qui n'est qu'une grandeur moindre, se peut diminuer comme elle se peut augmenter, en soi, et que tout ce qui est divisible l'est, en soi, indéfiniment. Mais si l'unité indivisible n'est pas sans limites, il peut y en avoir plusieurs ; et dès lors un multiple, divisible par conséquent, peut être composé de plusieurs unités ou de plusieurs parties indivisibles de soi, proposition contradictoire à celle qui précède. La véritable unité n'est donc pas une quantité, elle est en dehors et au-dessus de toute quantité ; elle est une de toute façon, j'entends qu'elle est une de soi, et qu'il n'y en a qu'une, l'infini.

Or, la multiplicité, qui se mesure et qui se compte, peut être comprise de mille manières différentes : tous les objets se comptent ; et des objets mêmes on détache les prédicats saisissables, pour les mesurer à part. Le nombre s'applique à tout ce qui est multiple, je veux dire à tout ce que saisit directement notre pensée ; car elle ne saisit l'un que dans le multiple, comme le nécessaire dans le contingent, la cause dans l'effet, la substance dans le mode, l'absolu dans le relatif, l'être enfin dans l'être moindre auquel de l'être fait défaut. Tout ce qui est fini se mesure et tombe dans le nombre. Mais le multiple, si divers qu'il soit, revient toujours aux deux concepts fondamentaux qu'il suppose : le temps et l'espace.

Un objet mesurable, compris comme pouvant être augmenté ou diminué, est compris par là même comme pouvant changer : ce qui change devient ; ce qui devient était ceci, est cela, sera autre ; voilà un passé, un présent, un futur, voilà une succession de minutes et d'heures : c'est la durée divisible, c'est le temps.

Plusieurs objets se limitent l'un l'autre, s'ils existent dans le même temps ; en se distinguant, ils se séparent, ils se repoussent, ils s'excluent : de là l'impénétrabilité de la matière, la juxtaposition des parties et le lieu de chacune ; de là donc l'étendue divisible, l'espace.

Or le multiple implique l'un. Donc, la durée divisible implique l'immutabilité infinie, l'éternité, qui est la parfaite unité de temps ; et l'étendue divisible implique la simplicité infinie, l'immensité, qui est la parfaite unité d'espace.

Ainsi nous apparaissent tous les êtres, plongés dans l'espace et dans le temps: nous y sommes plongés nous-mêmes, et nous ne concevons rien hors de là. Tout est pour nous mesure d'étendue, ou mesure de durée, ou combinaison de ces deux mesures. La forme, la distance, sont des mesures d'étendue ; je ne parle point du volume ; mais le poids, qui semble s'y soustraire, y rentre profondément : comme pesanteur, n'est-il point un des cas de cette attraction universelle qui est mesurée par distances et par masses ? comme sensation, n'est-il point un des cas de la sensation de résistance, qui est celle de la limite ou de l'impénétrabilité réciproque du corps que je touche et du mien ? Les sentiments mêmes, les mouvements intérieurs, les phénomènes de l'âme, accessibles à notre expérience directe, passent vite ou se prolongent, ils changent, ils appartiennent au temps ; mais encore ils se distinguent, et par là, ou, s'ils sont des êtres, ils se limitent, se séparent, s'opposent les uns aux autres, entités impénétrables et étendues, ce qui est absurde, ou, s'ils sont des manières d'être, ce qui est vrai, ils se rapportent à un être un sans doute, car comment serait-il un être sans un principe d'unité ? mais dans lequel se trouve néanmoins, puisqu'ils sont multiples, un principe de multiplicité, de composition, d'étendue ; et de la sorte ils appartiennent à l'espace.

De là suit que nul esprit, s'il éprouve des phénomènes successifs et distincts, ne peut être affirmé par notre pensée que plongé, comme nous, dans l'espace et dans le temps, c'est-à-dire avec un organisme plus ou moins lourd, plus ou moins subtil, peu importe. Point de succession ni de distinction, rien que l'immutabilité et la simplicité pure, dans l'esprit pur : mais aussi, notre pensée l'affirme sans le comprendre.

Voilà, en quelques mots, et dans la seule analyse du jugement, l'analyse de la raison tout entière. Elle est toute dans le jugement, lequel n'est autre que la pensée même. Je ne parle ici que de l'intelligibilité des êtres, c'est-à-dire de la vérité, laissant la beauté et la justice, qui sont d'un autre ordre.

Or, à ne considérer que l'intelligibilité des êtres, ce que donne le jugement pur, je crois avoir fait une liste complète des principes ou des concepts fondamentaux de la raison. Chacun d'eux embrasse tout ce qu'il nous est permis de saisir : toutes choses sont pour nous des êtres, mais qui ne se déterminent pour nous que par leurs rapports avec d'autres êtres, qui ne se comprennent que par leurs attributs, entendus comme effets, contingents et multiples, juxtaposés, successifs. Ainsi chacun de ces concepts embrasse tout, et ils nous sont nécessaires tous à la fois pour la moindre de nos idées ; ils s'enchaînent les uns aux autres, en sorte qu'on ne les peut séparer, et ils se distinguent les uns des autres, en sorte qu'on ne les peut confondre. Et comme ils nous sont tous nécessaires, ils nous suffisent aussi : ou plutôt, en même temps qu'ils forment l'essence de notre raison, ils la limitent, car elle ne conçoit rien au delà. L'un conduit à l'autre, jusqu'au dernier, qui ne conduit à rien : est-ce à dire qu'il n'y ait plus rien, et qu'ils épuisent toutes les possibilités des choses ? A Dieu ne plaise ! Mais que notre raison, formée par eux, est aussi bornée par eux. L'œil de notre esprit ne va pas plus loin ; il arrive jusque-là, il ne passe pas outre.

Telle est, pour l'esprit humain, l'étendue et la borne de l'horizon ; voici l'étendue et la borne de la hauteur. Au fond de tous ces êtres, dont il ne voit que des rapports et des modes, effets contingents et multiples, juxtaposés, successifs, il affirme invinciblement un je ne sais quoi immuable et simple, indivisible, nécessaire, cause suprême, substance suprême, être absolu. Ce je ne sais quoi n'est pas une abstraction vide, mais l'être plein, l'être substantiel et vivant, et un seul être qui est tout cela tout ensemble : car il est l'être intelligible par soi, indépendamment de tout rapport, absolu donc; donc substance suprême et cause suprême, puisqu'il est de soi, non attaché à aucun autre comme un prédicat, ni causé par aucun autre comme un effet, ce qui en ferait un être relatif à un autre ; donc nécessaire ; donc indivisible ou un, puisque l'absolu ne peut être augmenté ni diminué, ce qui en ferait un nombre, mesurable et relatif ; donc immense et éternel. Et qu'on l'envisage sous l'un ou l'autre de ces divers aspects, il est infini : l'être pur, absolu, qui ne dépend de rien, que rien ne détermine, que rien ne limite, est infini ; la substance suprême, qui ne dépend d'aucune autre et dont toute autre dépend, dont toute substance est empruntée, est infinie ; la cause suprême, qui n'est point causée, qui enferme dans son ample sein tous les effets réels et possibles, est infinie ; le nécessaire, qui ne peut pas ne pas être, qui est donc plus encore que toujours et partout, supérieur au temps et à l'espace, est infini ; chacun de ces aspects d'un être pur est infini, et ils ne sont tous ensemble qu'un seul infini, car deux infinis se contredisent. C'est là l'infini, c'est là l'être, c'est là Dieu.

Ce Dieu n'est pas une hypothèse imaginée pour expliquer le monde, ni une idée dont on se demande si l'objet existe : Dieu existe hors de nous comme en nous ; il est l'être même de tout ce qui est. Car toute pensée l'affirme, et plus invinciblement que l'être même des choses accessibles à notre vue immédiate ; et il n'y a point de pensée qui ne l'affirme : « quiconque pense pense Dieu. » Rien de multiple ne peut se comprendre que par l'un, rien de contingent que par le nécessaire, rien de relatif que par l'absolu, nul effet sans la cause, nul mode sans la substance, nul être déterminé et limité sans l'être indéterminé, illimité, pur. Rien ne se peut connaître, qui n'implique Dieu : en sorte qu'il est impossible de nier Dieu sans nier tout ce que l'homme peut connaître : je dis, tout. C'est tomber dans la négation de toutes choses, c'est s'enfoncer, dirai-je dans un scepticisme, ou plutôt dans un nihilisme, sans fond ? c'est se contredire en sa propre parole, que nier l'être de Dieu.

L'idée de Dieu est donc la condition de l'idée de toutes choses. De là, le multiple n'étant concevable que par l'un, le particulier ne l'est que par l'universel, les individus relèvent des espèces, les espèces des genres, et toujours, jusqu'au genre suprême, jusqu'à l'être : ce qui est l'unité dans la variété des choses, ou l'harmonie. Tout jugement implique l'harmonie, car il ne se peut que l'un au moins de ses deux termes ne soit général.

Or toutes choses, par là même qu'au fond elles

sont une, s'enchaînent de telle sorte que, contingentes en soi, elles sont nécessaires en tant que conséquences : elles participent de l'être qui est en elles sous toutes ses faces, immutabilité, simplicité, unité, nécessité, cause, substance, mais tout cela relatif, substance, cause, nécessité, unité secondes, si je peux le dire : de cette nécessité seconde et relative des choses résulte un système de lois qui se rattachent toutes à la loi de l'être, toutes donc générales et stables.

D'où il suit que chaque être concourt par une fin qui lui est propre à la fin universelle des êtres ; il y a donc une force dans chaque être qui le fait tendre vers sa fin. D'où il suit encore que le monde est un ensemble d'effets qui sont causes, par conséquent substances : car la cause, qui contient l'effet, n'est pas seulement une manière d'être, mais un être ; causes causées, substances substanciées, empruntées, relatives.

Tel est le concept de l'ordre : il n'est que l'application du concept de l'infini aux choses : Dieu dans le monde. Le monde nous est incompréhensible sans Dieu : il nous faut, pour le comprendre, concevoir tous les êtres en lui, et lui dans tous les êtres, et le concevoir lui-même distinct de tous les êtres, en dehors, au-dessus d'eux. Lui-même toutefois, ni en soi, ni dans le monde, ne nous est directement compréhensible : nous ne le voyons pas, il est impliqué et comme enveloppé dans ce que nous voyons. Aussi n'est-il pas compris, mais affirmé; et les causes particulières mêmes, les substances finies, nous les affirmons, nous les concevons, nous les connaissons, nous ne les comprenons pas.

Voilà donc, non plus l'horizon, mais la hauteur de l'esprit humain. Il voit jusqu'à Dieu, il ne voit pas Dieu. Dieu est au-dessus de ce qu'il voit, et il le connaît sans le voir. Il ne comprend rien que par Dieu, et Dieu lui est incompréhensible. Son œil embrasse une étendue vaste; il est créé pour la remplir peu à peu : mais tant que l'homme demeurera homme, il ne la dépassera pas; lorsque le point de vue de sa raison aura changé, lorsqu'il sera plus qu'un homme, alors seulement il verra Dieu face à face.

De là vient que toutes nos idées, qui sont idées de choses finies, sont positives et négatives à la fois : positives, car le rien ne saurait donner aucune idée de soi, et qui parle du néant pense à l'être pour entendre la négation de l'être; Dieu est impliqué dans toute idée, il n'y en a donc point qui ne soit positive ; — mais négative aussi, car elles sont toutes idées d'effets, de modes, d'êtres à qui de l'être manque. Et de la sorte s'explique l'incompréhensibilité d'un Dieu qui, pour être incompréhensible, n'en est pas moins réel : c'est qu'à l'être, l'être pur, l'être vivant et source de toute vie, aucun prédicat ne saurait convenir, aucun, dis-je, des prédicats que notre pensée peut comprendre, parce qu'elle ne peut en comprendre que de négatifs sous quelque rapport. Ils doivent donc tous en être niés, parce qu'il en faut nier toute négation : un tel être n'a point de compréhension pour nous, et les attributs de Dieu, immensité, immutabilité, infinité, etc., négatifs pour nous, mais négatifs de la négation, nous sont, comme Dieu même, incompréhensibles.

Ce n'est pas tout. Les divers concepts que j'ai essayé de parcourir, s'enchaînant les uns aux autres de telle sorte que le premier amène au second, le second au troisième, et ainsi de suite, aboutissent tous à celui où tous conduisent et qui ne conduit à aucun autre : celui d'unité et de multiplicité, ou de quantité, pour le dire en un mot, dont l'espace et le temps sont les deux aspects. Je vois des êtres relatifs, des modes qui me manifestent des substances, des effets qui me manifestent des causes : mais je ne les vois que dans une série, comme des membres d'un groupe, dont ils se distinguent par plusieurs caractères, se confondant par d'autres avec les autres membres du même groupe, je ne les vois qu'en leur lieu dans l'espace et dans le temps, et j'ai besoin de déterminer ce lieu pour connaitre, par induction, des substances, des causes. Je ne saisis que des effets, que des modes, et toujours mesurables : et je ne peux m'en rendre compte que par la mesure. Je connais quelques causes, quelques substances, non en elles-mêmes, mais dans leurs effets et leurs modes, qui me les manifestent seuls. Si je connaissais une substance en elle-même, j'en déduirais tous les modes, infailliblement et sans fatigue ; une cause, tous les effets, qui m'échappent : mais alors je comprendrais la substance et la cause en soi, donc aussi la substance première, la cause divine, et, dans cette compréhension merveilleuse, tout ce qui fut, tout ce qui est, tout ce qui pourra jamais être. Telle sera l'intelligence de l'homme, lorsque, ayant franchi la sphère de son être terrestre, au lieu de ne concevoir Dieu qu'indirectement dans les choses qu'il voit, il concevra les choses en Dieu qu'il verra directement : le point de vue de sa raison aura changé, et, comme il verra Dieu face à face, il en déduira l'univers : mais l'univers, où doivent prendre l'être, chacun à son rang et à son jour, tous les possibles, épuise l'étendue et la durée sans limites, et l'homme n'aura pas trop de l'éternité pour le déduire.

O ineffable possession de toutes choses, connues en Dieu par l'esprit qui comprend Dieu ! L'esprit terrestre, plus humble dans la sphère plus étroite de son intelligence, ne peut que mesurer les choses qu'il lui est donné de voir; il ne peut que les soumettre au nombre, pour trouver la série : non pour déduire, mais pour induire la loi, formule de l'ordre !

Notre idéalisme, bien loin de rejeter l'expérience, la requiert. Nous ne prétendons pas, avec les purs platonisants, nous abstraire du corps pour mieux connaître : loin de là, nous établissons la nécessité d'un corps pour tout esprit fini : un esprit qui ne devrait pas à un organisme, condition et borne d'expérience, la mesure de sa connaissance possible, connaîtrait absolument et par lui-même tout, ou ne connaîtrait rien ; il serait l'esprit infini, ou il ne serait qu'un esprit virtuel.

IV

Il est rare qu'une erreur n'ait point son explication et comme sa justification dans une erreur contraire : le rationalisme, tantôt n'accorde rien à l'expérience, à laquelle en réponse l'empirisme donne tout ; tantôt accorde à l'expérience l'origine de la plupart des idées, se contentant d'en réserver quelques unes, comprises dans les autres, et que l'empirisme y trouve comme elles y sont en effet. Nous avons vu M. Taine trouver dans le rapport particulier d'une certaine qualité à une certaine substance le rapport nécessaire et, par suite, universel de qualité à substance, l'idée de la substantialité en soi : elle y est en effet, comme nous avons vu qu'elle est dans tout jugement, que dans la seule forme du jugement sont enveloppées toutes les idées de la raison. Il en faut conclure, ou que toutes les idées viennent de l'expérience, ou que nulle n'en vient : les unes étant comprises dans les autres, si celles-ci viennent de l'expérience, toutes en viennent ;

mais si, pris en soi et quel qu'en puisse être le contenu, l'acte de la pensée, qui est le jugement, implique la raison, la raison imprime sa forme à la connaissance, dont l'expérience ne fournit que la matière. Le rationalisme enfin fait de la raison une faculté de connaître, ayant pour objets des êtres ou des caractères d'êtres réels, tels que Dieu ou les attributs de Dieu : assurément nous n'avons pas une connaissance directe de Dieu.

Le rationalisme qui nie la part de l'expérience dans la connaissance humaine est abandonné. L'expérience a fait ses preuves; et, comme elle est maîtresse du terrain, elle prend tout : les plus rebelles se croient bien forts de lui disputer quelque chose : ils lui retirent les idées de raison, ils lui laissent les autres. Au sens externe ils attribuent une connaissance directe de certains objets, une au sens intime, une à la raison; ils comptent, sous le nom de facultés intellectuelles, plusieurs facultés de connaître et comme plusieurs intelligences : ils divisent l'intelligence, qui est une. Le sentiment de cette unité est une des forces de l'empirisme : il n'y a, dira-t-il, qu'une faculté de connaître, connaître est l'acte conscient du sens externe : du sens externe viennent, de près ou de loin, directement ou indirectement, toutes les connaissances avec la conscience qui les accompagne, toutes les idées. Etablissons la thèse inverse, à la fois semblable et contraire, qui est la vraie : il n'y a qu'une faculté de connaître, connaître est l'acte conscient de la raison : de la raison viennent de près ou de loin, directement ou indirectement, toutes les connaissances avec la conscience qui les accompagne, toutes les idées. L'expérience n'en donne aucune. Que donne-t-elle donc à la connaissance ? La matière, non la forme : l'objet de la connaissance directe et le point de départ ou le principe des autres, disons le connaissable, non la connaissance même, ni l'idée.

Connaître se fait par une application de la raison à l'expérience : c'est-à-dire, des données de la raison aux données du sens intime et du sens externe. Les données du sens intime sont les actes du moi; les données du sens externe sont les sensations ; les données de la raison sont des idées *innées*, irréductibles, primitives, constitutives d'une raison innée à elle-même : idées de rapports nécessaires, qui sont les conditions et de la connaissance et de l'existence, les conditions de l'être intelligible. Percevoir le dehors, c'est rapporter au dehors la sensation, fait interne qui enveloppe un fait externe comme sa cause ; se percevoir soi-même, c'est se rapporter à soi-même ses propres actes, qui sont tous les faits du moi : car la sensation même est un acte, l'âme n'ayant pas conscience de l'action du dehors sur elle (qu'est-ce qu'avoir conscience d'une action étrangère ?), mais de sa réaction sur le dehors. Rapporter au dehors ses sensations, se rapporter à soi-même ses actes, c'est affirmer, c'est juger : c'est appliquer la raison aux données du sens externe, du sens intime, appliquer, dis-je, des idées innées à des faits, pour former les autres idées; et comme les autres idées ne sont que celles de la raison appliquées et particularisées, comme les particulières sont comprises dans les générales, et ainsi de proche en proche toutes dans toutes, former les autres idées, c'est les tirer de l'état implicite et virtuel, c'est les rendre manifestes de latentes qu'elles étaient, c'est les faire passer de l'être en puissance à l'être en acte. L'expérience, — nous pouvons aller en ceci jusqu'au sensualisme et dire l'expérience externe, — est la condition de cette manifestation des idées. Il est vrai de dire avec le sensualisme que toutes les idées viennent des sens, en quelque manière : les sens provoquent ou suscitent la raison, en déterminent les applications, qui sont les connaissances ; et il est vrai de dire avec l'idéalisme que nulle n'en vient : les données des sens ne sont point des idées, mais des phénomènes, qui provoquent l'application de la raison. Toutes les idées sont de raison. Peu importe que, pour apercevoir en soi ses propres idées, pour entrer en possession de sa raison, on ait besoin de la sensation qui l'éveille, qui l'excite à se produire, à paraître sous l'œil de la conscience : la sensation n'est point l'idée, ni ne la crée, mais plutôt la fait éclore dans l'âme; la sensation ne la donne point, mais la manifeste à l'âme, qui, une fois avertie, la trouve en elle-même et l'applique aux éléments que lui donne la sensation pour les *idéer*, c'est-à-dire pour penser, sous une forme particulière déterminée par des termes particuliers et variables, un rapport universel.

La présence des choses affecte, par l'impression qu'elle produit sur nos organes, notre cerveau, et, par suite, nous-mêmes : nous réagissons sur l'action de notre organisme, nous sentons. Le sentir est un phénomène à double face, l'une interne, l'autre externe : il n'est pas une idée. La représentation mentale qui le suit ou l'image qui nous en reste n'est pas non plus une idée : car le vrai objet de l'idée, nous l'avons vu à propos de l'idée du triangle, n'est pas représentable. On se représente un arbre, un certain poirier, un certain chêne : l'arbre ou même le chêne, le poirier, on ne se le représente pas, on se le définit. L'idée a pour objet le rapport qui constitue la définition. L'idée n'est point l'être sensible, mais l'être intelligible.

L'idée est l'élément irréductible, l'élément propre et original de l'intelligence : tout le reste n'est qu'agir et sentir. Percevoir le dehors, c'est agir avec la raison sur les sensations, pour affirmer à titre d'objet la cause de faits qui en eux-mêmes ne sont point de l'intelligence, mais de la sensibilité ; se percevoir, c'est agir avec la raison sur les actes du moi, pour affirmer à titre d'objet le principe de faits qui en eux-mêmes ne sont point de l'intelligence comme telle, mais de l'âme. L'intelligence est une : elle est la raison. Ceux qui méconnaissent la raison méconnaissent l'intelligence. Ils la ramènent à la sensibilité; et comme, sous forme de conscience, au moins spontanée, elle est en effet dans la sensibilité, bientôt ils ramènent la sensibilité à un jeu d'organes, à l'organisme, au corps : là, ils échappent enfin à la raison, mais aussi à l'intelligence; à l'intelligence, mais aussi à la sensibilité : ils n'ont plus que le corps, peut-être un corps vivant, peut-être un végétal : ils n'ont plus même un animal. Car, dès qu'il y a sensibilité, il y a intelligence, et dès qu'il y a intelligence, raison : non toujours abstraite et dégagée du sensible, mais présente. Elle est, par exemple, dans les animaux, le principe de ces inductions non formulées, — raisonnements sans raison, dit-on, ce qui est une contradiction pure, — mais au contraire œuvres de raison sans raisonnement, œuvres non expressément raisonnées d'une raison implicite. Elle est d'abord le principe de leurs perceptions, comme des nôtres : la perception est une induction spontanée, immédiate, irréfléchie. La conscience est une connaissance, réfléchie ou spontanée; quel qu'en soit le degré, quel qu'en soit le mode, conscience est intelligence, intelligence est raison : partout où il y a sentiment, il y a pensée, et partout où il y a pensée réside le divin Logos.

Les phénomènes de l'âme, sensibles, intellectuels et volontaires, donnent lieu à autant d'idées. Nous avons des idées ; nous avons encore l'idée de nos idées, de nos sentiments, de nos volitions; et nous avons dans tout cela l'idée de notre être intelligent, sensible et libre. L'idée de notre être nous vient à la fois de nous et des phénomènes qui sont en nous, qui ne sont pas nous, sans lesquels néanmoins nous n'aurions pas conscience de notre être. L'idée de nos phénomènes nous vient et de nos phénomènes et de nous ; elle résulte d'une double force, celle que nous sommes, et celle qui produit en nous nos phénomènes de conscience : nos idées, la sensibilité et la volonté combinées ; nos sentiments, l'action d'un non-moi sur le moi qui réagit ; nos volitions, l'action du moi sur un non-moi qui réagit. Partout je trouve la double action de l'âme et de quelque chose qui n'est pas elle, mais qui la fait passer de l'être latent, si je peux le dire, à la conscience de son être.

Les phénomènes de conscience, étant nécessaires à la conscience du moi, n'en sont pas créés, puisque sans eux il ne serait pas un moi pour les produire : ils supposent donc, quelle que puisse être l'action du moi, le concours d'une action autre que la sienne en face de la sienne, d'un non-moi également nécessaire au moi pour les produire en lui. Donc les idées viennent du non-moi quant à la matière de la connaissance, du moi quant à la forme : *Nihil est in intellectu quod non prius fuerit in sensu,* — *nisi intellectus ipse,* quant à la matière. *Nihil est in sensu quod non prius fuerit in intellectu,* — *nisi sensus ipse,* quant à la forme. Ici *intellectus* est la faculté de connaître ; *sensus,* ce qui met le moi en rapport avec le non-moi.

Or, ce non-moi est-il seulement le fini, ou seulement l'infini, ou l'un et l'autre ? L'un et l'autre, car l'idée du fini sans celle de l'infini est impossible, et celle de l'infini sans celle du fini. En effet, une idée n'est idée qu'à la condition d'être distinguée de tout ce qui n'est pas elle : l'idée de l'infini est la seule qui ne soit pas celle du fini, comme l'idée du fini la seule qui ne soit pas celle de l'infini. Ces deux idées se supposent donc l'une l'autre, l'une n'est pas sans l'autre, et elles ne se produisent pas l'une l'autre, puisque l'une est la condition de la compréhension de l'autre ; elles ne viennent donc point l'une de l'autre, mais elles sont simultanées dans le moi. Donc l'idée de l'infini n'a point sa source, quelque procédé intellectuel qu'on imagine, dans l'idée du fini, ni dans aucune des idées qui s'y rattachent ; ni au reste, et en vertu du même raisonnement, l'idée du fini dans celle de l'infini. Donc la perception du non-moi par le moi est double, ou se rapporte à un double objet : le fini et l'infini.

En soi, chacune des deux idées peut être l'occasion de l'autre, qui y est implicitement contenue; en fait, celle du fini l'est pour tout moi fini, puisqu'il a pour point de départ nécessaire la connaissance de soi-même, être fini, et que, l'intelligence lui étant donnée dans la sensibilité, il connait d'abord en elle l'être qui lui convient, que manifestent à un tel moi des êtres finis. A l'occasion donc des idées de ce qui est relatif, viennent en nous, mais d'ailleurs, les idées de l'absolu; et à l'occasion de la connaissance du monde, la connaissance de Dieu.

Non que la raison ait pour objet Dieu, mais l'intelligible divin, qui est l'intelligible absolu, qui est l'intelligible. Non que la raison soit l'intuition de la substance, ou de la cause, ou d'aucun être, mais de rapports nécessaires : rapports qui nous permettent, un de leurs termes étant donné, d'affirmer l'autre; la sensation, par exemple, étant donnée, d'affirmer le monde, et, le fini étant donné, d'affirmer l'infini.

Ces rapports sont d'être à non être, d'absolu à relatif, de substance à mode, de cause à phénomène, de nécessaire à contingent, d'un à multiple, savoir, d'immuable à mobile : c'est le temps; de simple à composé : c'est l'espace; en un mot, d'infini à fini. Etre, absolu, substance, cause, nécessaire, un, immuable, simple, infini, sont un seul sous divers aspects ; non-être, relatif, mode, phénomène, contingent, multiple, mobile, composé, fini, sont l'autre. Un même être est un être qui se manifeste par une forme déterminée, forme négative : *omnis determinatio negatio est* ; par une privation, c'est le mot d'Aristote : στέρησίς ἐστιν ἕξις πῶς (MÉT. V, 2 ;) καὶ γὰρ ἡ στέρησις εἶδός πώς ἐστιν (PHYS. II, 1) : forme et privation tout ensemble, et de ce qu'un être a certains caractères il suit que certains caractères lui manquent. Un même être donc est un être qui se manifeste par une détermination privative, par un non-être; un absolu, indépendant en soi mais non dans ses manifestations, qui se manifeste par un relatif, par une détermination dépendante de conditions extérieures ; une substance qui se manifeste par des modes ; une cause qui se manifeste par des phénomènes, cause efficiente et finale, phénomènes dont il est la fin comme il en est le principe ; un nécessaire dont les manifestations sont contingentes, un dont les manifestations sont multiples, immuable dont les manifestations changent et se succèdent, simple dont les manifestations composent des groupes : un infini virtuel dont l'acte, qui le réalise, est toujours déterminé, mesuré, fini.

V

On sépare la substance des modes qui en sont les qualités, la cause des phénomènes qui en sont les effets, l'espace des étendues qu'il comprend, le temps des durées qu'il enferme : on souffle alors sur ces êtres d'abstraction et de chimère, qui, devant les modes, les phénomènes, les étendues, les durées, seules réalités, s'évanouissent; et l'on croit qu'il n'en reste plus rien. Il en reste pourtant quelque chose, quand ce ne serait que les mots, signes d'idées : Que sont les idées ? On a la ressource d'identifier les idées avec les mots, et plusieurs ne se font faute de recourir à cet extrême : M. Taine, par exemple, n'y manque pas. Il ne voit dans les idées que des signes. Mais les signes alors sont quelque chose : et c'est par l'étude des signes qu'il ouvre son livre sur l'*Intelligence*. La substance, que sera-t-elle ? Un composé de qualités. Et la cause ? Un phénomène qui constamment en précède un autre. Et le temps ? La suite des durées. Et l'espace ? La somme des étendues. Et l'infini ? L'indéfini de la durée ou de l'étendue. Et l'absolu ? Il ne sera pas. On l'élimine. Le parfait ? On le frappe de la même condamnation : il ne sera pas.

Le reste sera-t-il davantage ? Si l'infini n'est que l'indéfini de l'étendue ou de la durée, il n'y a dans la réalité que des durées, toujours finies, des étendues, toujours finies, et point d'infini. Si l'espace n'est que la somme des étendues, il n'y a que des étendues, et point d'espace ; si le temps n'est que la suite des durées, il n'y a que des durées, et point de temps : des durées qui ne sont en aucun instant, des étendues en aucun lieu. Si la cause n'est qu'un phénomène qui constamment en précède un autre, il n'y a que des phénomènes, et point de cause : des phénomènes, des apparences, des manifestations qui ne manifestent rien. Si la substance n'est qu'un composé de qualités, il n'y a que des qualités, et point de substance : des qualités qui ne qualifient rien.

Qualités sont manières d'être, et phénomènes manières d'apparaître : n'y a-t-il que des manières d'apparaître sans rien qui apparaisse, des manières d'être sans êtres qui soient ?

Mais on alléguera que ces mots de phénomène, de qualité, sont des mots mal faits, parce qu'ils sont faits dans l'hypothèse métaphysique et chimérique de la cause, de la substance; on dira qu'il n'y a que des choses visibles, tangibles, observables, lesquelles ne sont point des faits ou des effets, des phénomènes ou des manières d'apparaître, des qualités ou des manières d'être, mais des êtres, et tout l'être. Soit, voilà l'être : multiple et composé : composé sans composants? multiple sans éléments ? ou ces éléments sont-ils encore des multiples, et ces composants des composés ? Mais les composants de ces composés ? Et s'ils sont composés encore, les composants de ces derniers composés ? Composés encore, et toujours, et sans fin, nous avons un composé de composants composés, un composé sans composants, une contradiction pure. C'est la même contradiction que celle de manières d'être sans être, de qualités sans substance. On a fait évanouir la substance : mais avec la substance l'être même s'est évanoui.

De même avec la cause. Si l'être est successif, comme il est composé, n'est-il qu'une succession sans premier terme, ou le premier terme n'est-il premier qu'eu égard à ceux qui suivent, sans qu'il y ait un premier terme absolu ? Mais absolument, c'est une succession sans premier terme ; la série des termes écoulés est un nombre dont l'unité, point de départ du nombre, recule jusqu'à l'infini, dont l'unité, dans l'éternité passée, n'a été jamais : un nombre sans unité, ou un nombre actuel infini : c'est tout un, et c'est la même contradiction.

L'être conscient que je suis n'est qu'une collection et une succession de sentiments et de pensées… Quoi ! de sentiments sans un être qui sente ? de pensées sans un être qui pense ? On accorde que ces pensées sont liées, qu'elles forment un tout distinct : où est le lien, où est le principe de ce tout distingué des autres ? Là sera l'être.

Mes pensées ne sont pas hors de mon être, ni mon être hors de mes pensées : la substance n'est pas plus séparée de ses modes que de la substance les modes ; et il n'y a pas plus à concevoir une substance sans modes que des modes sans substance. L'erreur de ceux qui séparent la substance de ses modes enfante l'erreur de ceux qui la nient : c'est qu'en effet, séparée, elle n'est pas, ni ne peut être. Mais elle est distincte : si mon être ne va pas sans mes pensées, il est autre que mes pensées, car il ne va pas non plus sans mes volontés, sans mes sentiments. Si l'on dit qu'il est le tout de mes pensées, de mes volontés et de mes sentiments à la fois, je réponds qu'il est un même pensant, unique et permanent, de ses pensées multiples et successives; un même voulant, unique et permanent, de ses volontés multiples et successives; un même sentant, unique et permanent, de ses sentiments multiples et successifs; un même conscient, unique et permanent, de ses actes multiples et successifs : il ne saurait donc se confondre, lui un, avec ce qui est en lui plusieurs. Et je réponds que ses pensées, ses volitions, ses sentiments, ne l'épuisent pas : qu'ayant pensé, voulu, senti, il peut penser, vouloir, sentir encore ; qu'il eût pu, dans d'autres circonstances, penser, vouloir, sentir, autrement qu'il n'a fait, et qu'ayant autrement pensé il n'eût pas été autre.

Telle est la vraie nature de la substance : une puissance d'être, c'est-à-dire d'être ceci ou cela. Elle n'est pas un être, si elle n'est ceci ou cela : mais si elle est ceci ou cela, elle n'est pas substance pure, elle est substance avec ses modes. Elle n'est donc pas être, mais élément d'être. Distincte de ses modes, qui peuvent être autres sans qu'elle-même soit autre : elle comporte des modes divers, elle est une; mais elle n'est point sans ces divers modes. Toujours elle en comporte de nouveaux, elle est inépuisable : mais elle n'est jamais sans des modes changeants qui à chaque instant arrêtent sa forme limitée; elle est une virtualité infinie, principe d'une réalité finie : l'être n'est point cette virtualité pure, nulle sans la réalité qui la manifeste, ni cette réalité pure, nulle sans la virtualité qu'elle manifeste : mais les deux ensemble, les deux en un.

Si la substance est la puissance d'être, qui ne devient réalité qu'autant qu'elle passe à l'acte, l'acte n'est pas seulement un mode, mais un mode par où elle se manifeste elle-même, par où elle traduit et signifie sa nature, par où elle s'exprime : elle est le principe de l'acte, elle est activité, et enfante en soi ses phénomènes : ses modes ne sont pas seulement ses modes, mais des effets de son énergie propre. Elle produit ses modes. Elle est cause : efficiente, car elle est la cause productrice de ses modes; et finale, car elle est le but de leur production : elle se produit elle-même en eux, et les produit pour s'exprimer, pour se manifester, pour se réaliser, pour être : elle les produit en soi pour soi. D'autres peuvent agir sur elle : leur action ne sera que la condition de ses phénomènes, actes de la puissance qu'elle est, effets dont elle est la véritable cause. Qu'on mette dans la terre un gland, il n'en sortira pas un sapin : l'action du milieu sur le gland ne produira pas le chêne, mais le fera se produire. L'action de l'organisme ne produit pas non plus l'être mental, mais le fait se produire : l'âme préexiste au corps, et les idées à l'expérience, comme le chêne à sa terre. Le milieu détermine la forme des actes, dont la cause est dans la puissance, dans la substance même; quand c'est une substance d'être fini, une puissance de réalité bornée, elle ne saurait passer à l'acte et se produire qu'à la condition d'une détermination reçue, et comme sous l'excitation d'autres forces : si elle n'avait pas besoin d'une telle excitation pour se produire, si elle était par elle seule en acte, elle ne serait plus puissance, mais acte pur, absolu, infini; et non pas un infini virtuel, mais réel : tel serait Dieu. Où il y a puissance, il faut qu'il y ait passage à l'acte, mouvement, changement, réalisation par des conditions externes : mais si l'être ne devient que sous l'excitation du dehors, il ne devient que ce qu'il est en puissance et comme dans le fond de son être; et c'est pourquoi il ne devient pas indifféremment ceci ou cela, mais tel être, non un autre.

En lui donc est la vraie cause de son devenir, la vraie fin aussi : il se veut lui-même, et il se veut tout ce qu'il peut être. L'effet est dans la cause, comme dans la substance le mode; l'effet est la manifestation de la cause, comme le mode la réalisation de la substance :

la cause contient l'effet, et le surpasse, capable de se manifester sans s'épuiser par des effets à l'infini, comme la substance contient le mode et le surpasse, capable de se réaliser sans s'épuiser par des modes à l'infini. Qu'on ne nous objecte pas ici la mort : la cause, la substance, la puissance d'être, ne connaît point la mort (qui pour elle serait l'anéantissement), mais le passage d'une forme à une autre, ou d'une suite liée et comme d'un ordre de formes à un autre ordre.

Comme les effets sont dans la cause, les modes dans la substance, la cause est aussi dans ses effets, la substance dans ses modes : la substance est une avec ses modes, qui la contiennent et qu'elle contient, la cause une avec ses effets, qui la contiennent et qu'elle contient : le principe de raison suffisante se ramène au principe d'identité. Effets et modes, c'est tout un : actes d'une puissance d'être. La condition extérieure qui en détermine la forme est l'acte d'une puissance étrangère, de sorte que le phénomène, en même temps qu'il est l'acte de la puissance qu'il manifeste, l'est encore de la puissance qui fait celle-ci se produire : la production du chêne est à la fois l'acte du chêne et l'acte du milieu; la sensation, dit excellemment Aristote, est à la fois l'acte du sujet capable de sentir et l'acte de l'objet capable d'être senti. Acte de l'âme, elle en est un effet et un mode : l'âme est la cause de cet effet, comme la substance de ce mode. Acte du sensible, elle en est un effet et un mode : le sensible est la cause de cet effet et la substance de ce mode. Elle est deux causes, deux substances, deux puissances en un seul acte ; elle est plus que le passage du moi au non-moi : elle est le non-moi dans le moi, l'objet et le sujet en un.

VI

Les phénomènes, que déterminent les conditions extérieures de leur forme pendant que l'être qu'ils expriment les produit, sont l'actualité contingente, changeante, multiple, d'une puissance nécessaire en soi, immuable en soi, une en soi. La puissance est hors de l'espace, hors du temps ; les actes sont dans l'espace et dans le temps.

L'espace est-il l'étendue ? Non ; les étendues sont dans l'espace, elles ne sont pas l'espace. Une étendue ôtée, l'espace qu'elle occupait n'est pas ôté ; et quand on ôterait l'étendue entière, reste le lieu de l'étendue, qui est l'espace. L'espace est-il donc infini ? Non, car il y a petit espace, grand espace, il augmente, il diminue, il se divise. Est-il un être ? Non. Une manière d'être ? Mais de quel être ? Des choses étendues ? Il se confondrait avec l'étendue de ces choses. De Dieu ? Il se confondrait avec l'immensité divine, et serait indivisible. Qu'est-il donc ? Une quantité. La quantité se divise, diminue, augmente, est grande ou petite, est distincte des choses mesurables, sans être rien de réel hors de ces choses : l'espace est la possibilité indéfinie d'être étendu. Il n'y a rien de réel que les choses mêmes étendues, et, hors de ces choses, point d'espace. Le nombre de ces choses est illimité ; je veux dire qu'il n'y a point dans leur qualité d'être étendues une raison qui en limite le nombre : et c'est ce qu'on entend quand on affirme improprement que l'espace est infini. L'espace n'est ni infini, ni rien ; il n'est qu'une abstraction, un concept de la raison : l'illimité de l'étendue possible. Mais qu'est-ce que l'étendue ? Est-elle une qualité inhérente à la substance des êtres étendus, ou exprime-t-elle un certain rapport de ces êtres ? Le corps, qui est étendu, est-il une substance, un être, ou bien un composé d'êtres ?

Un corps est environné de corps qui le bornent et qu'il borne. Il n'est petit ou grand que par comparaison avec ces autres corps qui l'environnent. En lui-même, il n'est ni petit, ni grand, ni moyen, ni susceptible d'aucune qualification prise de l'étendue : donc, en lui-même, comme étendue, il n'est pas. On se récrie : un corps est étendu, toujours, en toute hypothèse, on ne le peut concevoir autrement. — Oui, sans doute, parce qu'on ne le peut concevoir isolé. Le voit-on du dehors, il est entouré; et s'il n'était pas entouré, on ne le pourrait voir ni concevoir du dehors. Le voit-on du dedans, il se compose de parties, il est un nombre, une multitude, une société : jamais il n'est isolé. A ce dernier point de vue, le corps, pris dans sa totalité, est grand : il est comme un monde pour les parties qui le composent, lesquelles sont plus ou moins grandes, moyennes, petites, qualifiables en étendue, selon qu'elles se comparent aux autres ou avec le tout ; en elles-mêmes, rien. Hors un certain rapport qu'elles soutiennent entre elles, les choses, comme étendue, ne sont pas. Donc l'étendue n'est aussi qu'un rapport. Donc toute chose étendue, tout corps, toute nature visible, tangible, représentable, est, par essence, un agrégat, un composé d'éléments inétendus.

Quoi ! dit-on. Une somme composée de zéros ! — Ce n'est pas cela, mais un nombre composé d'unités. Si la langue voulait qu'on dit *impluralité*, un nombre, une pluralité serait composée d'*impluralités*. Où serait la contradiction, sinon dans une langue mal faite ? Un corps est une pluralité composée d'éléments simples.

On insiste. M. Cousin, prévenu par un cartésianisme quelque peu partial [1] contre la *monadologie* de Leibniz, refuse d'admettre que « la matière soit tout entière dans la force, » par « cette raison bien simple, » dit-il : « c'est qu'à ce compte il n'y a plus d'étendue réelle, plus de solide, c'est-à-dire plus de matière, plus de corps à proprement parler. » J'avoue que cette *raison bien simple* me parait une bien pauvre raison. Qu'est-ce qu'*étendue réelle ?* Et l'étendue sera-t-elle moins *réelle* pour être un rapport, si elle est un vrai rapport entre choses qui existent réellement ? Car on ne supposera point, sans doute, qu'elle-même soit une chose. Et qu'est-ce que la matière ? La connaissons-nous ? Nous connaissons des corps. Pourquoi n'y aurait-il plus de corps, parce que les corps, au lieu d'être des substances composées, seraient des composés de substances

[1] *Histoire générale de la philosophie*, leçon IX.

simples ? « Comment faire un composé réel avec des substances essentiellement simples ? » demande-t-il. Mais, lui demanderons-nous à notre tour, comment faire un composé, sinon avec des composants non composés ? Sans quoi, les composants étant eux-mêmes des composés devront être expliqués par d'autres, jusqu'à ce qu'on arrive à des composants simples.

« Il n'y a plus d'étendue réelle, plus de solide. » Ceci est étrange, en présence de cette autre phrase de M. Cousin : « Leibniz dit très-bien que l'étendue est une continuité de résistance. » Le solide est-il autre chose qu'un résistant continu ? Est-il malaisé de concevoir qu'un groupement de forces le constitue en sa forme ?

D'autres nous opposent que la force a besoin d'un point d'appui, la matière, laquelle, en conséquence, leur semble irréductible à la force. Un point d'appui est un point de résistance : le point de résistance pour une force ne peut-il être une autre force ? Les forces donc seront points d'appui les unes aux autres, irréductibles entre elles ; et la multiplicité des forces irréductibles sera la matière.

Pour les géomètres, le volume se compose de surfaces, la surface de lignes, la ligne de points. Cela est rigoureusement vrai. Il n'y a pourtant, en réalité, que des volumes qui soient tangibles, visibles, r... ésentables : nul c... 's ne nous montre une surface sans profondeur, ou une ligne sans surface; à plus forte raison le point échappe-t-il aux yeux : mais il est l'élément substantiel, bien qu'imperceptible, du volume, qui seul tombe sous le regard. Nous ne percevons que des agrégats, comme nous ne pensons que des rapports.

Les corps accusent leur volume, c'est-à-dire leur étendue totale, par leur juxtaposition. De même, dans le corps, les parties du corps, qui sont des corps, jusqu'à ce que, réduisant sans cesse le volume des parties, on arrive aux moindres, qu'on appellera, si l'on veut, atomes, qui accusent encore leur étendue par leur juxtaposition réciproque, mais qui ne se peuvent plus diviser sans disparaître. L'étendue est une pluralité, puisqu'elle est une juxtaposition. Les parties de ces moindres corps, n'étant plus composées, sont liées entre elles, de manière à former par leur groupement un volume, une étendue : chacune d'elles, abstraction faite du groupe, est inétendue, mais aussi imperceptible. L'atome, ou le corps simple, mais représentable, des chimistes, est donc composé en réalité; et néanmoins il ne peut être divisé, parce que celui qui le diviserait arriverait à d'imperceptibles *monades*, et, quand il tiendrait des êtres, mais non représentables, croirait ne plus rien tenir : il n'aurait plus de corps, il outre-passerait la matière, il ne saisirait plus rien. Nous avons donc le corps, divisible ; l'atome, dit corps simple, quoique divisible, mais indivisible physiquement ; la *monade*, ou le point, métaphysiquement, absolument indivisible, et un.

M. T. H. Martin, dans sa très intéressante *Philosophie spiritualiste de la nature*, propose pour composants des indivisibles étendus. S'ils sont étendus, ils ne sont pas indivisibles : et M. Martin accorde qu'ils ne le sont pas absolument, mais naturellement : ce sont des atomes. Ils se composent donc d'éléments inséparables, mais distincts. Tout inséparables qu'ils puissent être, dès qu'ils sont distincts, ils sont plusieurs, ils forment un nombre : le composant est encore un composé, mais un composé d'une infinité actuelle de parties, ce qui est contradictoire ; ou d'un nombre fini de parties, absolument indivisibles, mais alors inétendues.

L'étendue est « l'ordre des coexistants (Leibniz) ; » l'espace est le rapport de la multiplicité simultanée à la simplicité de l'être un.

Le temps est le rapport de la multiplicité successive à l'immutabilité de l'être un.

Le temps est comme l'espace. L'espace et le temps se croisent : tout le temps est dans un même espace, tout l'espace dans un même temps.

Le temps est-il la durée ? Non; les durées sont dans le temps, elles ne sont pas le temps. Une durée ôtée, le temps qu'elle occupait n'est pas ôté; et quand on ôterait la durée entière, reste le lieu de la durée, qui est le temps. Le temps est-il donc infini? Non, car il y a un temps long, un temps court, il augmente, il diminue, il se divise. Est-il un être ? Non. Une manière d'être? Mais de quel être? Des choses qui durent ? Il se confondrait avec la durée de ces choses. De Dieu ? Il se confondrait avec l'éternité divine, et serait indivisible. Qu'est-il donc ? Une quantité. Comme l'espace est l'indéfini de l'étendue, le temps est l'indéfini de la durée.

On dit qu'une chose dure, quand elle persiste dans son être, ou dans sa manière d'être; quand elle demeure ce qu'elle est. Il faut donc entendre que durer c'est être, et changer cesser d'être. La durée d'une chose se rapporte à celle d'une autre, qui dure plus ou qui dure moins, qui change plus tard ou plus tôt; et elle se limite par le changement de cette même chose : car, tant que la chose ne change pas, la durée n'en peut être mesurée, faute d'être déterminée et finie. Ainsi la durée est mesurée par le changement. Point de changement, point de durée : l'être immuable ne dure pas, parce qu'il dure toujours ; il demeure fixe dans son être, il est. Si rien ne changeait dans le monde, les choses, restant immuablement ce qu'elles sont, ne dureraient point plus ou moins l'une que l'autre, elles demeureraient fixes dans leur être, elles seraient ; il n'y aurait pas de durée, la durée étant une comparaison ou un rapport. C'est donc par le changement que se marque l'avant et l'après : le changement est le mouvement des choses qui deviennent *autres*, qui *altèrent* et modifient leur être.

Elles ne changent pas dans leur être même, mais dans leur manière d'être. Si elles changeaient dans leur être, ce ne serait plus un changement, mais l'anéantissement d'un être et la création d'un autre : deux êtres qui se succèderaient l'un à l'autre, non un être qui changerait. Tous les êtres du monde, qui vivent dans un perpétuel changement, seraient donc à chaque instant anéantis et de nouveau créés : point de durée, éternité d'être, pour ce qui ne change pas ; pour ce qui change tout entier, point de durée, ni de substance, ni d'être. Ce qui ne change pas est au-dessus de la durée ; ce qui change tout entier est au-dessous. Les phénomènes, qui changent tout entiers, changent aussi continûment ; au même moment, ils sont et ne sont plus : c'est pourquoi ils ne sont pas des êtres, mais des apparences, des formes, des manifestations d'être. Dans chaque être donc, un fond qui ne change pas, une forme qui change sans cesse. Un être, du moment qu'il est, est pour toujours : il demeure dans son être, il change dans sa manière d'être.

Comme tout changement est phénomène, comme tout phénomène a une cause, il s'ensuit que la durée, mesurée par le changement, dépend des causes qui le font. Et si la cause n'est autre que la raison d'être des effets, si ce qui fait qu'une chose est, est le même qui fait qu'elle doit être, il s'ensuit qu'en rigueur l'avant est l'antécédent, l'après le conséquent, chronologique et logique à la fois : les phénomènes de l'univers se causent l'un l'autre, se succédant parce qu'ils se produisent, et se produisant parce qu'ils s'engendrent ; l'ordre de succession figure l'ordre de causalité, qui est le même que l'ordre par lequel est déduite d'un principe une conséquence, principe d'une conséquence nouvelle, jusqu'à la fin. Au point de vue du pur intelligible, qui est celui de la raison divine, il n'y a ni passé ni avenir, mais un éternel présent : ou plutôt, le passé, c'est la cause, le principe ; et l'avenir. c'est l'effet, la conséquence. L'univers se déroule sous le regard de Dieu comme une vaste déduction dont le commencement et la fin sont en lui.

Qui voit les conséquences dans les principes, retient toujours les principes dans les conséquences ; il voit dans le passé l'avenir, et dans l'avenir, présent pour lui, retient le passé : il possède le tout ensemble. Si je comprends les phénomènes que j'ai devant les yeux, je trouve en eux toute la série des phénomènes-principes dont ils sont les effets, et, par le même acte de mon esprit, toute la série des phénomènes-conséquences dont ils sont les causes ; les uns sont encore et les autres sont déjà pour moi : tout leur passé et tout leur avenir me sont présents. Il n'y a donc pour la raison qu'un présent ; à l'expérience appartiennent le passé et l'avenir. Comme la déduction est une succession logique, la succession chronologique est la forme sous laquelle se présente à mon expérience la déduction que ma raison ne saisit pas.

Le temps serait-il, s'il n'y avait point de changements, point de phénomènes, manifestations variables d'immuables substances ?

Mais les phénomènes sont par l'action des conditions qui les font se produire, ou (comme on dit, et nous parlons ici le même langage) des causes qui les produisent, et ils sont donnés avec l'action de ces causes. La cause, dès qu'elle est, agit ; dès qu'elle agit, produit son effet ; et le phénomène existe. Tous les effets sont donc avec toutes les causes ; et si plusieurs sont à leur tour causes d'autres effets, leurs effets sont avec eux, comme ils sont avec leurs causes : d'où il résulte qu'il n'y a point d'autre antériorité que l'antériorité de la cause sur l'effet, toute logique. Leibniz a défini l'espace « l'ordre des coexistants » ; définissons le temps : « l'ordre des conséquents. » Le mot même de *conséquents*, qui marque la déduction comme une suite, marque aussi la suite, ou la succession, comme une déduction.

D'où vient cependant que la déduction nous apparaît succession ? C'est qu'il y a autre chose que déduction pure : je dis autre chose en nous. Il y a dans le temps un autre élément que le rapport d'antériorité et de postériorité logique des causes et de leurs conséquences : mais cet autre élément n'est rien d'objectif ; il réside tout entier dans l'activité, dans la volonté libre, dans l'âme, cause première elle-même (cause première-seconde, si l'on me passe une telle expression, étrange, mais juste), elle-même principe et fin en sous-ordre, de sa vie et de ce qui constitue sa vie, — dans l'âme, qui crée sans cesse, et dont la vie n'est pas une continuité, mais une création continuée par son propre vouloir, et comme un recommencement incessant de son être. Or, le sentiment du temps est le sentiment de ce recommencement incessant dans la continuité. Le temps ne comporte pas seulement des moments qui ne seraient que des suites logiques; mais chaque moment du temps, s'il est une suite, est aussi un commencement, et encore une fin. Chacun est un point d'arrêt possible; ce qu'il ne serait pas, s'il n'était qu'une suite : car une suite n'est pas plus une fin qu'elle n'est un commencement, mais suppose un postérieur comme un antérieur dans un continu. La déduction explique la suite; elle n'explique pas le point d'arrêt possible. C'est l'activité de l'âme qui en rend compte.

L'âme, tant qu'elle vit sa vie propre, tant qu'elle a conscience d'elle-même, ne cesse pas d'agir : si elle cesse d'agir, elle cesse à l'instant d'avoir conscience d'elle-même, de vivre sa propre vie. Elle agit donc, soit qu'elle veuille, ou qu'elle sente : quand elle sent, c'est qu'elle réagit sur le dehors, elle s'approprie la modification qu'elle en reçoit, et l'accueille ou la repousse, mais, alors même qu'elle la repousse, la fait sienne par la conscience. Elle est affectée, sans doute ; mais autre chose est d'être affectée, ou d'avoir conscience qu'elle est affectée, ce qui est sentir : elle crée donc, par cette appropriation de l'affection qu'elle éprouve, son propre sentir, comme elle crée son penser, son vouloir. Chacun des phénomènes de la conscience, créé de la sorte par l'action intérieure qui lui imprime son caractère, est un commencement et une fin, parce qu'il est une œuvre qui part de l'âme et se rapporte à l'âme, qui a dans l'âme son terme comme son principe. Tous ensemble sont des effets, simultanés (comme sont tous les effets) avec leurs causes, mais de causes multiples, actes multiples d'un même agent; ou plutôt, d'une même cause se produisant par des actes multiples. Effets de causes diverses, ils seraient coexistants et constitueraient l'espace; effets divers d'actes multiples d'une même cause, ils se distinguent les uns des autres, et constituent un autre ordre, l'ordre des successifs. Mais, de même que les coexistants ne formeraient pas un ordre s'ils n'étaient que diversité sans unité, s'ils n'étaient, dans l'objet, manifestations multiples d'un même être, et, dans le sujet, représentations multiples à un même être ; de même les successifs ne formeraient pas un ordre s'ils n'étaient que diversité sans unité, si chacun des moments du temps n'était qu'un commencement et une fin, un point d'arrêt, sans être une suite. On a vu que chacun d'eux est une suite logique, retenant le passé et contenant l'avenir ; on a vu que la succession est une déduction. Qu'il en soit ainsi dans l'objet, nulle difficulté. Peut-il en être ainsi dans le sujet ? Si les phénomènes de la conscience résultent d'autant d'actes du moi, chacun de ces actes n'est-il pas un commencement, loin d'être une suite ? Ou, s'il est une suite, n'est-il pas une suite arbitraire, le simple fait d'un acte distinct d'un autre acte, loin d'être une suite logique ?

Pour entendre ceci, mettons l'âme en sa place, c'est-à-dire en présence d'un monde conçu comme un ensemble de phénomènes logiquement ordonnés. Elle les saisit par sa propre action, mais non par un acte unique. Si elle les saisissait par un acte unique, elle les saisirait tous ensemble en un seul instant comme des coexistants en un même temps éternel ; si elle saisissait chacun d'eux par un acte différent, il n'y aurait point de coexistants pour elle, point d'espace. Elle ne les saisit pas tous, mais ceux-là seuls qu'un concours de causes met en rapport avec elle ; ceux-là, elle les saisit ensemble par un acte unique, comme des coexistants en un même temps qui est le présent pour elle, et qui lui donne diversité dans l'unité, un espace. Le développement logique des choses, le déroulement des causes dans leurs conséquences, établit des rapports nouveaux entre elle et de nouveaux ensembles de phénomènes, qu'elle saisit par de nouveaux actes : autant d'actes, autant de commencements ou de recommencements, autant de fins, autant de points d'arrêt possibles, dans une suite. La suite est hors de nous; les points d'arrêt sont en nous : c'est nous qui les mettons, par les divers actes dont nous saisissons, dont nous affirmons nos rapports divers avec le monde, dans la suite logique, dans l'inflexible et éternelle chaîne des phénomènes de la nature.

Ces actes, qui sont des affirmations, se rapportent aux phénomènes extérieurs, sans être déterminés par eux, mais par nous. Causes de nos propres actes, c'est nous qui les produisons, mais non solitairement ; nous les produisons solidairement, en concours avec une action étrangère dont l'effet n'est pas de les produire, puisqu'ils sont nôtres, mais de nous provoquer à les produire. C'est ainsi que, tout en étant ce qu'ils doivent être selon la toute-puissance qui régit l'univers, ils nous appartiennent bien : déterminés par notre activité, ils le sont encore par l'intimité de notre être, par notre propre nature, soit que nous l'ayons reçue, ou que nous nous la soyons faite nous-mêmes. La suite n'est donc pas hors de nous seulement, mais en nous : avec cette différence que les deux éléments du temps, le point d'arrêt possible et la suite, sont en nous, tandis qu'il n'y a hors de nous qu'un seul des deux éléments du temps, la suite, la déduction des effets donnés tous ensemble dans leurs causes.

Il n'y a de temps, comme il n'y a d'espace, quele multiple : le temps est la multiplicité de nos appréhensions des choses, comme l'espace est la multiplicité des choses que nous appréhendons par un seul acte de notre esprit.

L'espace est le possible de l'étendue; l'étendue est la coexistence des êtres saisis par un même acte spirituel dans la multiplicité présente de leurs phénomènes. Le temps est le possible de la durée; la durée est la présence d'un même être à une suite de phénomènes saisis dans leur liaison par la multiplicité des actes spirituels.

VII

Le temps n'est pas infini, non plus que l'espace, car l'espace et le temps ne sont point des êtres. L'infini est l'être sans bornes; l'absolu, l'être sans conditions; le parfait, l'être achevé, l'être ayant la plénitude entière de l'être.

Les rapports, objets de la raison, lient deux termes dont l'un est l'être, l'autre la détermination de l'être : l'être, distingué, mais non séparé, de sa détermination, est absolu, substance, cause, nécessaire, un, simple et immuable, infini, en tant qu'être : il n'est point parfait, il n'est qu'une virtualité pure. Il n'est point achevé, n'étant point commencé tant qu'il n'est pas déterminé : être sans existence, non véritablement être, mais être possible : qu'il se réalise, qu'il se détermine, il est relatif, mode, phénomène, contingent, multiple, composé, variable, fini. Ces termes sont contraires et identiques deux à deux : l'un étant la raison et le principe, l'autre la forme et la réalité de l'être.

Le phénomène étant donné, il faut affirmer l'être qu'il exprime : c'est, en un sens, aller de l'un à l'autre, et de ce qui est à sa raison d'être ; c'est, en un sens, aller du même au même, et conclure d'une idée à ce qu'elle contient. Voilà pourquoi l'on peut conclure, passer du subjectif à l'objectif, du phénomène au noumène, de l'être apparent à l'être vrai, et faire de la métaphysique.

Nous ne tenons encore qu'une forme finie, multiple, changeante, contingente, effet et mode relatifs, et comme un non-être de l'être ; ou l'être que nous saisissons dans cette forme n'est encore que substance et cause seconde : il faut une substance et une cause premières ; qu'un fini actuel : il faut un infini actuel. C'est l'être possédant la plénitude achevée de l'être, l'être parfait.

On a souvent confondu l'infini avec le parfait. L'infini est un des caractères du parfait, mais l'infini actuel. On conçoit un infini virtuel, et le devenir de l'être fini, le passage de la puissance à l'acte, suppose précisément une virtualité supérieure à la réalité présente, et toujours supérieure, une virtualité infinie. Mais celle-ci ne s'explique à son tour que par l'infinie réalité de l'être éternellement et absolument en acte, de l'être parfait.

Quel sera l'être pur, sinon un tel être? Où sera l'absolu vrai, la substance vraie, la cause vraie, le nécessaire vrai, le vrai immuable, le véritable un, le véritable infini? Et il faut bien parvenir jusqu'à lui, il faut qu'il soit, s'il y a infini, s'il y a unité, s'il y a nécessité, s'il y a cause, s'il y a substance, si l'absolu est, si l'être est. « Dieu, dit Leibniz, est la première raison des choses; car celles qui sont bornées, comme tout ce que nous voyons et expérimentons, sont contingentes et n'ont rien en elles qui rende leur existence nécessaire, étant manifeste que le temps, l'espace et la matière, unies et uniformes en elles-mêmes et indifférentes à tout, pouvaient recevoir de tout autres mouvements et figures et dans un autre ordre. Il faut donc chercher la raison de l'existence du monde, qui est l'assemblage entier des choses contingentes, et il faut la chercher dans la substance qui porte la raison de son existence avec elle, et laquelle par conséquent est nécessaire et éternelle. Il faut aussi que cette cause soit intelligente, car le monde qui existe étant contingent, et une infinité d'autres mondes étant également possibles et également prétendants à l'existence, pour ainsi dire, aussi bien que lui, il faut que la cause du monde ait eu égard ou relation à tous ces mondes possibles, pour

Le phénomène étant donné, il faut affirmer l'être qu'il exprime : c'est, en un sens, aller de l'un à l'autre, et de ce qui est à sa raison d'être ; c'est, en un sens, aller du même au même, et conclure d'une idée à ce qu'elle contient. Voilà pourquoi l'on peut conclure, passer du subjectif à l'objectif, du phénomène au noumène, de l'être apparent à l'être vrai, et faire de la métaphysique.

Nous ne tenons encore qu'une forme finie, multiple, changeante, contingente, effet et mode relatifs, et comme un non-être de l'être ; ou l'être que nous saisissons dans cette forme n'est encore que substance et cause seconde : il faut une substance et une cause premières ; qu'un fini actuel : il faut un infini actuel. C'est l'être possédant la plénitude achevée de l'être, l'être parfait.

On a souvent confondu l'infini avec le parfait. L'infini est un des caractères du parfait, mais l'infini actuel. On conçoit un infini virtuel, et le devenir de l'être fini, le passage de la puissance à l'acte, suppose précisément une virtualité supérieure à la réalité présente, et toujours supérieure, une virtualité infinie. Mais celle-ci ne s'explique à son tour que par l'infinie réalité de l'être éternellement et absolument en acte, de l'être parfait.

Quel sera l'être pur, sinon un tel être? Où sera l'absolu vrai, la substance vraie, la cause vraie, le nécessaire vrai, le vrai immuable, le véritable un, le véritable infini? Et il faut bien parvenir jusqu'à lui, il faut qu'il soit, s'il y a infini, s'il y a unité, s'il y a nécessité, s'il y a cause, s'il y a substance, si l'absolu est, si l'être est. « Dieu, dit Leibniz, est la première raison des choses ; car celles qui sont bornées, comme tout ce que nous voyons et expérimentons, sont contingentes et n'ont rien en elles qui rende leur existence nécessaire, étant manifeste que le temps, l'espace et la matière, unies et uniformes en elles-mêmes et indifférentes à tout, pouvaient recevoir de tout autres mouvements et figures et dans un autre ordre. Il faut donc chercher la raison de l'existence du monde, qui est l'assemblage entier des choses contingentes, et il faut la chercher dans la substance qui porte la raison de son existence avec elle, et laquelle par conséquent est nécessaire et éternelle. Il faut aussi que cette cause soit intelligente, car le monde qui existe étant contingent, et une infinité d'autres mondes étant également possibles et également prétendants à l'existence, pour ainsi dire, aussi bien que lui, il faut que la cause du monde ait eu égard ou relation à tous ces mondes possibles, pour en déterminer un. Et cet égard ou rapport d'une substance existante à de simples possibilités ne peut-être autre chose que l'entendement qui en a les idées ; et en déterminer une ne peut être autre chose que l'acte de la volonté qui choisit. Et c'est la puissance de cette substance qui en rend la volonté efficace. La puissance va à l'être, la sagesse ou l'entendement au vrai et la volonté au bien. Et cette cause intelligente doit être infinie de toutes les manières et absolument parfaite en puissance, en sagesse et en bonté, puisqu'elle va à tout ce qui est possible. Et comme tout est lié, il n'y a pas lieu d'en admettre plus d'une. Son entendement est la source des essences, et sa volonté est l'origine des existences. Voilà, en peu de mots, la preuve d'un Dieu unique avec ses perfections, et par lui l'origine des choses [1]. »

Ce Dieu unique, c'est le parfait. L'imparfait ne s'entend que par le parfait et le parfait par l'imparfait, comme le fini par l'infini et l'infini par le fini, comme le relatif par l'absolu et l'absolu par le relatif, comme, dans toutes ces intuitions de rapports nécessaires, l'un des deux termes par l'autre : d'où une sorte d'identité dans la contrariété des deux. Nous avons pu conclure de l'existence de l'un l'existence de

---

[1] Théodicée, *Essais*, etc. 1, 7.

l'autre, et du phénomène l'être : concluons de l'imparfait le parfait. « Le parfait, dit Bossuet, est le premier et en soi et dans nos idées, et l'imparfait en toutes façons n'en est qu'une dégradation. Dis-moi, mon âme, comment entends-tu le néant, sinon par l'être ? Comment entends-tu la privation, sinon par la forme dont elle prive ? Comment l'imperfection, si ce n'est pas la perfection dont elle déchoit ? Mon âme, n'entends-tu pas que tu as une raison, mais imparfaite, puisqu'elle ignore, qu'elle doute, qu'elle erre et qu'elle se trompe ? Mais comment entends-tu l'erreur, si ce n'est comme privation de la vérité, et comment le doute et l'obscurité, si ce n'est comme privation de l'intelligence et de la lumière ? Et comment enfin l'ignorance, si ce n'est comme privation du savoir parfait ; comment dans la volonté le dérèglement et le vice, si ce n'est comme privation de la règle, de la droiture et de la vertu ? Il y a donc primitivement une intelligence, une science certaine, une vérité, une fermeté, une inflexibilité dans le bien, une règle, un ordre, avant qu'il y ait une déchéance de toutes ces choses : en un mot, il y a une perfection avant qu'il y ait un défaut ; avant tout dérèglement, il faut qu'il y ait une chose qui est à elle-même sa règle et qui, ne pouvant se quitter soi-même, ne peut non plus faillir ni défaillir. Voilà donc un être parfait [1]. »

Oui, il faut que le parfait soit pour que l'imparfait puisse être entendu. Et il faut que le parfait soit pour que l'imparfait s'élève au meilleur, pour que la puissance d'être passe à l'acte, pour que l'être se réalise. Comment se fera le passage de la puissance à l'acte, comment l'être se réalisera-t-il, s'il n'existe un être réel antérieur à tout être virtuel, un principe infini de tous les finis possibles ? L'être en puissance ne se réalisera pas de lui-même : cause de sa réalisation, qui est une expression de son être, il n'est point, lui, la cause première ni la dernière fin : sans quoi, il serait par lui-même, il serait éternellement, absolument, parfaitement : il serait ce parfait dont nous disons qu'il faut qu'il soit. Il se réalise donc, étant en puissance, par un autre qui est en acte, à la fois antérieur et ultérieur, principe et fin de son être imparfait ; c'est le parfait qui le produit pour le parfait. Il descend du parfait, et il y remonte.

L'être, père des êtres, ne devient pas, il est. Je vois un progrès dans les choses relatives ; ce progrès a son principe dans l'être absolu, infini et réel, qui est au fond de toutes choses.

---

[1] *Élévations sur les mystères*, 1re sem., 2e élév.

Ce qui devient, avant de devenir, est; il est ceci, puis il est cela; il passe de ceci à cela, et c'est là devenir : mais il est d'abord. Là donc est l'être, à l'origine. Où il y a être, il y a plénitude d'être. Un être fini, qui change, qui devient, passe-t-il d'un état inférieur à un état supérieur ? Si le second terme est supérieur au premier, où en est la cause ? Non pas dans le premier, qui est moindre : car encore faut-il que la cause contienne l'effet. C'est donc qu'au fond de l'être qui change il y a un principe et de cet être et de l'être supérieur et de tous les êtres de plus en plus relevés auxquels il parviendra : qu'il y a, en un mot, un être infini, principe d'une série indéfinie d'êtres finis.

Remplacer l'être qui est par la chimère de l'être qui devient, voilà une découverte dont il est juste de rendre l'honneur à Hegel. Hegel se fonde sur sa doctrine de la *synthèse des antinomies*. L'être, dit-il, pris en soi, à l'état indéterminé, pur, est identique au néant, car l'être indéterminé n'est rien : contradiction qui ne peut être résolue que par un troisième terme, lequel soit précisément l'identité des deux contraires, savoir : l'être qui n'est pas, le devenir.
— On peut répondre que le devenir n'est point l'être qui n'est pas, mais le passage d'un être à un être, d'un état positif à un état positif. On

peut ajouter que l'être pris en soi n'est pas l'être pris à l'état indéterminé, c'est-à-dire à l'état de néant, mais à l'état infini, absolu, plein, à l'état d'être. L'être en soi est l'être infini, mais non pas indéfini, et encore moins indéterminé. Il n'est pas identique au néant, tant s'en faut. Mais il suppose le néant, parce que la condition d'intelligibilité d'une idée est l'idée contraire. On ne peut donc entendre l'être sans entendre le néant, ni affirmer l'un sans affirmer l'autre. Qu'est-ce qu'affirmer l'être ? Dire que ce qui est est. Et affirmer le néant ? Dire que ce qui n'est pas n'est pas. Et ne pouvoir affirmer l'un sans affirmer l'autre ? Dire que ce qui n'est pas n'est pas, précisément en vertu de la même que ce qui est est : là est l'identité des contraires, dans une raison commune qui fait que l'un entraîne l'autre, et par suite que, s'il y a être, il y a néant, et encore être-néant, être à qui manque une partie de la plénitude de l'être, être fini. S'il y a un être infini, incapable de ne pas être, qui est l'identique à soi, le nécessaire, il y a un néant infini, incapable d'être, qui est le contradictoire en soi, l'impossible, et il y a des êtres finis capables d'être ou de ne pas être, possibles, contingents, éternellement vus dans l'infini pour être réalisés en leur lieu. Telle est la vraie synthèse des antinomies. Etant donné le fini où s'unissent l'être pur et le néant, le néant est donné par là même comme n'étant pas, et l'être pur comme étant. Affirmer l'être du fini, c'est affirmer l'être de l'être pur, de l'infini. Si le fini existe à titre de réalité, l'infini, qui y est impliqué, existe au même titre.

L'être indéterminé, considéré comme l'attribut fondamental des choses, est identique au néant, dit Hegel. L'erreur qui porte à voir Dieu dans l'être ainsi compris vient d'une tendance de la science moderne, trop peu remarquée, ce nous semble. L'induction expérimentale, qui n'a rien à faire avec Dieu, croit s'élever à mesure qu'elle généralise : elle envisage les êtres par leurs caractères communs, et les unit du dehors, perdant leur unité essentielle, qui réside dans l'individu, non dans l'espèce ni le genre. L'attribut n'est pas l'être, mais il caractérise l'être : l'être vaut d'autant plus qu'il est caractérisé par un plus grand nombre d'attributs; qu'il est plus complexe, loin d'être plus simple; qu'il embrasse plus, non comme un genre embrasse une espèce ou une espèce des individus, mais par la concentration des qualités des genres inférieurs jointes à d'autres qui lui soient propres, par un mode, veux-je dire, selon lequel c'est l'animal qui est contenu éminemment dans l'homme et non l'homme dans l'animal : en sorte que l'excellence des êtres ne doit pas se mesurer à leur extension, mais à leur compréhension, et que le souverain être doit être d'extension nulle, de compréhension infinie. Il concentre éminemment en soi toutes les espèces d'êtres avec toutes leurs qualités, jointes à d'autres particulières ; par là, il est parfait et il est unique. Il est, non le suprême genre, mais le suprême individu.

D'où il suit encore que la méthode vulgairement employée pour déterminer les attributs de Dieu est la bonne. Dieu est, pour l'homme, l'idéal de l'homme. Pris en lui-même, il est encore l'idéal de l'homme, comme il est l'idéal de tous les êtres. C'est une grande faiblesse de craindre l'anthropomorphisme, et de réduire l'être aux qualités de la pierre inerte, aux propriétés les moins déterminées, les plus vagues, les plus nulles, de la matière aveugle, de peur de lui accorder les qualités de l'homme. L'anthropomorphisme consiste à se le représenter sous la forme de l'homme, au lieu de le concevoir comme l'idéal de l'homme ; ou encore à le borner à n'être que l'idéal de l'homme, quand il est aussi celui des plus sublimes êtres et des moindres, et qu'il possède en outre des attributs incommunicables, qui ne peuvent appartenir qu'à lui seul. Que Dieu soit; que Dieu soit réel, avec la pleine conscience de son être; que Dieu soit tout puissance, tout intelligence, tout amour, c'est ce dont ne doutera point quiconque entend qu'il est l'Etre : non l'être indéterminé, vide, attribut général des êtres, mais l'Etre déterminé, plein, à qui ne saurait faire défaut aucun des possibles de l'être, mais l'être infini en acte, l'être parfait.

Cette idée de l'infini en acte, du parfait, n'est pas une idée de raison, puisqu'elle n'est pas idée de rapport, mais d'être. Elle est donc une perception, qui résulte d'une application de la raison à un sentiment qu'un sens de l'âme nous donne. Il y a des sens de l'âme, autres que les sens externes, autres que le sens intime : comme le sens intime donne des actes du moi et les sens externes des sensations, les sens *psychiques* donnent des sentiments, auxquels aussi la raison doit être appliquée pour en former des idées : le sens du beau, par exemple, le sens du bien, le sens de Dieu. L'affirmation de Dieu est une perception, c'est-à-dire une induction spontanée, comme l'affirmation du monde. Et comme l'affirmation du monde, parce qu'elle est spontanée, elle est d'abord un acte de foi. Foi légitime, parce qu'elle est naturelle. Où est-il, celui qui nie Dieu ? A moins qu'un sens de l'âme ne lui fasse défaut; ou qu'il ne raisonne contre son propre sens, comme on raisonne contre le libre arbitre, comme on a raisonné contre la réalité même des corps. Je crois à Dieu comme je crois aux corps qui m'environnent, comme je crois à mon être. « De toute éternité Dieu est, Dieu est parfait, Dieu est heureux, Dieu est un. L'impie demande : Pourquoi Dieu est-il ? Je lui réponds : Pourquoi Dieu ne serait-il pas ? Est-ce à cause qu'il est parfait, et la perfection est-elle un obstacle à l'être ? Erreur insensée! Au contraire, la perfection est la raison d'être. Pourquoi l'imparfait serait-il, et le parfait ne serait-il pas ? C'est-à-dire, pourquoi ce qui tient plus du néant serait-il, et que ce qui n'en tient rien du tout ne serait pas ? Qu'appelle-t-on parfait ? Un être à qui rien ne manque. Qu'appelle-t-on imparfait ? Un être à qui quelque chose manque. Pourquoi l'être à qui rien ne manque ne serait-il pas plutôt que l'être à qui quelque chose manque ? D'où vient que quelque chose est, et qu'il ne se peut pas faire que le rien soit, si ce n'est parce que l'être vaut mieux que le rien, et que le rien ne peut pas prévaloir sur l'être, ni empêcher l'être d'être ? Qui peut donc empêcher que Dieu ne soit, et pourquoi le néant de Dieu, que l'impie veut imaginer dans son cœur insensé, pourquoi, dis-je, ce néant de Dieu l'emporterait-il sur l'être de Dieu ? Et vaut-il mieux que Dieu ne soit pas que d'être ? O Dieu ! On se perd dans un si grand aveuglement. L'impie se perd dans le néant de Dieu, qu'il veut préférer à l'être de Dieu ; et lui-même, cet impie, ne songe pas à se demander à lui-même : pourquoi il est ? Mon âme, âme raisonnable, mais dont la raison est si faible, pourquoi veux-tu être, et que Dieu ne soit pas ? Hélas ! vaux-tu mieux que Dieu ? Ame faible, âme ignorante, âme dévoyée, pleine d'erreur et d'incertitude dans ton intelligence, pleine dans ta volonté de faiblesse, d'égarement, de corruption, de mauvais désirs, faut-il que tu sois, et que la certitude, la compréhension, la pleine connaissance de la vérité et l'amour immuable de la justice et de la droiture ne soit pas [1] ! »

Voilà Dieu ! Le voilà sans preuve régulière, mais avec une fusion de toutes les preuves ensemble. Le voilà dans un cri de l'âme, tel que l'homme l'affirme, tel que le chante, emporté par son enthousiasme et devenu poète, l'orateur chrétien.

---

[1] Bossuet, *Elévations sur les mystères*, 1re semaine, 1re élév.

CHAPITRE III

VALEUR OBJECTIVE DES IDÉES DE RAISON

En résumé, penser, c'est appliquer des idées, données primordiales de la raison, principes et du connaitre et de l'être, à des phénomènes, données de l'expérience ; savoir, c'est interpréter des signes : l'expérience nous donne les signes, et la raison les rapports qui nous permettent de les interpréter. L'expérience nous donne l'un des deux termes de chacun de ces rapports ; ni l'expérience ni la raison ne nous donnent l'autre : mais la raison nous donne les rapports qui nous livrent le passage de l'un à l'autre. L'un des deux termes est expérimental, c'est le phénomène ; l'autre, qui est l'être, n'est point expérimental ni rationnel, il ne nous est point donné en soi, mais dans le terme expérimental en vertu d'un rapport des deux, et c'est ce rapport que la raison nous donne. Dans la sensation, acte commun du sentant et du sensible, phénomène à double face, intérieur et extérieur à la fois, le moi et le non-moi sont pensés ensemble, en vertu du rapport qui dans le phénomène fait entendre l'être ; et, en vertu du même rapport, dans l'être fini du moi et du non-moi, l'être infini.

Puisque la raison va du phénomène à l'être et de l'être au principe de l'être, à Dieu, la métaphysique est possible.

I

On objecte que les origines et les fins nous échappent, qu'il n'y a point de première cause pour nous, qui ne pouvons concevoir que des séries sans premier ni dernier terme ; que, quelque terme que nous considérions, nous le plaçons toujours à la suite d'un autre et toujours lui donnons une suite ; que nous n'apercevons que des milieux, infiniment éloignés des extrêmes ; que, dans l'inaccessible infini où ils résident, les principes se dérobent à nos prises, et jusqu'à nos regards.

Il est vrai que l'infini, que les principes, les origines et les fins, qu'une première cause, ne sont point choses représentables : en sont-elles moins intelligibles ? Elles sont ce qu'il y a de plus intelligible, et qui fait l'intelligibilité du reste. Nous ne voyons que le fini, et ne l'entendons que par l'infini. Nous ne voyons que des milieux, et ne les entendons que par leurs extrêmes : car il faut deux extrêmes pour faire un milieu. Nous ne voyons que des séries, et ne les entendons que par un premier terme, comme une chaîne par un premier anneau, comme un nombre par l'unité. Mais y a-t-il une seule idée dont l'objet soit représentable ? Un certain cheval, un certain arbre, un certain triangle, est représentable : mais le cheval, mais l'arbre, mais le triangle en soi, l'est-il ? Si nous nous représentons un peuplier, nous ne nous représentons pas un sapin, qui est aussi un arbre ; et si nous nous représentons un certain sapin, nous ne nous représentons pas un autre sapin, qui est aussi un sapin : nous ne nous représentons donc pas l'arbre, ni même le sapin, ni aucun genre. Les représentations ne sont que des sensations, présentes ou reproduites : nous n'avons pas de sensations qui correspondent aux vrais objets des idées. Les idées ne sont point des images, et leurs objets ne sont pas représentables, mais intelligibles : confondre l'intelligible avec le représentable, ou ne tenir pour intelligible que ce qui est représentable et n'entendre qu'à la condition d'imaginer, est le fait d'esprits de tout degré, du plus humble au plus élevé, mais chez qui la raison n'est pas assez dégagée de la sensibilité pour qu'ils puissent aborder la métaphysique. A de tels esprits la métaphysique est interdite : ils l'interdisent à l'esprit humain.

M. H. Spencer a écrit toute une théorie de l'*inconnaissable,* c'est-à-dire de ce qui est l'objet même de la métaphysique.

Il y a, dit-il, un principe des choses, inaccessible à notre esprit : force nous est de l'affirmer, mais nous ne pouvons le concevoir. M. H. Spencer distingue deux sortes de conception : la conception proprement dite et ce qu'il appelle une conception symbolique : ainsi nous concevons un bloc de rocher, par exemple, mais nous ne concevons pas réellement la terre; « nous nous formons de la terre non pas une conception proprement dite, mais seulement une conception symbolique. [1] » Or nous ne

---

[1] H. Spencer, *Les premiers principes,* trad. Cazelles.

saurions nous former du principe des choses, de la cause première, ni l'une ni l'autre de ces deux sortes de conception. — Soit. Mais ce que M. H. Spencer appelle concevoir, n'est-ce pas plutôt se représenter ? N'est-ce pas imaginer ? Et n'est-il pas de ceux qui, dès qu'ils cessent d'imaginer, cessent d'entendre ? de ceux chez qui la raison est engagée dans la sensibilité, l'idée dans la sensation ou dans la représentation et comme dans la figure des choses ? L'intelligible leur échappe : esprits souvent puissants et vastes, très capables de science, incapables de métaphysique.

Tels ces fins critiques, ingénieux, délicats, subtils, mais plus assurés de leur propre intelligence que du bon sens de leurs auteurs : ont-ils affaire à quelque livre qu'ils n'entendent pas, ce n'est point, gardez-vous de le supposer, qu'ils n'entendent pas le livre, c'est que l'auteur du livre ne s'est pas entendu lui-même. « Je ne comprends pas, » disent-ils ; et nul doute que leur langage ne signifie pour tout le monde comme pour eux : « Cela ne se comprend pas, cela n'a pas de sens. » Car comment se pourrait-il qu'ils ne comprissent pas ce qui, par aventure, serait compréhensible ? Et leur intelligence aurait-elle donc une autre borne que l'intelligence humaine ? Ils ont bien trop d'orgueil pour le croire, et trop d'autorité pour qu'on le croie dans le monde. Ainsi y a-t-il des savants illustres fermés, par infirmité de raison, à la métaphysique : comme la métaphysique n'existe pas pour eux, elle n'existe pas. Ils ont l'orgueil de la science, et ils en ont l'autorité : leur intelligence est l'intelligence humaine. Elle est grande, en effet, très grande, supérieure peut-être à celle de bien des métaphysiciens, mais par l'étendue, ou par la richesse, ou par la force de mémoire, ou par des qualités autres que la raison même : semblable de ce chef à celle du commun des hommes, leur intelligence pense par images, non par idées, — je veux dire qu'elle pense par idées enveloppées d'images, et qu'ils ne conçoivent que sous la condition du sensible : l'intelligible n'est pour eux que dans le représentable, l'intelligible pur n'est pas pour eux. Ils ne le soupçonnent pas plus que les aveugles la lumière : mais si chez les voyants quelques rares aveugles ne sont que des infirmes, que seraient chez les aveugles quelques rares voyants ? et qu'y pourraient-ils être ? Des fous.

M. H. Spencer s'attache à montrer que toutes les hypothèses qu'on peut faire sur le principe des choses sont également inconcevables, d'où il suit qu'il est impossible de rien dire ni de rien penser, de rien connaître en un mot, du grand objet de la métaphysique. Mais il estime inconcevable ce qui n'est pas représentable. « Nous nous trouvons d'une part obligés de faire certaines suppositions, et d'autre part nous trouvons que ces suppositions ne peuvent être représentées. » En effet : le premier principe des choses, quel qu'il puisse être et quelque supposition qu'on puisse faire à son égard, on ne se le représente pas : est-ce à dire qu'on ne le conçoive pas, et qu'il soit inconnaissable ? « Ce qui fait, dit excellemment Descartes, qu'il y en a plusieurs qui se persuadent qu'il y a de la difficulté à le connaître, et même aussi à connaître ce que c'est que leur âme, c'est qu'ils n'élèvent jamais leur esprit au-delà des choses sensibles, et qu'ils sont tellement accoutumés à ne rien considérer qu'en l'imaginant, qui est une façon de penser particulière pour les choses matérielles, que tout ce qui n'est pas imaginable leur semble n'être pas intelligible. Ce qui est assez manifeste de ce que même les philosophes tiennent pour maxime dans les écoles qu'il n'y a rien dans l'entendement qui n'ait premièrement été dans le sens, où toutefois il est certain que les idées de Dieu et de l'âme n'ont jamais été : et il me semble que ceux qui veulent user de leur imagination pour les comprendre font tout de même que si, pour ouïr les sons, ou sentir les odeurs, ils se voulaient servir de leurs yeux ; sinon qu'il y a encore cette différence que le sens de la vue ne nous assure pas moins de la vérité de ses objets que font ceux de l'odorat ou de l'ouïe ; au lieu que ni notre imagination ni nos sens ne nous sauraient jamais assurer d'aucune chose si notre entendement n'y intervient. »

Il n'y a, selon M. H. Spencer, que trois hypothèses concevables sur l'origine du monde, et aucune des trois ne l'est véritablement : elles ne sont que verbalement concevables. Ou le monde est par lui-même, ou il s'est fait lui-même, ou il a été fait par quelqu'un qu'il faut admettre en dehors de lui, autre que lui, au-dessus de lui, par un créateur. C'est ou l'athéisme, ou le panthéisme, ou l'affirmation de Dieu. Nulle autre hypothèse n'est concevable ; mais chacune de ces trois hypothèses, les seules possibles, est contradictoire. Que le monde soit par lui-même, il sera éternel, et présentera la contradiction d'un infini écoulé, réalisé dans le temps, d'un nombre d'instants passés infini, d'une série infinie sans premier terme. Qu'il se fasse lui-même, ou il se fait éternellement, et nous avons encore un nombre d'instants passés infini, une série infinie sans premier terme ; ou il se précède comme cause, et la nature *naturante* précédant la nature *naturée* (Spinosa) ne signifie rien, à moins qu'elle ne soit Dieu précédant le monde : c'est la troisième hypothèse, celle du créateur. Mais le créateur, à son tour, mais Dieu, ou est par lui-même, ou se fait lui-même, ou est fait par un autre : ainsi la seconde hypothèse rentre dans la première ou dans la troisième, la troisième dans l'une des deux premières, toutes les trois se ramènent donc à la première, qui est contradictoire : toute série est un nombre fini d'unités à partir d'un premier terme ; il n'y a d'infini que le possible, le réel est toujours fini.

— Oui, sans doute, dans l'ordre de la quantité ; et c'est pourquoi le monde ne saurait en effet être par lui-même. Il faut bien qu'il y ait quelque chose existant par soi-même, ou le monde, ou un auteur du monde : si l'être existe (et il existe, puisque nous sommes), si, dis-je, l'être existe, c'est qu'il existe un être par soi. C'est peut-être le monde, c'est peut-être une cause autre que le monde, distincte du monde et supérieure : M. H. Spencer a raison. Que la cause du monde lui soit immanent, ce qui est le panthéisme, ou supérieure, et qu'elle soit Dieu, s'il en a une, elle est un être par soi ; s'il n'en a pas, il est lui-même un être par soi. Comment échapper à l'une de ces deux alternatives ? Il pleut ou il ne pleut pas, c'est l'un ou l'autre ; le monde a une cause ou n'en a pas, choisissez : s'il n'en a pas, il est par lui-même ; s'il en a, il est par un être qui est par lui-même. Or il présente une succession de phénomènes, une suite d'instants, une série qui ne saurait être sans un commencement ; donc il n'est point par soi, mais par un autre : et comme il faut que cet autre soit par lui-même, celui-ci n'est pas une série, une succession, mais un indivisible éternel.

Il faut qu'un être par soi existe : un tel être est un être sans succession, un être supérieur à la durée, étranger au temps, éternel : il ne se déroule pas dans la suite de ses phénomènes ou de ses modes, il est toujours tout ce qu'il est, toujours tout entier et absolument lui-même, infini, non par l'extension d'un être répandu dans le temps et dans l'espace, mais par la perfection de l'être : un indivisible infini, donc un indivisible éternel. L'être par soi est nécessairement, et sous peine de contradiction, un éternel indivisible. L'éternel est indivisible nécessairement, sous peine de la contradiction d'un nombre actuel infini. Le monde est-il éternel ? Il n'est pas indivisible, il se divise dans la suite des instants, dans la succession des phénomènes : donc il n'est pas éternel, donc il n'est point par lui-même, il est par Dieu.

Là est l'erreur de M. H. Spencer : il a fort bien compris que l'éternité d'un monde se divisant dans la suite des instants et des phénomènes est une contradiction : mais il n'a pas conçu l'indivisible éternité de Dieu. Et il ne l'a pas conçue, parce qu'il ne se l'est pas représentée. Mais pourquoi ne se l'est-il pas représentée ? C'est qu'en effet elle n'est pas représentable. Notre pensée l'affirme sans la comprendre : je veux dire la connaît sans la voir. Nous ne la voyons pas, nous savons qu'elle est ; nous la concevons, nous l'entendons, non en elle-même, mais parce que nous entendons clairement qu'elle doit être, et qu'il est impossible qu'elle ne soit pas. L'idée en est-elle contradictoire ? Non, certes : c'est l'idée opposée qui est contradictoire. Et c'est ce contradictoire d'un éternel divisible qu'il faut subir, si l'on admet le monde éternel : telle est la contradiction de l'athéisme. Mais la même contradiction se retrouve dans toutes les hypothèses, et M. H. Spencer la retrouve justement dans l'hypothèse même de Dieu, s'il n'y a d'affirmable que le concevable, s'il n'y a de concevable que le représentable, si l'intelligible n'est pas irréductible à la figure et l'idée à l'image, si l'empirisme a raison.

Il n'y a point de métaphysique pour l'empirisme : le mérite du positivisme est d'avoir su le reconnaître. Mais il ne saurait échapper au grand problème de la métaphysique, ni le résoudre autrement que par une contradiction. On a beau se refuser à le résoudre, l'esprit humain le pose inéluctablement : deux solutions contradictoires l'une de l'autre se présentent, l'une des deux nécessairement fausse, mais l'une des deux nécessairement vraie : l'une des deux est contradictoire en soi, donc elle est fausse; l'autre tue l'empirisme. L'empirisme ne veut pas mourir : il ne veut donc pas que la solution qui le tue soit vraie, et il ne peut faire qu'elle soit fausse. Que fera-t-il ? Il récusera la métaphysique; mais il n'y échappera pas. Il fermera les yeux, mais ce qu'il ne veut pas voir n'en sera pas moins devant lui; il en détournera l'attention de ses fidèles, et ceux-ci, tant qu'ils ne verront pas, le croiront : mais ils verront un jour, et il sera confondu. L'empirisme est la grande erreur philosophique du siècle; il tombera comme il faut que tombe toute erreur, car il n'appartient pas au faux de prévaloir contre le vrai.

II

On objecte que les idées de la raison ne sont peut-être que des formes ou des lois de la pensée sans valeur objective, et qui peut-être ne servent qu'à rendre la connaissance expérimentale possible, sans qu'elles fassent rien connaître elles-mêmes.

Ceux qui émettent ce doute veulent-ils dire que, de ce que la raison est constituée pour penser d'une certaine manière, il ne s'ensuit point que cette manière de penser soit conforme à la vérité des choses ? ou veulent-ils dire qu'elle règle seulement la pensée sans affirmer rien, et ne contient que des principes directeurs de l'intelligence, conditions de la pensée ? Leur doute en un mot tombe-t-il sur la légitimité ou sur la portée de la raison ?

La légitimité de la raison ne semble pas pouvoir être en cause : elle est celle de l'intelligence même. Sans la raison, point de connaissance ni de pensée possible : point de connaissance ni de pensée légitime si la raison ne l'est pas. Admettre une vérité scientifique, c'est admettre la légitimité de l'intelligence, qui enveloppe celle de la raison. Or la question n'est pas entre le dogmatisme métaphysique et le scepticisme absolu, mais entre le dogmatisme métaphysique et le scepticisme métaphysique de la science dite positive. Les négateurs de la métaphysique ne le sont point de la science : tout au contraire, ils se croient d'autant plus savants qu'ils sont moins métaphysiciens. La légitimité de la science est accordée : il s'agit de la métaphysique, et des idées de la raison pure dont elle exige la valeur objective : ces idées, ne fussent-elles que les lois de la pensée, sont les lois de toute connaissance, et de la science même, qui ne saurait valoir au delà de ce que vaut la connaissance, de ce que vaut la pensée, de ce que vaut la raison.

Quant à la portée de la raison, il faut la limiter ou du moins la préciser avec plus de sévérité qu'on n'a fait, ce semble. La raison ne donne pas l'être. Elle ne donne pas non plus le phénomène. Elle donne le rapport qui fait connaître l'être dans le phénomène. Mais elle donne ce rapport comme objectivement et absolument vrai : c'est-à-dire, non qu'il y a être, mais que, s'il y a phénomène, il y a être, et dans la mesure où le phénomène l'exprime. La pensée est objective par essence. Le jugement, qui est la forme de la pensée, affirme par essence l'existence effective du rapport dont il unit les termes. De quoi y a-t-il intelligence? De l'intelligible. Mais qu'est-ce qui est intelligible, sinon l'être même?

On infirme la raison, ou on la réduit à n'être que la régulatrice de l'expérience, en la montrant divisée contre elle-même et contradictoire en elle-même dès qu'elle sort de ce rôle *subjectif*, comme on dit, tout intérieur, tout domestique.

On veut que l'absolu soit inconnaissable par nature, sur ce que, toute connaissance étant une relation, un absolu connu serait un absolu relatif. Il s'ensuivrait que l'absolu ne peut se connaître soi-même sans introduire en soi une relation; qu'un absolu qui se connaîtrait serait relatif; que l'absolu ne se connaît point, que l'absolu est inconscient, impersonnel : et, s'il en est ainsi, voilà que nous savons quelque chose de l'absolu. Il s'ensuivrait qu'au regard du relatif l'absolu, sous peine d'être lui-même relatif, n'est pas; que l'absolu, s'il est, est relatif au relatif; que le relatif se suffit, car, s'il requiert l'absolu, il met entre soi et l'absolu une relation, ne fût-ce que sa dépendance ; que non-seulement l'absolu n'est pas pour nous, mais n'est pas en lui-même, et que, quand nous en parlons, c'est un autre nom du non-être : or, ce n'est pas assez, pour le nier, de nier l'objectivité de la raison, il faut nier la raison même subjective, qui l'affirme et n'entend le relatif que par l'absolu. Dire, avec Hamilton, que l'absolu n'est pas, parce que, étant donné comme cause première, il est donné comme relatif à ses effets, il est donné contradictoirement, c'est dire aussi que la cause première n'est pas, étant donnée comme un absolu contradictoire; mais c'est dire qu'il n'y a point de cause : c'est nier, avec la causalité, la raison.

Mais un absolu relatif est-il contradictoire ? Ne peut-il être absolu en un sens, relatif en un autre ? Une même chose est et n'est pas, suivant le côté par où on la considère. L'absolu est ce qui est absolument, c'est-à-dire sans condition ni cause, ce qui est par soi : or il faut bien qu'il y ait un être par soi : le créateur, s'il y a des êtres créés ; et s'il n'y en a point, tous les êtres. Ce qui existe par un autre existe de près ou de loin, directement ou d'autre en autre, par quelque chose qui existe par soi. Ceci donc est absolu, en tant qu'il existe ; il sera, si l'on veut, relatif, en tant qu'il fait exister autre chose. La relation de l'effet à la cause sera, si l'on veut, une relation de la cause à l'effet : qu'importe ? Toute théologie étudie en Dieu des attributs métaphysiques et des attributs moraux ; Dieu en lui-même, Dieu dans ses rapports avec le monde et avec l'homme ; Dieu absolument, Dieu relativement à nous : il n'y a point là de contradiction, dès qu'il y a distinction entre l'absolu et le relatif dans le même être. Et nous savons par ce que nous avons dit de la raison qu'il y a toujours du relatif et de l'absolu dans l'être.

III

Kant, après avoir profondément distingué de l'expérience la raison, lui retire toute portée au-delà de l'expérience, et lui refuse d'atteindre ni l'âme ni le monde ni Dieu. Il attaque les démonstrations de l'âme et de Dieu ; il oppose à toute entreprise spéculative sur le monde ce qu'il nomme les *antinomies* de la raison.

La réfutation de la démonstration cartésienne de l'âme, qu'il appelle un paralogisme psychologique, est singulière. « Je pense, donc je suis. » Non, dit-il. Dans « je pense », *je* n'est qu'un sujet logique, d'où l'on ne peut conclure ontologiquement. Je suis le sujet logique de ma pensée et de toute pensée ; dans tout jugement donc, ce jugement « je pense » est contenu. Si je dis : « La terre est une planète, » il y a là deux sujets : « la terre, » sujet ontologique : l'attribut sera ontologique, et la terre, chose réelle, sera une planète réelle ; en outre, un sujet logique, « je, » sujet du jugement implicite « je pense, » jugement subjectif qui est dans tous les jugements objectifs. — Ne peut-on répondre à cette subtilité que si, dans le jugement « la terre est une planète, » il y a deux jugements, l'un logique, l'autre ontologique, « je pense que la terre est une planète, » dans cet autre jugement « je pense » il y a aussi deux jugements, l'un logique, l'autre ontologique, « je pense que je pense, » ayant tous deux un même sujet, logique dans l'un, ontologique dans l'autre ? Mais Kant n'entend point que ce qui est ceci soit aussi cela : telle chose est ceci, donc elle n'est point cela ; *je* est un sujet logique, donc il n'est pas un sujet ontologique ; les idées constitutives de l'esprit humain sont les conditions et les principes de la connaissance, donc elles ne le sont pas de l'existence : il distingue sans unir, et il oppose entre eux les éléments de ses subtiles analyses. C'est l'artifice et le grand vice de sa *Critique*.

Mais qu'il ait bien ou mal réfuté telle démonstration de l'âme, telle de Dieu, là n'est point l'affaire : car que prouvent contre la raison de mauvaises démonstrations, tant qu'on n'a pas prouvé que les bonnes sont impossibles ? A-t-il bien établi ces antinomies nécessaires, où il montre la raison, dès qu'elle veut conclure au delà de l'expérience, en lutte avec elle-même ? Voilà qui serait grave. Examinons donc ces antinomies. Il s'agit du monde. Non du monde visible, expérimental, mais de l'univers.

Kant le considère selon ses quatre catégories de la quantité, de la qualité, de la relation et de la modalité. Selon la quantité, la raison prouve que, dans l'espace et dans le temps, l'univers est limité, et qu'il est sans limites. Selon la qualité, la raison prouve que la matière se compose d'éléments simples, atomes ou monades, et qu'elle est divisible à l'infini. Selon la relation, la raison prouve qu'il y a des causes libres, et qu'il n'y en a pas. Selon la modalité, la raison prouve qu'il existe, soit dans le monde, soit hors du monde, un être nécessaire qui le cause, et que ni dans le monde ni hors du monde il n'existe un tel être. La raison prouve également, dans chacun de ces grands problèmes, la thèse et l'antithèse.

Cela est-il vrai ? Voyons donc cette argumentation en partie double.

Première thèse. — Le monde est limité dans l'espace et dans le temps, car il se compose de parties : le nombre en est donc fini, comme tout nombre. Si le nombre en était infini, il faudrait qu'il se fût écoulé, pour le former, un temps infini : mais un temps infini écoulé est une contradiction. Le monde a une étendue limitée, et il a commencé : l'univers est fini, dans le temps comme dans l'espace. Telle est la thèse. Elle est vraie.

Première antithèse. — Le monde est illimité dans l'espace et dans le temps. Sinon, il y aurait, par delà ses limites dans l'espace, un espace infini ; avant son commencement dans le temps, un temps infini : une éternité avant sa durée, une immensité autour de son étendue : éternité vide, immensité vide. Mais quel rapport est concevable entre le non-être et l'être ? *Ex nihilo nihil.* — Aussi le monde ne vient-il point d'un néant infini d'existence qui l'eût précédé, mais du principe de l'être, de l'être absolu ; et ne se rattache-t-il pas à un néant infini d'existence qui l'entourerait, mais au principe de l'être, à l'être absolu. Si l'espace est le possible de l'étendue et le temps le possible de la durée à l'infini, l'espace et le temps sont des indéfinis dont la réalisation ne saurait être que finie, et il en résulte la vérité de la thèse. L'antithèse est fausse.

Deuxième thèse. — La matière se compose d'éléments simples : car si elle se composait de parties composées elles-mêmes de parties composées, elle serait un composé sans composants. C'est ce que nous avons déjà eu lieu d'établir. La thèse est vraie.

Deuxième antithèse. — La matière est divisible à l'infini : car les éléments, s'ils ne sont pas étendus, ne sont pas matière, et s'ils sont étendus, sont divisibles. — Ils ne sont pas étendus, en vertu de la thèse, qui est vraie. Mettons qu'ils ne soient pas matière : les éléments de la matière ne seront pas matière, et on les appellera comme on voudra, forces, monades. C'est assez, pour qu'il n'y ait point lieu à contradiction, que l'étendue soit un rapport : l'ordre des coexistants, disait Leibniz. L'antithèse est fausse.

Troisième thèse. — Il y a des causes libres. Car, supposez un enchaînement nécessaire et fatal de toutes choses, ce sera une chaîne sans premier anneau : le premier anneau ne sera tel que pour nous, non en soi ; en soi il ne sera, comme les autres, qu'un chaînon dans la chaîne infinie. Dans cette chaîne infinie, tout sera causé sans qu'il y ait jamais eu la condition première ni en conséquence la véritable cause de rien. Si donc chacun des termes de la série est causé, le premier du moins ne l'est pas : il est libre. Telle est la thèse. Elle est vraie.

Troisième antithèse. — Il n'y a qu'un enchaînement nécessaire et fatal de toutes choses, et point de cause libre. Car supposez une cause libre : elle préexiste à ses effets, et différente avant de ce qu'elle est après l'effet : vierge d'abord, ensuite mère ; voici donc en elle deux états successifs, sans lien de causalité, contrairement au principe qui exige pour tout phénomène une cause. Où est, dans la cause, la cause de l'état de cause ayant causé qui suit l'état de cause n'ayant pas causé ? — Où elle est ? Dans l'enfantement, par où la cause passe de l'état de vierge à l'état de mère ; dans la puissance causatrice dont l'effet est l'acte. Il semble que, pour Kant, la causalité ne soit qu'un rapport de connexion nécessaire entre un antécédent et un conséquent ; et c'est ainsi qu'il ne la voit pas dans la cause libre, où les deux états successifs qu'il y remarque ne sont pas liés par une connexion nécessaire, puisqu'elle est libre en son passage de l'un à l'autre. Mais telle n'est point la causalité. Elle est un rapport, non de connexion nécessaire entre un antécédent et un conséquent, mais de production, nécessaire ou libre, même plutôt libre que nécessaire, du conséquent par l'antécédent. La cause vierge produit en soi sa propre maternité : non que le second état soit un effet du premier, ce qui, accordons-le, serait absurde : mais il est l'effet d'une action qui est entre les deux états et qui est l'acte même de la cause, l'enfantement. L'antithèse n'est pas prouvée ; et, comme la thèse est vraie, elle est fausse.

Quatrième thèse. — Il existe, soit dans le monde, soit hors du monde, un être nécessaire qui le cause. On l'a prouvé quand on a prouvé qu'il y a une première cause libre : celle-ci, étant première, est, par soi, absolument, éternellement, nécessairement. La thèse est vraie.

Quatrième antithèse. — Une telle cause n'existe pas, ni dans le monde, ni hors du monde. Car, supposez-la dans le monde : elle est la totalité des phénomènes du monde, ou elle en est l'origine. La totalité ? Non. Un tout, c'est-à-dire une somme de choses contingentes et relatives, ne saurait constituer un être nécessaire et absolu, non plus qu'un million de sots ne sauraient faire un homme d'esprit. Sera-t-elle donc l'origine des choses ? Mais elle serait un premier terme, et l'on a montré qu'il n'y en a pas, que l'univers est illimité dans le temps. Supposez-la hors du monde : elle sera hors du temps, qui est un infini ; hors de l'espace, qui est un infini. Elle est d'ailleurs, par définition hypothétique, le principe et le commencement des choses, donc le premier moment du temps, et dans le temps à ce titre : elle n'est pas hors du temps, hors du monde. Ni hors du monde ni dans le monde, ni hors du temps, ni dans le temps : elle ne peut pas être, elle n'est pas. — Kant suppose à tort l'infinité réelle de l'espace et du temps, qui sont des indéfinis ; il s'appuie sur ce qu'il croit avoir démontré, que l'univers est illimité dans le temps et dans l'espace. Nous avons vu qu'il n'en est rien, et l'antithèse est fausse.

Des deux thèses contraires que, sur chacun de ces quatre points, Kant cherche à établir pour mettre la raison en contradiction avec elle-même, nous avons montré la solidité de l'une, la fragilité de l'autre : la raison, qu'on la considère objectivement ou subjectivement, et qu'on regarde les idées qui la constituent comme principes d'existence ou comme principes de connaissance, est une.

IV

Ces objections qu'on oppose à la métaphysique sont des objections *a priori*, comme serait la métaphysique elle-même. Ce sont objections de principe. On peut voir une objection de fait, plus redoutable, dans l'effort même de la science positive se substituant à la métaphysique, et dans le résultat de cet effort. Ce résultat, contraire aux *a priori* de l'esprit humain, qui sont les exigences de la métaphysique, fait de ces *a priori* des illusions de l'esprit humain, *idola tribus*, et de la métaphysique une science d'illusions.

Quel est-il donc, ce résultat si décisif ? Est-il bien authentique ? Tous les phénomènes sont des mouvements ayant pour cause des forces : celles-ci primitives ou dérivées, et les mouvements qu'elles produisent simples ou composés. Il n'y a rien autre dans la nature. Règne minéral, règne végétal, règne animal, tout s'explique par des combinaisons variées de mouvements élémentaires dûs à des forces élémentaires. Loin qu'il ne puisse y avoir dans l'effet rien de plus que dans la cause, toujours la cause est inférieure à l'effet ; toujours la nature va du simple au composé et du moins tire le plus, de la matière brute la vie, de la vie l'instinct, de l'instinct l'intelligence. Toute unité n'est qu'une collection, ce qui pense et qui sent comme ce qui vit, ce qui vit comme ce qui ne vit pas. Toutes choses ne sont que des résultantes : l'âme, de l'organisme ; l'organisme, des forces élémentaires qui le constituent : encore une fois, il n'y a que des forces qui produisent des mouvements, il n'y a que des phénomènes qui sont ces mouvements produits par ces forces.

Que les phénomènes soient tout l'être, qu'il n'y ait que des unités collectives, et que les effets ne soient pas contenus dans leurs causes, voilà qui est contraire à la raison, il faut en convenir. Mais avons-nous là le langage de la science ?

Est-ce la science positive se substituant à la métaphysique ? Il nous semble que c'est plutôt une métaphysique se substituant à une autre, une métaphysique nouvelle faite au rebours de l'ancienne, et à contre-raison.

Où est la preuve que les phénomènes soient tout l'être, c'est-à-dire qu'il n'y ait point d'être ? la preuve qu'il n'y ait d'unités que des collections, c'est-à-dire qu'il n'y ait point d'unité ? Telle est, il est vrai, l'apparence : mais le représentable n'est pas l'intelligible. Quand l'âme ne serait qu'une résultante, et quand tous les êtres naturels ne seraient que des résultantes, les forces qui les expliqueraient n'en seraient pas : les forces élémentaires, à tout le moins, sont simples : là donc est l'unité et l'être et la cause. Mais la cause inférieure à l'effet? Non, c'est encore une apparence, et vaine. Un effet de causes multiples ne dépasse point la complexité de ces causes dont le concours le produit. Une cause est une substance, puissance d'être : ses effets sont les modes qui l'expriment, les actes qui la réalisent : elle est en soi toujours supérieure à ses actes, à ses modes, à ses effets, parce qu'elle est une virtualité infinie. Elle agit pour une fin, qui est l'idéal, c'est-à-dire la perfection et comme l'infinité de son être : cette fin est la véritable cause de l'effet, cause éloignée mais décisive, cause de la cause. Si toujours dans la nature du moins sort le plus, c'est en vertu de l'être parfait, premier principe et raison dernière de toute existence, cause unique dont l'efficacité donne pouvoir à toute force, unique fin dont la beauté attire à soi ou dirige vers soi tout mouvement. M. Ravaisson a écrit cette remarque profonde, que le trait caractéristique et l'erreur du matérialisme est d'expliquer le plus par le moins : à cette déraison il oppose, à bon droit, la raison, qui explique le moins par le plus, et l'existence par la fin de l'existence, l'imparfait par le parfait.

L'étude expérimentale des choses peut rendre compte de la manière dont elles se produisent : à la métaphysique de chercher, sous la conduite des *a priori* de la raison, le pourquoi des choses dont la science aura dit le comment.

LIVRE DEUXIÈME

IDÉE D'UNE MÉTAPHYSIQUE DÉFINITIVE

CHAPITRE PREMIER

QUELQUES ESSAIS DE MÉTAPHYSIQUE

Nous avons montré la possibilité de la métaphysique, sans dire ce qu'est la métaphysique : sinon qu'elle n'est possible comme science qu'autant que l'esprit porte en sa raison des notions d'être, de substance, d'espace, de temps, d'absolu, de parfait, valables objectivement, applicables à la réalité des choses. Cela est, et la métaphysique est possible.

Ce n'est pas assez : il nous reste à dire ce qu'elle est, ou ce qu'elle peut être. Car pourquoi y a-t-il eu de tout temps plusieurs métaphysiques ? Y a-t-il plusieurs physiques, ou plusieurs géométries ? Cette division de la métaphysique en systèmes opposés et qui renaissent toujours est-elle nécessaire ? Est-ce chimère d'espérer, est-ce folie de tenter l'établissement d'une métaphysique une et définitive ?

Nous avons accompli une partie de notre tâche, la plus facile. Nous avons dit que la métaphysique est possible; nous avons à dire comment elle est possible, ce qu'elle peut être, ce qu'elle doit être.

Disons d'abord, non point ce qu'elle a été (une histoire, même résumée, de la métaphysique serait une œuvre trop considérable par son importance comme par son étendue pour faire un chapitre d'une autre œuvre), mais ce qu'elle fut entre les mains de son fondateur, et ce qu'elle est aujourd'hui.

I

Le fondateur de la métaphysique est Aristote. Il y avait eu des métaphysiciens avant lui, et de très grands, et celui qu'il faut saluer bas, quand on le rencontre, comme le plus grand de tous avec Aristote lui-même, Platon ; il y avait eu aussi avant lui des logiciens, et des orateurs, et des poètes ; lui-même n'a pas été orateur, et, quoique doué d'un beau talent de poète, n'a pas pris rang parmi les poètes : mais c'est lui qui a fondé la poétique, la rhétorique, la logique, c'est lui qui a fondé la métaphysique.

Le premier il a essayé de la constituer scientifiquement. Il a écrit un livre de génie, qui est la *Métaphysique d'Aristote*. La métaphysique est pour lui un autre nom (si toutefois le nom est bien de lui, — du moins il a été fait pour lui) de la philosophie première, science des premiers principes et des premières causes.

On sait qu'Aristote explique toute existence par quatre principes, qu'il nomme *causes* : la cause matérielle, la cause formelle, la cause efficiente, la cause finale. Sous les phénomènes, sous les modes apparents et changeants, est l'être permanent, la substance : à la substance appartiennent tous les attributs, toutes les manières d'être, selon qu'on l'envisage sous un aspect ou sous un autre : quantité, qualité, relation, lieu, temps, situation, possession, action, passion ; ce sont, avec la grande et fondamentale catégorie de la substance, les dix *catégories* d'Aristote. Mais qu'est-ce que la substance ?

Elle n'est point l'être générique, mais l'être individuel, constitué par une matière et par une forme. La matière est l'être indéterminé, la forme est la détermination de l'être. L'être passe d'une forme à une autre, et du contraire au contraire : il contient donc un élément capable de recevoir les contraires, et c'est la matière, pure *puissance* dont la forme est l'*acte*, c'est-à-dire être possible que réalise la forme. La matière n'est pas l'être, mais un élément de l'être : l'une est l'être possible, l'autre cet être devenu réel ; l'une est un non-être, mais un non-être capable d'être, un être en puissance, l'autre est cet être en acte, ou ce non-être devenu l'être qu'il était en puissance : la substance n'est point la puissance ni l'acte, la matière ni la forme, mais les deux ensemble : et les deux ensemble ne sont pas le genre, mais l'individu, l'être particulier et concret, qui seul est véritablement l'être. Soit une statue d'airain : ce n'est pas l'airain en général qui a l'être réel, mais la statue d'airain : la statue est la forme, l'airain la matière ; et ce n'est pas la statue d'airain en général qui a l'être réel, mais cette statue d'airain, celle-ci et non une autre qui pourrait être, mais qui n'est point, celle que voici : elle a sa forme propre, par laquelle elle est précisément cette statue que voici ; et elle a sa matière, l'airain, qui pouvait devenir une tout autre statue, ou même toute autre chose qu'une statue, et qui le peut encore. Mais l'airain à son tour, cette matière de la statue, n'existe que grâce à une forme : il n'est pas toute matière, mais une certaine matière; ce qui existe, ce n'est point une chose en général, c'est cette chose qui est l'airain ; et ce n'est point l'airain en général, c'est précisément cet airain, qui n'est celui-ci que grâce à une forme propre : en sorte que, matière eu égard à la statue, il est lui-même constitué par une forme jointe à une matière : pour la statue d'airain, la matière est l'airain ; mais pour l'airain, la matière est ce dont il est fait : et pour ce dont il est fait, elle est autre chose, elle est plus loin, elle est au-delà, toujours au-delà, jusqu'à ce qu'on arrive à l'indéterminé pur, au pur possible, au non-être qui n'est pas le non-être absolu, mais ce non-être capable d'être. La substance est à la fois puissance et acte, matière et forme, deux éléments qui la font être, deux principes distincts, mais unis, deux *causes* inséparables d'où elle résulte; l'acte, la forme, est l'essence de l'être, laquelle n'est point le genre de l'être, mais ce qui le distingue et le spécifie : si la définition se fait par le genre prochain et la différence prochaine, ce n'est pas dans le genre, c'est dans la différence qu'Aristote met l'essence de l'être, contrairement à Platon, qui la met dans le genre.

Le possible se réalise, l'être passe de la puissance à l'acte, la matière reçoit la forme : d'où la reçoit-elle ? Se la donne-t-elle à elle-même ? Non, elle la reçoit : car en elle-même elle est pure puissance, simple possible, un non-être capable d'être, mais qui peut ne pas devenir comme il peut devenir : l'airain n'est que la statue en puissance, la statue possible, il deviendra ou il ne deviendra pas statue. S'il se faisait lui-même statue, s'il se donnait lui-même sa forme, pourquoi cette forme plutôt qu'une autre ? Il se les donnerait toutes, et il aurait les contraires en même temps, ce qui implique contradiction; ou l'une après l'autre : mais alors pourquoi commencer par l'une de préférence à une autre ? Si toute matière n'a pas toutes les formes en même temps, ce qui n'est point et ce qui, sous peine de contradiction, ne peut pas être, il faut une cause qui détermine telle matière à telle forme de préférence à toute autre, ou, si la matière doit avoir toutes les formes tour à tour, à telle forme avant toute autre; et cette cause n'est pas en elle : c'est une cause extérieure, productrice de telle forme en elle en vue de telle fin, extérieure aussi : car la fin est la raison de la forme, et c'est parce que cette raison n'est pas dans la matière que cette cause n'y est pas : cause double par conséquent, efficiente et finale. Un principe donne la forme à la matière, fait passer l'être de la puissance à l'acte, réalise le possible : cette réalisation du possible, ce passage de la puissance à l'acte, est le changement, le *mouvement*, par quoi il faut entendre ce que des écoles modernes nomment le *devenir*. Aristote compte quatre sortes de mouvements ou de changements : changement d'essence, c'est la naissance et la mort, la génération et la destruction de l'être ; changement de quantité, c'est l'augmentation et la diminution ; changement de qualité, c'est l'altération, la modification dans un sens ou dans le sens contraire ; changement de lieu, c'est le mouvement proprement dit, comportant aussi deux directions contraires. Le changement, le mouvement, n'est point matière ni forme, puissance ni acte, mais passage de l'une à l'autre, et, en conséquence, participe des deux ; Aristote le définit : « l'actualité du possible en tant que possible, » ou « de ce qui est en puissance, en tant qu'il est tel, » τὴν τοῦ δυνάμει, ᾗ τοιοῦτόν ἐστιν, ἐνέργειαν λέγω κίνησιν (Met., XI, 9); ἡ τοῦ δυνατοῦ, ᾗ δυνατόν, ἐντελέχεια κίνησίς ἐστιν (Phys., VIII, 1).

Le changement a une cause et un but, le mouvement un moteur et une fin : deux principes qui s'ajoutent aux deux autres ; et tandis que ceux-ci, la matière et la forme, sont dans l'être même, les deux autres, le moteur et la fin, sont hors de l'être.

Sont-ils bien hors de l'être ? Ils sont si étroitement liés aux deux principes intrinsèques de l'existence, qu'ils sont à quelques égards les mêmes sous d'autres points de vue. La fin est l'idée, qui se ramène à la forme ; et l'on verra comment le moteur se ramène à la fin. La matière et la forme constituent l'être : la matière reçoit la forme, par l'action d'un moteur qui la fait passer de la puissance à l'acte pour une fin qui est l'idée même de cet acte ou de cette forme : l'airain, statue en puissance, reçoit la forme d'une statue par l'action d'un artiste moteur qui le fait passer de la puissance à l'acte pour une fin qui n'est autre que cette forme de la statue, dont il a conçu l'idée et qu'il a réalisée en réalisant un possible, le possible de la forme statue dans l'airain matière. Aussi Aristote appelle-t-il indifféremment la forme μορφή, εἶδος, λόγος, *forme, idée, raison*, pendant qu'il n'a qu'un nom pour désigner la matière : ὕλη. Mais cette idée dont la réalisation est la forme est elle-même un bien, puisqu'elle est la fin voulue ; elle est un intelligible, étant une idée, et un désirable, étant un bien : ceci nous conduit de la cause finale, *raison*, *idée*, *forme*, à la cause efficiente, et du motif au moteur.

Le moteur n'est pas en puissance, mais en acte : c'est son action qui donne la forme à la matière. S'il était en puissance, il ne serait pas un autre principe que la matière même. Toute matière ne reçoit pas toute forme, et le gland ne saurait devenir autre chose que le chêne : c'est que le gland n'est pas matière première ; il a déjà sa forme, forme de transition entre la forme productrice et la forme produite, entre un chêne et un chêne. C'est l'être qui produit l'être, et il n'y a point d'être qui ne soit en acte ; l'homme ne vient pas de la semence, mais de l'homme, ou, pour mieux dire, un homme d'un homme, ἄνθρωπος ἄνθρωπον γεννᾷ : le genre n'enfante pas le genre, mais un individu un individu, et Nicomaque Aristote. De là le hasard et l'accident, qui a sa place dans la nature : la cause peut manquer son effet : le père son enfant, et produire un monstre ; l'artiste sa statue, et produire une œuvre informe. La forme est le bien et l'ordre ; le désordre, le mal, existe, non par la forme, mais par la *privation*, dont Aristote fait quelquefois un troisième principe qu'il ajoute aux deux constitutifs de l'être, à la matière et à la forme. « Trois, dit-il, sont les causes et trois les principes : deux les contraires, raison et idée d'une part, de l'autre privation ; le troisième est la matière, » τρία δὲ τὰ αἴτια καὶ τρεῖς αἱ ἀρχαί, δύο μὲν ἡ ἐναντίωσις, ἧς τὸ μὲν λόγος καὶ εἶδος, τὸ δὲ στέρησις, τὸ δὲ τρίτον ἡ ὕλη (Met., XII, 2). Ailleurs, il n'oppose pas la privation à la forme, mais en fait une sorte de forme : στέρησίς ἐστιν ἕξις πῶς (Mét., V, 2); καὶ γὰρ ἡ στέρησις εἶδός πώς ἐστιν (Phys., II, 1). Et l'on pourrait considérer la privation comme inhérente à la forme, en vertu de la formule *omnis determinatio negatio est* : la statue de Pallas n'est pas celle d'Apollon, Platon n'est pas Aristote ; et de ce qu'il a certains caractères, il suit que d'autres caractères lui manquent. Dieu même, pour être déterminé positivement, devra l'être négativement.

Il ne faut pas dire que le chêne est en puissance dans le gland, mais un certain chêne dans un certain gland ; et, s'il en est ainsi, c'est qu'avant ce gland il y a un chêne, producteur de ce gland et du chêne qui en sortira : avant cet arbre en puissance, il y a un arbre en acte, — un arbre déterminé, un chêne, et un chêne déterminé, un certain chêne à l'exclusion de tout autre : avant la puissance, il y a l'acte. Il y a donc un premier moteur : car on ne saurait remonter de moteur en moteur, et de cause en cause, à l'infini. Le premier moteur est en acte, acte pur, sans puissance : car l'acte précède la puissance; et, s'il y avait en lui puissance, il y aurait en lui un non-être, être possible qui aurait à se réaliser : mais par quel autre le pourrait-il ? La matière ne peut se donner la forme à elle-même, on l'a vu, ni la puissance passer d'elle-même à l'acte : point de puissance donc ni de matière dans le premier moteur; mais acte pur, absolu, éternel. Donc il est immobile : le mobile est ce qui peut recevoir le mouvement, ce qui a le mouvement en puissance; et le mouvement lui-même n'est pas l'acte, mais le passage de la puissance à l'acte : le premier moteur, acte pur, n'est donc ni en puissance de mouvement ni en mouvement : c'est un immobile qui meut le monde. Il est d'ailleurs unique, et il n'y a qu'un monde; Aristote en apporte plusieurs preuves, mais voici la principale, celle qui ressort de son système et qui est la sienne propre : c'est que, s'il était multiple, il y aurait en lui puissance et matière. Car la matière est, par son indétermination, par son aptitude à recevoir toutes les formes, le principe de la multiplicité dans les choses. La forme ne se divise pas :

une même forme peut convenir à des êtres distincts, identique en plusieurs; et si des statues semblables sont plusieurs, ce n'est point par la forme, puisqu'elles sont semblables, c'est par la matière. Donc ce qui n'a point matière ni puissance, ce qui est forme pure, acte pur, est un. Il y a d'autres essences éternelles, mobiles éternellement mus par le premier moteur immobile, unique, par Dieu : ce sont les astres, dieux inférieurs qui, mus par Dieu, meuvent le monde.

Comment Dieu, moteur immobile, peut-il mouvoir ainsi le ciel, et, par le ciel, le monde ? Rendons-nous compte de son action. Il est pure forme, acte pur : l'acte pur, ne comportant aucune matière, n'est rien de sensible; il n'est autre qu'intelligence et pensée, mais encore pensée qui ne saurait avoir un objet étranger à elle-même : elle dépendrait de son objet, et la divine intelligence ne serait qu'une puissance de penser, que l'intelligible, distinct d'elle, ferait passer à l'acte. L'intelligible ne se distingue donc pas en lui de l'intelligence, il est l'intelligence même se prenant pour son propre objet; et l'acte divin, immatériel, pure intelligence, mais en acte, c'est-à-dire pure pensée, n'est que la pensée de la pensée, ἐστὶ δὲ νόησις νοήσεως νόησις. D'où sa félicité : comme il est la pensée, il est l'objet de la pensée, identique en lui à la pensée même ; il est l'idée ; il est le bien. Il est le souverain intelligible et le souverain désirable. Il vit, étant l'actualité de l'intelligence, dont l'action est une vie : si l'action de l'intelligence est toujours une vie, celui qui est l'actualité de l'intelligence vit la vie parfaite, et il jouit éternellement de cette parfaite possession de la raison, parfaite possession de soi, pensée de la pensée. Comme il est l'intelligible en même temps que le pensant, il est le principe de toute essence, la raison de toute forme, la fin de tout acte ; il est le bien suprême, et, à ce titre, la fin suprême, objet de tout amour non moins que de toute pensée ; et il attire tout à soi par l'amour, et il meut ainsi l'univers, suspendu à son être. Il ne le connaît pas, toute sa vie étant l'acte unique, éternel, par lequel il pense sa pensée ; et, comme il ne le connaît pas, il ne l'aime pas : mais tout l'aime : les êtres inférieurs aspirent aux supérieurs, dont l'idée les réalise en une forme, en une essence, en une *entéléchie*, mot expressif qui désigne, chez Aristote, le rapport de la forme à la fin ; la nature aspire à l'âme, l'âme nutritive à l'âme sensitive, l'âme sensitive à l'âme intellective, les sensibles périssables à un sensible éternel, au ciel, premier mobile éternellement mû et qui meut le reste, et le premier mobile au premier moteur, à Dieu. Dieu meut l'univers, comme objet de l'universel amour, cause efficiente universelle parce qu'il est cause finale universelle, et cause finale parce qu'il est le bien : souverain désirable, souverain intelligible, intelligence éternellement et immuablement en acte, inaltérable pensée de la pensée.

Aux deux extrémités sont, d'un côté, la matière sans forme, pure puissance, le possible de l'être; de l'autre côté, la forme sans matière, acte pur, le principe et la raison de l'être. On peut dire que l'une est au-dessous de la substance, l'autre au-dessus. On va répétant contre les anciens qu'ils ont méconnu la création : ne serait-ce pas qu'ils ont tenté d'expliquer ce qu'on s'est contenté d'affirmer après eux, sans les entendre, et en prenant pour négation leur effort philosophique? Aristote admet une matière coéternelle à Dieu, qui la meut et lui donne la forme, qui, par l'amour qu'il inspire, l'attire en quelque sorte à l'acte, à l'essence, à l'être : c'est une façon, bonne ou mauvaise, d'expliquer comment Dieu fait être ce qui n'était pas. Dieu crée, disons-nous aujourd'hui; et nous voulons dire qu'il fait être ce qui n'était pas : mais comment? Nous n'en disons rien.

Et le non-être qu'il fait être, est-ce le non-être absolu, ou un non-être relatif? Le non-être incapable d'être, ou ce non-être qui est l'être possible? Si l'on entend qu'il fait être l'impossible, on entend une contradiction; disons plutôt qu'on ne s'entend pas. Si l'on entend qu'il fait être le non-être relatif, être possible, ce non-être lui est coéternel, et c'est la *matière* d'Aristote. C'est un rien qui est quelque chose : car le rien pur ne comprend pas moins l'impossible que le possible; et il faut bien que le rien d'où Dieu tire le monde soit le possible de l'être réalisé par Dieu. Il se pourrait que ces grands esprits, si hardis, si fermes, si profonds, mais si droits, et d'autant plus qu'ils étaient plus libres, nous parussent moins reprochables si nous les comprenions mieux; il se pourrait que plusieurs des critiques par lesquelles nous aimons à marquer notre supériorité sur eux vinssent de notre peu d'intelligence des problèmes, dont nous croyons avoir la solution, quand nous n'avons qu'une traduction du fait à expliquer par un mot qui n'est lui-même qu'un autre nom du mystère.

Telle est donc la matière, chez Aristote : l'être en puissance, qui n'est point sans la forme, être en acte, essence de l'être, tout ensemble idée et réalité, raison et fin, par laquelle toute la nature est comme suspendue à Dieu : à Dieu, fin dernière et première cause ; à Dieu, cause efficiente parce qu'elle est motrice, et motrice parce qu'elle est finale. Telle est la nature : une matière qui reçoit une forme : ordonnée, organisée, animée, par une cause pour une fin : la fin est le motif, et le motif le moteur.

Il est difficile de n'être point frappé d'une grande ressemblance et d'une grande différence entre la philosophie d'Aristote et celle de Platon. Aristote a rapporté et jugé les doctrines de tous ses prédécesseurs : à tous il doit beaucoup, sans laisser d'être profondément original ; à Platon plus qu'à tout autre : et c'est peut-être la raison de l'ardeur qu'il met à combattre en toute rencontre la théorie des *idées*, pour accuser la différence entre cette théorie et la sienne. Car la théorie d'Aristote rappelle celle de Platon, mais non sans une modification qui en est, à vrai dire, la transformation radicale. Que l'essence de l'être soit la forme imprimée à la matière par une cause pour une fin qui est le bien suprême, suprême attrait, suprême objet d'amour, unique moteur du monde ; ou que l'essence de l'être soit l'idée, et que toutes les idées constitutives des êtres relèvent d'une idée des idées qui est le bien suprême, suprême attrait, suprême objet d'amour, unique auteur du monde : y a-t-il dans ces deux doctrines une autre différence que celle du langage ? Et la différence même du langage n'existe pas toujours entre les deux : car la forme est dite aussi, chez Aristote, *idée, raison*, εἶδος, λόγος. Mais, si les deux doctrines s'accompagnent jusque-là, elles se séparent à la suite. Pour Platon, l'idée, essence de l'être, est le genre, et il n'explique pas l'individu ; pour Aristote, la forme, essence de l'être, est l'individu, et l'on peut lui demander comment il explique le genre, qui n'est guère chez lui qu'un groupe d'individus analogues : au Moyen-Age, il eût été *conceptualiste*, et Platon *réaliste*. Première différence, sur laquelle Aristote insiste fortement, et qui est, en effet, considérable. En voici une seconde, qui n'est pas moindre : chez Platon, Dieu, aimant le monde comme il en est aimé, le forme d'après les idées, distinguées de lui-même : ce Dieu est puissance qui ne passe à l'acte, intelligence qui ne passe à la pensée, que par l'action de l'intelligible ; chez Aristote, Dieu, acte pur, en qui l'intelligible ne se distingue pas de l'intelligence, en qui l'intelligence n'a d'objet qu'elle-même, Dieu, pensée de la pensée, meut le monde et le forme ainsi par l'attrait qu'il inspire sans l'aimer comme il en est aimé, sans le connaitre : deux Dieux peu semblables, insuffisants l'un et l'autre : l'un imparfait, mais Providence ; l'autre absolu, mais il ignore le monde, et il n'aime pas.

La métaphysique est la science de l'être en tant qu'être, ou encore la science des premiers principes et des premières causes, c'est-à-dire des quatre causes, matérielle, formelle, efficiente et finale. On a vu quelle unité les relie étroitement ; comment la matière, possible de l'être, reçoit la forme d'une cause pour une fin qui devient cause et qui est forme : forme parce qu'elle est idée, et cause parce qu'elle est attrait moteur.

Telle est, dans ses grands traits, la Métaphysique d'Aristote. Elle a de tout temps exercé une influence puissante et souveraine sur la philosophie : aujourd'hui encore, elle inspire un de nos plus grands métaphysiciens [1], dont le principal titre est peut-être de lui avoir consacré un livre où il expose la doctrine du philosophe grec avec précision et avec poésie, avec la précision qui la rend claire sans lui ôter la subtilité ni la profondeur, avec la poésie qui la fait

[1] M. F. Ravaisson.

apparaître en sa beauté : car les systèmes philosophiques ont leur beauté, et l'on a pu voir, même dans notre esquisse toute rapide et toute sèche, que la beauté ni la poésie ne manquent à celui d'Aristote.

Nous n'avons pas à faire la part du faux et du vrai dans ce système. Qu'il nous suffise d'en considérer l'objet et la méthode.

L'objet en est, non la réalité, mais la possibilité de l'être, avec l'être premier qu'elle suppose ; non les choses, ni la raison des choses, mais les conditions de leur être, et de l'être en général : c'est une logique ; ou plutôt une science des conditions de l'existence comme la logique l'est des conditions de la connaissance, une ontologie. Non point cependant une ontologie pure : c'est encore une explication du monde. Il y a donc là, ce semble, un double objet : l'idée de l'être en général comprend le monde, mais comme possible, non comme réel. Or il s'agit ici et de l'être en général, c'est-à-dire de l'être possible, et ensuite d'un être possible réalisé, d'un certain être qui pourrait n'être pas et qui existe, le monde. L'étude des conditions de l'être peut conduire Aristote à poser en principe, comme première condition, l'acte pur de l'absolu, mais ne peut le conduire au monde, que cet acte pur, qui l'ignore, ne contient pas : elle ne lui donne pas même, si l'on y prend garde, l'essence du plus parfait acte, qu'il déclare être la pensée.

La méthode en est toute rationnelle, comme il convient à une ontologie : mais si quelques éléments de psychologie et une sorte de cosmologie générale s'y joignent, ne faudra-t-il pas, sous une forme ou sous une autre, qu'elle recoure à l'expérience ? La méthode rationnelle pure pourra-t-elle suffire à une science mixte ?

Tel nous semble être, en effet, ou devoir être le caractère de la métaphysique : c'est une science mixte. Elle a été entendue, depuis Aristote, comme une explication ontologique du monde. Elle est cela, si l'on veut, dans Aristote même : une ontologie pour expliquer le monde. La raison pouvait suffire à l'ontologie, comme elle suffit à la géométrie, à l'arithmétique, à la logique ; elle ne pouvait suffire à l'explication du monde, et l'expérience faisait défaut.

II

Qu'est aujourd'hui la métaphysique ? Il faut la voir chez deux philosophes qui l'un et l'autre, chacun de son côté, l'un et l'autre bien isolés, ont tenté de constituer une science de la métaphysique. La métaphysique s'est produite, et avec éclat, ailleurs que chez eux ; et les noms de métaphysiciens remarquables, en un siècle hostile ou indifférent à leur labeur, se presseraient sous ma plume : ils ont fait de la métaphysique, avec talent, plusieurs avec génie : ils en ont fait comme on en faisait. Ils n'ont pas essayé de constituer la métaphysique. Les deux philosophes auteurs de tentatives qui doivent nous arrêter un moment sont Bordas-Demoulin et M. E. Vacherot. Nous n'avons à considérer ici de leur œuvre que l'objet et la méthode, sans avoir à prendre parti sur les doctrines, ou sur la valeur des systèmes.

Disons auparavant que, dans l'Ecole, on a eu le mérite de comprendre le caractère mixte de la métaphysique, de la vouloir à la fois expérimentale, contre ceux qui la veulent toute rationnelle, et rationnelle, contre ceux qui la veulent tout expérimentale, ou ceux qui, ne voulant que la science expérimentale, repoussent la métaphysique. Laissons là ceux qui la repoussent. Plusieurs la veulent expérimentale, entendant par la métaphysique la psychologie, — l'idéologie, comme on disait du temps où l'on commettait cette confusion de termes. Cette confusion de termes fut justifiée, et la psychologie ne tarda pas à devenir, entre les mains de Maine de Biran, une métaphysique.

Elle en est une, et d'une singulière hardiesse, chez M. Ravaisson, dont la méthode est expérimentale et rationnelle tout ensemble, dans ce sens et jusqu'à ce point, qu'elle est une sorte d'expérience qui est une sorte de raison. Selon lui, en effet, la conscience que nous avons de nous-mêmes n'est pas seulement l'expérience des phénomènes ou des actes du moi, mais de l'être du moi, qui est esprit, et dans cet être de l'être même, universel, absolu, divin, du principe de l'être : nous avons l'expérience de l'être, esprit, pensée, volonté, amour; nous savons par cette expérience intime qu'il y a partout de la pensée, partout volonté d'une fin supérieure pour laquelle on existe, partout amour d'un idéal dont l'attrait meut et élève à soi tous les êtres, et que la nature est « une pensée qui ne se pense pas suspendue à une pensée qui se pense ». L'expérience qui donne tout cela est bien une sorte de raison : c'est l'intuition de l'être dans notre propre être. Mais avons-nous l'intuition de notre propre être ? Et quand nous l'aurions, l'intuition de notre propre être, qui est un être, serait-elle en même temps celle de l'être ? Nous avons l'expérience de nos actes, il est vrai, contrairement à l'assertion de ceux qui nous attribuent une expérience des phénomènes du moi toute semblable à celle que nous avons des phénomènes extérieurs : il est vrai que la conscience nous donne les phénomènes du moi comme nôtres, comme des actes d'une puissance qui est nous-mêmes : mais ce qu'elle donne directement, ce sont les actes ; et c'est indirectement, par une induction qui, pour immédiate et spontanée qu'elle soit, n'en est pas moins une application de la raison, que nous saisissons dans nos actes la puissance que nous sommes, notre propre être, et par la raison encore, dans notre être, l'être. N'y a-t-il point, dans cette psychologie métaphysique si originale et si haute, une identification de la raison avec l'expérience ? Et cette identification, ou cette confusion, est-elle heureuse ? est-elle juste ?

Peut-être n'y a-t-il ici au fond qu'une question de mots, et M. Ravaisson estime-t-il comme nous qu'il y a toujours application de la raison, et quelque induction, dans toute connaissance, mais qu'il est légitime d'appeler expérience cette sorte de connaissance où l'induction du moins est immédiate. Nous connaissons notre être par nos actes comme nous connaissons par nos sensations, non les autres êtres, que nous ne connaissons que par les phénomènes extérieurs, mais ces phénomènes eux-mêmes : et cela s'appelle expérience. Peut-être donc n'est-ce là qu'une question de mots : mais les questions de mots ont leur importance en philosophie, où le premier besoin est de s'entendre.

Le maître dont le règne a précédé dans l'Ecole celui de M. Ravaisson, Victor Cousin, prétendait joindre la raison et l'expérience : mais, loin de les identifier ou de les unir étroitement dans une intuition supérieure, il les employait tour à tour et pour ainsi dire les juxtaposait. Ainsi ont fait ses disciples : leur psychologie n'est pas une métaphysique : ils débutent par une psychologie, suivie d'une métaphysique. Celle-ci n'est guère que la métaphysique traditionnelle. Car il y a une métaphysique traditionnelle, n'en déplaise à ceux qui ne veulent voir que la divergence des systèmes pour s'en faire une arme contre la métaphysique.

La méthode, aux yeux de V. Cousin, ne doit pas être seulement expérimentale ou seulement rationnelle, mais l'un et l'autre ensemble : les sensualistes du dernier siècle eurent le très grand tort de la réduire à l'observation et à l'analyse ; les métaphysiciens contemporains de l'Allemagne ont le non moindre tort de rejeter l'analyse et l'observation pour construire, avec la raison pure, la science de l'absolu. Il faut, dans l'ordre philosophique aussi bien que dans l'ordre physique, commencer par observer, pour induire ensuite : observer l'âme de l'homme pour en induire l'univers et Dieu. « On se trompe quand on dit que la vraie philosophie est une science de faits, si l'on n'ajoute que c'est aussi une science de raisonnement. Elle repose sur l'observation : mais elle n'a d'autres limites que celles de la raison elle-même, de même que la physique part de l'observation, mais ne s'y arrête point [1] ».

L'œuvre de V. Cousin a été de retrouver la véritable tradition philosophique au milieu des doctrines diverses ; de reconnaître, pour ainsi dire, l'Eglise permanente de la pensée dans les variations et dans le tumulte des sectes, et sous la poussière des systèmes le sol toujours ferme, en même temps que toujours accru, de l'immuable et progressive sagesse. Il s'est placé au milieu des philosophies diverses pour les saisir toutes dans une seule étreinte, et, en réunissant les éléments conciliables d'une main tandis que de l'autre il en écartait les éléments

---

[1] *Fragments philosophiques*, Préface de la première éd.

réfractaires, faire de leurs systèmes hostiles enfin apaisés l'unique système ; il a fixé ce qui était la philosophie même, à une certaine époque de son développement correspondant à un certain point du développement de l'homme. V. Cousin n'est point le penseur solitaire qui n'interroge que la raison et qui ne demande la vérité qu'à ses méditations personnelles : il la demande à ceux qui ont pensé avant lui ; il les prend tous à la fois pour maîtres, mais il ne répète point leurs leçons ; il les refait plutôt, et réduit ce qu'ils ont dit à ce qu'ils ont dû dire. Il pense lui-même avec eux ; il communie avec leur esprit ; il vibre, non pas à l'unisson de leurs doctrines diverses, mais à l'accord fondamental et supérieur où leurs dissonances se résolvent en harmonie, et jette au monde l'écho sonore, plus intelligent que leurs voix, des enseignements qu'ils avaient donnés sans les comprendre. Il a établi cette philosophie universitaire si humaine, d'un spiritualisme sobre et raisonnable, incontestable dans ses affirmations, incomplète sans doute, mais qui s'accommode mieux d'être incomplète que d'être fausse ou chimérique, laquelle est bien ce que le maître a voulu qu'elle fût, « l'enfantement légitime du temps ». Il l'a établie surtout par l'impulsion que son éclatante parole a imprimée aux intelligences : il a fondé l'Ecole. Mais il n'a pas fondé la métaphysique.

III

Quel contraste entre l'existence de V. Cousin et celle de Bordas-Demoulin ! Pendant que l'un, assis en quelque sorte sur un trône philosophique, semble avoir vécu moins pour lui-même que pour le monde, l'autre n'a vécu que dans l'obscurité d'une pensée toute solitaire ; l'un dut à la philosophie gloire, fortune et honneurs : l'autre lui dut de vivre dans une mansarde et de mourir sur un lit d'hôpital. C'est que l'un répondait, avec une rare puissance de parole et de style, et à l'heure propice, au besoin du temps présent : l'autre, ne parlant pas et n'ayant à sa disposition que le livre en un pays qui lit peu, écrivain d'ailleurs pénible à lire, ne répondait qu'au besoin de tous les temps et au sien propre; l'un, en un mot, cherchait la philosophie du XIXe siècle, et la tirait de l'histoire de la philosophie : l'autre ne cherchait que la philosophie elle-même, et la tirait de sa propre pensée. Bordas était à peine connu d'un petit nombre de lecteurs ardents et curieux des choses philosophiques : la critique, dont les heures précieuses appartiennent d'abord, comme il est juste, aux travaux qui intéressent l'univers, aux vaudevilles ou aux mélodrames de la veille, aux romans du jour, aux livres même graves, si peu qu'ils aient pour mérite la signature de quelque personnage, avait dédaigné ses livres, dans lesquels, en effet, il n'y avait rien — qu'une reconstruction fondamentale de la philosophie. Il avait agi sur quelques esprits néanmoins, et il avait eu des disciples qui avaient salué en lui le plus grand métaphysicien, à les en croire, de l'Europe contemporaine.

Loin de dire avec l'Ecole que tous les systèmes philosophiques sont également, quoique diversement, vrais et faux, et que la philosophie est dans tous pour qui sait l'y voir, Bordas ne la voit qu'en un seul système, qui est la philosophie à ses yeux, à l'exclusion de tous les autres, lesquels sont, sous le faux nom de philosophie, les diverses manières dont la philosophie peut être détruite. Il y a une philosophie, qui est le spiritualisme; et il y a trois négations de la philosophie : le sensualisme, l'idéalisme, le panthéisme.

Le fondement de la philosophie est dans la

théorie des idées. Les idées ne sont pas les sensations, ni les perceptions, ni les connaissances actuelles des choses : elles sont les puissances de la substance intelligente, les propriétés de l'esprit. « Rentré en soi, l'esprit humain se retrouve et retrouve Dieu. Il voit que les propriétés qui le constituent s'élèvent infiniment au-dessus des propriétés du monde sensible, minéral, végétal, animal; qu'elles sont essentiellement intelligibles, sources de connaissances et de lumière ; générales, ou capables de représenter des êtres sans fin ; qu'elles forment une existence réfléchie sur soi, qui se pénètre, se possède, jouit d'elle-même : en un mot, qu'elles sont des idées. Il voit en même temps que toute pensée, toute connaissance humaine renferme quelque chose qui surpasse la nature ou les idées propres de l'homme, quelque chose d'immuable, de nécessaire, d'éternel; que, par conséquent, l'homme ne saurait puiser dans ses seules idées la connaissance de quoi que ce soit, et qu'il ne connait, comme il n'agit et ne subsiste, que par l'union intérieure de ses idées avec des idées supérieures, immuables, nécessaires, éternelles, constituant l'esprit souverain ou Dieu [1]. »

---

[1] *Histoire de la vie et des ouvrages de Bordas-Demoulin*, par F. Huet, ch. VIII.

Les idées, vues simultanément en nous et en Dieu : voilà le spiritualisme, c'est-à-dire la philosophie. On peut les méconnaître, et mettre tout l'homme dans les sensations, par une confusion de l'accident qui engage l'esprit dans le corps avec la pure essence de l'esprit, chez qui le corps provoque passagèrement, mais ne saurait produire, la pensée : cette erreur est le sensualisme, la première et la plus tristement naturelle des fausses philosophies. On peut comprendre que l'esprit porte en soi les idées, sans remonter jusqu'à leur principe divin : c'est la seconde des fausses philosophies, l'idéalisme. On peut n'apercevoir que ce principe divin, et y absorber l'esprit de l'homme avec l'univers : c'est le panthéisme. Ces trois systèmes épuisent toutes les variétés possibles de l'erreur.

Comme le spiritualisme est la vraie philosophie, la spiritualité est aussi la vraie nature de l'homme. Et toutefois, au lieu de se voir tel qu'il est essentiellement, une âme fixée en Dieu, unie pour un jour à peine à un corps qui ne doit être que son serviteur terrestre, il se voit, au contraire, comme fixé en ce corps : il s'est livré au sens du monde, et il a perdu son propre sens avec le sens de Dieu. C'est là un désordre, c'est là une grave atteinte portée dès l'origine, et avant les temps historiques, à sa nature, qui, ayant été créée, ne peut plus être restaurée ou relevée en son premier état que par une nouvelle création, c'est-à-dire par un acte tout spécial de Dieu, par un miracle : toute création est un miracle, et tout miracle une création. La rédemption par le sacrifice du Verbe incarné fut ce rétablissement de la nature humaine. Elle régénère l'humanité en rappelant l'esprit à son divin principe, non pas aussitôt, mais peu à peu, par l'opération intérieure et lente de la grâce sur les individus : elle fortifie ainsi la raison, jusqu'à ce que la raison fortifiée transforme la société civile, et produise la Révolution française, fille du christianisme.

L'histoire de la philosophie est remplie presque toute entière par le règne des fausses doctrines, sensualisme, idéalisme, panthéisme, erreurs corruptrices des germes que sème de loin en loin la vérité dans le monde, funestes suites de la déchéance du genre humain. La vraie philosophie n'a fait que se montrer aux hommes, rarement, à de grands intervalles ; et chaque fois, par le rappel de la pensée à elle-même, elle a enfanté un progrès d'un autre ordre et poussé l'humanité sur la route de son bien. L'humanité doit tous les biens qui constituent son bien, tous les progrès particuliers qu'il lui a été donné d'accomplir, à ce rappel de la pensée à elle-même, qui est le spiritualisme, ou la philosophie. La première apparition de la philosophie fut le platonisme, ou l'école de Socrate et surtout de Platon, et elle fonda la morale ; la seconde fut le néoplatonisme, ou l'école de Plotin et surtout de saint Augustin, et elle fonda la théologie ; la troisième fut le cartésianisme, ou l'école de Descartes et de Leibniz, et elle fonda « le monde nouveau des sciences physiques et des hautes mathématiques, leur nécessaire instrument ; » le quatrième des grands rénovateurs de la philosophie n'est autre, à en croire les disciples de Bordas, que Bordas lui-même. Il fonde, par l'inauguration d'une théologie nouvelle, par la conception d'une rédemption sociale aussi bien que religieuse de l'homme, ou d'un christianisme plus vaste qu'on n'avait encore su le comprendre, la science de la cité. Jamais la philosophie ne se termine à la pure métaphysique ; toujours au contraire, si elle replace l'âme dans le principe et comme dans la source du vrai, c'est pour en tirer des applications utiles à la vie humaine : elle en tira d'abord la morale avec Platon, puis la théologie avec saint Augustin, puis les sciences avec Descartes ;

elle en tirerait, avec Bordas, la politique. Mais la métaphysique précède toute application qu'on en peut faire : Bordas la renouvelle par ses deux théories de l'infini et de la substance, fondement de la théorie des idées, base inébranlable de son spiritualisme : « Je ne les changerais pas à Platon contre son *Parménide*, » écrit-il dans une réponse à un critique; et M. Huet, l'historien de sa vie, qui en cite ce fier passage, estime que « de pareilles découvertes suffiraient à illustrer non-seulement un homme, mais un siècle. »

Bordas-Demoulin ne laissa pas d'avoir, en son obscurité, quelques disciples, et même enthousiastes, qui saluèrent en lui le Descartes du XIX° siècle, le grand restaurateur du spiritualisme, l'inaugurateur de la quatrième époque philosophique. Du moins y a-t-il chez lui, et c'est à ce titre qu'il nous occupe ici, une conception très caractérisée de la métaphysique, de sa valeur, de son rôle. Un autre grand esprit a consacré tout un ouvrage, et l'un des plus considérables de ce siècle, à la seule question de savoir si et comment la métaphysique peut être une science : il est impossible, dans un travail sur la même question, d'omettre cet ouvrage, que M. E. Vacherot a intitulé : *la Métaphysique et la Science*.

IV

M. E. Vacherot n'a point les préoccupations pratiques, soit politiques, soit religieuses, de Bordas : il ne s'agit chez lui que de théorie, et de pure science. Il a pour la science un respect profond et comme un culte qui ne le cède en rien à celui des savants eux-mêmes pour leur déité; et le nom sacré de la science n'exerce pas un moindre prestige sur son esprit que sur le leur. C'est le propre caractère de son grand ouvrage, qu'il est écrit par un sectateur de la science revendiquant pour la métaphysique le droit à ce beau nom.

Ce livre est une suite d'entretiens entre un métaphysicien et un savant. Le savant n'est point de ceux qui se sont enfermés à jamais dans leurs sciences naturelles ; il accueille volontiers les sciences morales, pourvu qu'elles soient bien dociles à l'expérience, bien soumises à l'observation, bien attentives à ne pas franchir l'étroite enceinte des classifications honnêtes. Qu'on étiquette les divers groupes de phénomènes qu'offre l'âme vue du dehors, c'est une étude curieuse, qui a son prix; mais qu'on ne lui parle pas de métaphysique. Le métaphysicien lui montre l'insuffisance des sciences, et en même temps, comme le savant invoque la foi pour résoudre les problèmes qui échappent à la science, l'inanité du mysticisme. Puis, parcourant à grands pas les solutions qui se remplacent l'une l'autre dans l'histoire de la métaphysique, il emprunte à chacune, à l'empirisme, soit matérialiste, soit spiritualiste, à l'idéalisme, au criticisme, une part de vérité dégagée du milieu des erreurs. Ce qui le ramène à la source de toute erreur et de toute vérité, l'intelligence. D'où, revenant sur ses pas, il examine de nouveau le criticisme, l'idéalisme, l'hégélianisme, et arrive enfin à sa propre conclusion.

On enseigne dans une école très répandue, ou du moins très influente, que l'humanité, partie de la religion, traverse la métaphysique pour aboutir à la science. L'homme, disent les positivistes, avant de connaître la vérité, l'imagine : il se transporte lui-même hors de lui, ce qui est l'œuvre propre de l'imagination, et il crée la religion; après quoi, mal satisfait de son œuvre, à laquelle la raison n'a point pris part, il la soumet à un sévère examen : ce travail d'investigation consciencieuse et désintéressée le force à rejeter la religion et le conduit, à travers les vains systèmes d'une trompeuse métaphysique, aux solides conquêtes de la science. Désormais il est entré dans l'ère de la science, et il n'en sortira plus. Il en a fini avec la religion, et bientôt même avec la métaphysique, qui l'y ramènerait, s'il se livrait à elle. Ainsi parlent des philosophes qui ne font rien autre chose en cela que formuler le sentiment des savants du jour.

C'est contre eux que M. E. Vacherot défend la métaphysique. Il établit qu'elle-même est une science qu'il sépare de la religion, non-seulement par la méthode, mais par l'objet. La nouvelle métaphysique n'a plus un objet imaginaire ; tandis que l'ancienne allait se perdre dans les espaces vides, loin du monde réel, la moderne demeure dans ce monde qu'habite la science. Que les savants se rassurent : ils n'ont plus ici de mysticisme à craindre. La métaphysique sera une science analogue à celles qu'ils étudient, distincte seulement par son objet ; mais encore a-t-elle désormais un objet qui existe, et qui peut être connu.

Quel objet ? Le tout. L'unité de ce monde, dont les sciences, filles de l'expérience, n'aperçoivent que le théâtre divers ; l'universel dans le particulier, l'infini dans le fini, le nécessaire dans le contingent, le principe des choses, qui nous apparaissent relatives, mais derrière lesquelles se cache l'absolu. L'absolu, quel qu'il soit, et qu'il faille le chercher dans le monde ou hors du monde, existe. Chaque science, à chaque pas qu'elle fait, le rencontre ; partout se présente, tantôt sous une forme, tantôt sous une autre, la question de la raison des choses : Par quelle cause ? A quelle fin ? Comment ? Pourquoi ? C'est à quoi doit répondre la métaphysique. Si les sciences restent indifférentes à cette question, qu'elles n'ont point charge de résoudre, l'esprit humain la soulève : tant que la réponse lui manque, il la cherche, il la poursuit d'un infatigable effort; et il n'a point de repos qu'il ne l'ait trouvée. Est-il destiné à s'épuiser dans une marche sans terme, dans un labeur éternellement stérile ? Se consume-t-il d'un vain désir ? Est-ce une chimère pour lui, de prétendre à connaître un jour ce principe qu'il cherche ? Ou plutôt, l'idée même qu'il en a ne suppose-t-elle point le pouvoir de le connaître ? Interrogeons l'intelligence. Elle nous dira ce qu'il nous est donné de connaître, et dans quelle mesure. Elle nous apprendra elle-même la légitimité et la vérité de la métaphysique.

L'intelligence humaine est constituée par trois facultés : la sensibilité, l'entendement et la raison. Nous devons la perception des objets à la première de ces facultés, dont le rôle est double : sensibilité, en tant qu'elle nous révèle les objets qu'il nous serait impossible de percevoir sans les sentir ; imagination, en tant qu'elle nous les représente. Elle nous les représente dans le temps et dans l'espace. Non que le temps et l'espace soient rien de réel : ils constituent la forme qu'imprime l'esprit à la matière, le mode sous lequel nous percevons les objets, la synthèse que nous faisons nécessairement des choses qui nous frappent. L'esprit fait un seul tout d'un grand nombre de choses séparées, mais qui lui apparaissent réunies : c'est l'espace ; et il fait un seul tout d'un grand nombre de choses disjointes, mais qui lui apparaissent ininterrompues : c'est le temps. Le temps et l'espace ne sont que la nécessité, plusieurs objets étant donnés, de les lier l'un à l'autre : la suppression de tout intervalle entre plusieurs objets, s'ils s'offrent à la fois, voilà l'espace ; sinon, voilà le temps. Simples rapports établis par l'esprit pour son propre usage, sans rien de réel à quoi ils correspondent dans l'être même des choses ; pures formes de la sensibilité ou de l'imagination.

Plus haut que le pouvoir de percevoir, se place le pouvoir de comprendre, qui est l'entendement, et qui a pour objet, non plus l'individu concret, mais le type abstrait ; non plus le fait, mais la loi ; non plus la réalité, mais l'idéal : pour le dire d'un mot, la notion des choses. Ainsi, tandis que l'esprit, par l'imagination, perçoit ou se représente *un homme* dans l'espace et dans le temps, par l'entendement il comprend *l'homme*. Aucun homme n'est l'homme : est-ce à dire que la notion même de l'homme soit sans objet ? Elle a un objet, mais purement intelligible : le type sur lequel est conçu tout homme, plus ou moins homme selon qu'il est plus ou moins conforme à ce type. Elle exprime la vérité dont chaque réalité humaine est une image. L'homme n'est pas hors des hommes, si ce n'est dans l'esprit qui le conçoit : il est dans les hommes, sans être eux ni aucun d'eux. De même pour les autres notions. Chacune d'elles suppose un certain nombre d'objets particuliers au fond desquels elle se trouve sans s'y confondre, et dont elle est distincte sans en être séparée. C'est sur de tels éléments que travaille la science humaine. Des êtres ou des phénomènes que lui fournit la sensibilité, la science, grâce à l'entendement, comprend les types, formule les lois. Elle ne détermine pas ces lois ni ces types par la logique seule : l'expérience donne les choses, dont il appartient à l'entendement de comprendre la notion. Hegel a erré, quand il a cru établir par la raison pure sa loi fondamentale de la *synthèse des antinomies*, qui fait du système des choses une suite de termes contraires et identiques deux à deux, deux contraires se résolvant dans un supérieur où éclate leur identité, destiné à être à son tour l'un des deux termes, contraires et identiques, d'une nouvelle synthèse : non que cette loi soit fausse ; mais elle est induite, encore qu'un peu violemment parfois, de l'expérience. La notion, en effet, soit loi de phénomènes, soit type d'êtres, n'étant que l'ensemble des rapports naturels communs à tous les êtres ou à tous les phénomènes d'un genre, ne faut-il pas tenir d'abord ces êtres ou ces phénomènes de l'expérience, et les connaître pour les comprendre ? Nul fait ne réalise pleinement sa notion : celle-ci demeure toujours un inaccessible idéal pour la réalité toujours imparfaite, mais plus parfaite à mesure qu'elle s'en rapproche davantage. C'est pourquoi l'entendement est nécessaire pour découvrir, dans les imparfaites réalités que nous livre l'expérience, l'idéal voilé ou altéré.

Nous n'avons pas encore franchi le domaine du sensible. L'entendement n'opère que sur les données de la sensibilité. Il ne détermine que des notions, types ou lois, conformes à la nature des choses de l'expérience : choses contingentes, relatives, finies. Les êtres et les faits observés appartiennent à un système de faits et d'êtres dont l'ensemble nous échappe, mais dont nous concevons et dont nous ne pouvons pas ne pas concevoir l'existence. Ils sont parties d'un tout. Et comme, par là même qu'ils sont des parties, ils impliquent le Tout, ils impliquent l'Un parce qu'ils sont plusieurs, l'Absolu parce qu'ils sont relatifs. Il y a donc dans l'intelligence humaine une autre faculté supérieure à l'entendement, la raison, qui à propos de la partie conçoit le Tout, à propos du particulier l'Universel, du contingent le Nécessaire, du relatif l'Absolu ; qui à propos des êtres conçoit l'Etre. Tel est enfin l'objet de la métaphysique, et la faculté dont elle relève surpasse l'entendement autant que celui-ci surpasse l'imagination. La raison conçoit le nécessaire en lui-même et dans les choses : la métaphysique est la science du nécessaire, en lui-même d'abord, et par-là elle se sépare des autres sciences ; dans les choses contingentes ensuite, et par-là elle gouverne toutes les autres sciences.

La métaphysique n'est pas une science d'observation, mais de raison pure : puisque l'objet n'en est point perçu, mais conçu. Elle n'est pas non plus inductive, mais déductive, puisqu'elle ne se propose point de dégager des réalités sensibles leurs types ou leurs lois, mais de déterminer, dans leurs propriétés intrinsèques et dans leurs corollaires, des notions de raison. Elle fait, sur les notions de la raison, le même travail que les mathématiques sur les formes de la sensibilité, ou sur la catégorie de la quantité appliquée à ces formes. Aussi est-elle, comme les mathématiques, une science de construction. Ajoutons qu'elle n'est pas moins légitime, puisqu'elle a, elle aussi, un objet qu'affirme l'intelligence humaine, de sorte qu'il faut, pour le mettre en doute, mettre en doute l'intelligence elle-même : la raison prouve son objet en l'affirmant, comme l'entendement et la sensibilité le leur. Qu'on se garde surtout de confondre les facultés, d'introduire les données de la sensibilité ou de l'entendement dans la raison ; de prendre, comme on l'a fait, comme on le fait tous les jours, des représentations de l'imagination pour des conceptions de la raison : cette confusion presque inévitable enfante des erreurs qui retardent l'avénement de la science : elle est l'écueil contre lequel sont venus se heurter, poussés l'un par l'autre, presque tous les métaphysiciens.

On se heurte contre cet écueil, quand on se figure l'Etre absolu, qui est l'Etre universel, comme un être individuel, distinct et séparé des autres. Croire qu'il existe alors même que les autres n'existeraient pas, qu'il existe en dehors d'eux, avant et après eux, qu'il agit hors de lui, c'est là se le représenter sous les conditions de l'espace et du temps, c'est confondre avec la raison l'imagination. Voir en lui une substance à part, belle, bonne, parfaite ; voir en lui la fin des choses, la cause des êtres, outre que cela le met encore hors des choses et le limite par les êtres mêmes qu'il projette hors de son sein, c'est le comprendre comme un être séparé, qualifié, relatif ; c'est l'assujettir aux catégories de l'entendement ; c'est confondre l'entendement avec la raison.

L'imagination théologique des peuples a faussé l'idée de Dieu, qui est idée de raison, non d'imagination. Dieu donc n'est point, comme on l'a inventé, un être. Il est l'Etre. Il est le Tout, distinct, mais inséparable des parties qui le constituent. Il n'y a qu'un Dieu, car il n'y a qu'un tout : plusieurs touts n'étant que des parties d'un tout supérieur, qui est le vrai Tout. Il est un, car le Tout ne se divise pas : une division n'étant plus tout, mais partie. Les parties d'un tout, en effet, ne peuvent être discernées les unes des autres que par leurs caractères extrinsèques ; le caractère essentiel qui les rattache à ce tout leur est commun, il est en entier dans chacune : ainsi, l'Etre est en entier dans chaque être ; il est un dans la diversité des choses : c'est là Dieu. Il est infini, car il embrasse tout ce qui a été, tout ce qui est, tout ce qui sera ; il convient au possible comme au réel : il n'y a point d'être hors de l'Etre. Donc il est immense, et il est éternel,

  L'Eternel est son nom ;

A quoi l'on n'ajoutera plus désormais :

    le monde est son ouvrage ;

car lui-même il est le monde, non dans la changeante, contingente et relative diversité de ses parties, mais dans l'unité immuable, nécessaire, absolue, de son tout.

Dieu est le tout du monde, sans être rien du monde. Il est dans tout, comme tout est dans lui ; rien de ce qui est n'est lui, mais il est l'être de tout ce qui est : il n'est pas tout, il est le Tout. Il n'a rapport à aucune chose : ni hors de lui, puisqu'il est le Tout ; ni en lui, puisqu'il n'a point de parties. On d... qu'il est esprit, pour dire qu'il n'est point matière; mais il n'est point esprit non plus que matière : il n'a point d'analogue, et il n'a point de nom. Il n'est point moyen ni fin, il n'est point effet ni cause, car ce sont là des idées de relation, lesquelles n'appartiennent pas à la raison, mais à l'entendement : où est l'autre dont il puisse être fin ou moyen, cause ou effet? Nul autre n'est que lui, il est seul, il est l'Être : il est donc sa fin et son moyen à soi-même, son propre effet, sa propre cause; il est pour soi et par soi.

Il est donc l'unique substance. Tous les êtres, en ce qu'ils ont d'être effectif, ne sont qu'un seul être, qui est lui. Tout être, en tant qu'il est *tel* être, et non autre, n'*est* point: car, en tant qu'il *est*, il ne se distingue pas d'un autre être, qui *est* également; et, en tant qu'il est *être*, il est le même que tout être, il n'a point d'autre substance que celle du Tout. Tout être donc, en tant qu'il est tel être, n'est qu'une manière d'être de l'Être; et, en tant qu'il est être, il est pour soi et par soi.

Il ne faut donc pas comprendre le monde comme l'effet d'un acte créateur. Dieu ne se suffisait-il pas avant qu'il eût créé? N'était-il pas infini? Et qu'est-ce que l'infini peut produire, qui ne soit un autre en face de l'Être, lequel cesse d'être infini le jour où il cesse d'être seul ? Et ce mot de jour lui-même n'est-il pas une flagrante contradiction avec la nature immuable de l'Être ? Quoi ! un temps fut donc où il était seul, auquel succède un temps où il ne l'est plus ? Il n'est donc pas immuable, non plus qu'il n'est infini, non plus qu'il ne se suffit à soi-même ? Que de contradictions il faut que la raison dévore, pour admettre ce qu'elle ne conçoit pas d'ailleurs : car, quel sens offre à l'esprit ce mot, *créer ?* Créer, *ex nihilo ? Ex nihilo nihil fit.* C'est là un assemblage de mots, où nul n'a jamais vu, quoi qu'il ait pu prétendre, qu'un assemblage de lettres, ni entendu qu'un assemblage de sons. L'oreille l'entend, plus heureuse en cela que l'esprit. C'est l'inintelligible même, l'inintelligible raffiné par le puissant cerveau de quelques rêveurs.

Si Dieu n'est pas créateur, il n'est pas davantage intelligent ni libre, ni en un mot personne vivante. On doit nier l'idée de la personnalité divine, sous peine d'anthropomorphisme. Il est l'Etre infini qui se manifeste en ses divers attributs par les êtres divers. Par l'homme, il se manifeste comme être intelligent et libre : en tant qu'il est une personne vivante, un être moral, il est l'homme. L'homme est la plus haute expression de Dieu.

L'homme, il est vrai, n'est point parfait. Mais Dieu non plus, en tant qu'être réel, n'est point parfait. Le parfait est cet idéal auquel aspire la réalité, sans qu'elle puisse y atteindre, — inaccessible limite dont les êtres s'approchent indéfiniment par un progrès sans terme; il est le but suprême des êtres, le souverain archétype, la loi qui règle toutes choses, toujours supérieure aux choses qu'elle règle. L'Etre est plus ou moins parfait; il n'est pas, il ne sera jamais le parfait.

Par là sont résolues sans difficulté ces fameuses antinomies, fantômes qui se dressent, depuis Kant, sur le chemin de la métaphysique, et qui l'épouvantent dans les ténèbres où elle marche. Le monde est infini, et n'est pas infini : infini, si l'on considère l'Être en soi, dans la perfection qu'il met l'éternité à réaliser; fini, si l'on considère l'être réel : fini donc à chaque heure de son existence, infini dans la totalité de sa durée passée, présente et future : éternelle antinomie; car, comme il n'aura jamais consommé sa durée, il sera toujours infini dans son idée, et fini dans sa réalité. Ainsi des autres antinomies.

Par là encore se trouve expliqué le mal. Car, qu'est-ce que le mal, sinon l'imperfection nécessaire de l'être réel ? Dans l'avenir, dans un avenir qui ne sera jamais accompli, dans l'éternité, là où est le parfait, là aussi est le bien, c'est-à-dire la justice avec le bonheur. Il est où l'on doit tendre, où tend éternellement l'être; il est où l'on va.

De là enfin le devoir. L'homme doit travailler à réaliser Dieu. Non pas celui que le monde réalise et qu'il réalise lui-même, celui dont il est lui-même la conscience, mais celui qui n'est encore que dans sa raison. Que l'homme donc ne regarde pas derrière soi, mais devant soi. Tout être est un mode particulier de Dieu; l'homme en est le plus sublime mode, puisqu'il en est la conscience : il est donc ce qu'il y a de meilleur en Dieu. Mais qu'il ne s'arrête pas à ce Dieu. Le Dieu qu'il doit adorer, ce n'est pas le Dieu réel, ce n'est, dis-je, ni la nature ni soi-même : c'est le parfait, le Dieu idéal qu'il porte en sa raison. « Idéal! idéal! lumière des esprits, flamme des cœurs, n'es-tu pas le Dieu que je cherche?..... Dieu ne pouvait être où n'est pas le beau, le pur, le parfait. Où le chercher alors, s'il n'est ni dans le monde, ni au-delà du monde, s'il n'est ni le fini, ni l'infini, ni l'individu, ni le tout ? Où le chercher, sinon en toi, saint idéal de la pensée? Oui, en toi seul est la Vérité pure, l'Etre parfait, le Dieu de la raison... »

La métaphysique, pour Aristote, était une ontologie et une théologie; pour M. E. Vacherot, elle est une cosmologie rationnelle. Elle a pour l'un comme pour l'autre un objet de raison pure, sans nul recours à l'expérience : pour Aristote, l'être en tant qu'être; pour M. E. Vacherot, le Tout de l'univers. Le Tout de l'univers n'est pas plus objet d'expérience que l'être en tant qu'être. Aristote, considérant par la raison pure l'être, n'y devrait trouver que l'être possible : il trouve, il explique à sa manière le monde et son rapport à Dieu, mais par une dérogation à la méthode rationnelle et comme par un appel fortuit à l'expérience; M. E. Vacherot, considérant par la raison pure le Tout, et ne dérogeant pas à sa méthode, n'y trouve rien autre, et fait de ce Tout l'être même, un, infini, absolu, éternelle et progressive réalisation de l'inaccessible idéal.

On s'accorde en ceci, que l'objet de la métaphysique est un objet de raison. Ses adversaires en conviennent avec ses partisans. Mais il ne semble point qu'elle puisse être une science de raison pure, dont tout élément expérimental doive être exclu : car elle n'est point pour l'être ce qu'est la géométrie pour l'étendue, une détermination du possible, mais une explication du réel; elle n'est pas un autre nom de l'ontologie, mais de la philosophie.

Essayons à notre tour, après les maitres et à la suite de leurs travaux, de dire ce que doit être la philosophie pour exister scientifiquement; non plus que la science de la métaphysique est possible, mais comment elle est possible.

CHAPITRE II

LA MÉTAPHYSIQUE

I

Il y a une philosophie pure et une philosophie appliquée. La philosophie pure est la *métaphysique*.

Comme elle est la philosophie proprement dite, distincte des sciences philosophiques ou morales qui en dérivent et qui en sont les applications, on emploiera indifféremment dans la même acception le mot de *métaphysique* ou celui de *philosophie*.

On n'ignore point qu'il existe une école qui fonde sur l'exclusion même de la métaphysique ce qu'elle nomme la *philosophie positive*, et une autre ce qu'elle nomme le *criticisme*; et que, en dehors de ces deux écoles, un grand nombre de savants, refusant de reconnaître à la métaphysique les titres d'une science, la relèguent dans le royaume des chimères, sans qu'ils rejettent pour cela ou sans qu'ils croient rejeter la philosophie. C'est qu'ils acceptent, à tort ou à raison, une certaine conception de la philosophie, qu'ils appellent philosophie, pendant qu'ils en repoussent une autre, qu'ils appellent métaphysique : ils appellent métaphysique la philosophie qu'ils repoussent, et philosophie la métaphysique qu'ils acceptent.

C'est la suite d'un malentendu, qui sera expliqué. Ils attachent à l'idée de métaphysique celle d'une méthode qu'ils ne veulent point, dont ils ont la prétention de se passer pour leur propre philosophie. On verra si cette méthode est, en effet, inhérente à la métaphysique, ou s'ils s'en passent pour leur propre philosophie, comme ils l'imaginent : si elle n'est pas inhérente à la métaphysique, leur philosophie, qui la répudie, est une métaphysique qui en répudie une autre ; ou s'ils en font, à leur insu, un involontaire, mais inévitable usage, leur philosophie est une métaphysique qui s'ignore.

Ne préjugeant rien sur la méthode essentielle à la métaphysique, nous pouvons continuer à nommer ainsi la philosophie spéculative. La métaphysique ne sera pas pour nous, non plus que pour personne, toute la philosophie ; mais elle sera pour nous, comme pour la plupart des philosophes, cette partie de la philosophie qui est la philosophie proprement dite, parce qu'elle est la philosophie pure.

Quelle conception faut-il se faire de la philosophie proprement dite, philosophie pure, ou métaphysique ? Comment convient-il de la définir ? La véritable définition en sera donnée par l'examen comparatif et critique des diverses conceptions qu'on s'en est faites. Une fois donnée, il sera possible d'en tirer la détermination de la méthode qu'elle comporte, ainsi que la vue générale des choses ou la doctrine fondamentale qu'elle implique : toute une philosophie contenue dans la définition même de la philosophie. Les postulats de la philosophie, dirai-je : car la philosophie a ses postulats, et l'on verra qu'il y a un acte de foi au fond de la philosophie comme au fond de toute science, comme au fond de toute œuvre humaine : c'est un acte de foi en la raison, avec tout ce qu'il enveloppe, et il enveloppe tout un dogmatisme : de sorte que la philosophie bien définie suppose une doctrine commune à tous les philosophes, pour peu qu'ils en acceptent la définition, et l'entendent ; une doctrine qui dès lors ne sera plus une philosophie, mais la philosophie. Quel est donc le vrai objet, la vraie méthode et, par suite, la vraie doctrine fondamentale, qu'elle suppose par définition, comme un ensemble de postulats nécessaires ?

Il résultera d'une telle étude, si nous parvenons à la conduire à bonne fin, qu'il n'y a pas plusieurs philosophies, mais une seule : l'histoire de la philosophie en sera éclairée, et l'argument tiré de la divergence des philosophies contre la philosophie même tombera. On pourra être encore sceptique en philosophie, mais on ne pourra plus être philosophe de deux façons; on pourra ne pas croire à la raison, mais on ne pourra pas croire à la raison sans être philosophe, ni être philosophe hors d'une philosophie unique déterminée dans son contenu fondamental, comme la géométrie ou tout autre science rationnelle dans le sien. Bien des questions resteront ouvertes, et la philosophie ainsi déterminée dans son contenu fondamental ne sera point, tant s'en faut, une philosophie close : mais, fixée enfin dans ce qui la constitue et la fait proprement philosophie, elle sera, comme on dit, à prendre ou à laisser; on sera philosophe ou on ne le sera pas : on saura du moins ce que c'est qu'être philosophe.

Les philosophies ainsi réduites à l'unité philosophique, et cette unité fondée sur un acte de foi en la raison, nous aurons à établir que cet acte de foi en la raison, qui enveloppe tout un dogmatisme, est enveloppé à son tour dans un acte de foi en l'intelligence, sans lequel point de science ni de connaissance d'aucune sorte; et qu'on ne peut, logiquement, être sceptique en philosophie sans l'être en tout. La plupart des esprits joignent aujourd'hui le scepticisme philosophique au dogmatisme scientifique, quelques-uns au dogmatisme religieux : nous aurons à établir que le scepticisme philosophique est au fond, qu'on s'en rende compte ou non, et qu'on en veuille ou non la conséquence, le scepticisme absolu.

Cela fait, peut-être ne sera-t-il pas inutile de dire en peu de mots ce que vaut l'œuvre philosophique; quel en est le rôle dans l'ordre de la science comme dans l'ordre de la foi; quelle en est l'utilité, généralement méconnue; quel en est, au-dessus de l'utilité même, l'inestimable prix.

II

C'est la première question, non résolue encore, de savoir quel est l'objet de la philosophie. Il ne semble pas que ce soit là une question pour personne, puisque tout le monde en parle ; et nul doute qu'on ne sache au moins de quoi l'on parle, quand on parle d'une chose. N'en doutons donc pas ; et peut-être, en effet, chacun de ceux qui parlent de la philosophie sait-il de quoi il parle : mais chacun l'entend à sa manière, et la question reste.

Il n'est pas cependant que ces diverses manières de l'entendre ne présentent quelque idée commune : la dégager, la développer, l'amener aux conditions d'une conception scientifique, sera définir la philosophie.

A cette question : Qu'est-ce que la philosophie ? que de réponses, et combien divergentes ! C'est la science de l'absolu ; c'est la science de l'être ; c'est la science de la loi de l'être ; c'est la science des premiers principes, des premières causes ; c'est la science des causes et des fins ; c'est la science des substances, des essences ; c'est la science des sciences ; c'est la synthèse des sciences ; c'est la science de l'esprit ; c'est la science des esprits, savoir, de l'âme humaine et de Dieu ; c'est la science de la nature, de l'origine et de la destinée des hommes ; c'est la science de l'homme dans l'univers, ou encore du rapport de l'homme à l'univers et à Dieu ; c'est la connaissance de Dieu et de soi-même ; c'est la connaissance de Dieu par la connaissance de soi ; c'est la connaissance de soi ; c'est le libre-examen, le contrôle universel, la haute critique ; c'est la recherche conjecturale de ce que n'atteint pas encore la science.

Telles sont les diverses idées qu'on se fait de la philosophie ; telles sont les diverses définitions qu'on en donne, ou qui résultent de l'œuvre diverse des philosophes. Toutes ont ce trait commun, que la philosophie est l'œuvre de la raison humaine, demandant la vérité dont elle est en quête, non à la révélation ni à l'inspiration, ni à aucune autre source de foi, mais à la seule intelligence, poursuivant la possession intellectuelle d'une certaine vérité, et, dans le cas où cette vérité nous serait acquise d'ailleurs, en poursuivant l'appropriation intellectuelle. Quelque vérité que la philosophie ait pour objet, le philosophe est l'homme qui la cherche, par opposition à l'homme qui la reçoit. On peut la posséder sans l'avoir cherchée, comme il arrive si on la tient d'un enseignement : qui la possède ainsi n'est pas philosophe. Le philosophe n'est pas celui qui la possède, mais qui la possède l'ayant cherchée, l'ayant trouvée lui-même. C'est déjà être philosophe que la chercher, et c'est ne l'être point que la recevoir : il ne s'agit point de l'avoir, mais de la devoir à l'intelligence.

Plusieurs objecteront que la vérité est donnée ; qu'il n'y a pas à la chercher, mais à la recevoir : des sens, par exemple, ou d'un témoignage historique, ou d'un témoignage divin. — Une telle vérité, dirai-je, ne sera pas l'objet de la philosophie ; ou ne le sera pas en tant que vérité donnée : elle pourra l'être en tant que vérité trouvée, si, en même temps qu'elle est objet d'enseignement, elle est, à un autre titre, objet de recherche, en sorte qu'il soit possible à l'intelligence de s'approprier cette vérité venue du dehors. Le fait que les Grecs ont subjugué les Perses n'est pas une vérité philosophique, mais bien la nécessité de ce fait, pour qui entend que telle devait être l'issue de la lutte entre ces deux peuples. **Vérité ou non, l'incarnation du Verbe n'est pas** une doctrine philosophique : elle en devient une pour Malebranche établissant qu'elle devait avoir lieu, et en faisant une pièce nécessaire d'un système tout rationnel de la nature des choses. L'existence de Dieu, l'immortalité de l'âme, ne sont pas en elles-mêmes des doctrines philosophiques, mais la nécessité rationnelle de cette immortalité, de cette existence.

Et, si tel est le trait commun de toutes les conceptions de la philosophie, que la philosophie est une recherche intellectuelle du vrai, une œuvre de l'intelligence travaillant à saisir par elle-même et sans intermédiaire le vrai, il s'ensuivra que ce vrai qui est l'objet de la philosophie n'est point toute vérité quelconque, mais une vérité saisissable à l'intelligence : non l'historique, ou le religieux, ou même le sensible, mais l'intelligible. Je dis le sensible ou l'historique ou le religieux comme tels : qu'ils deviennent intelligibles, ils peuvent devenir objet de la philosophie à ce titre. Mais déjà l'on est en droit d'assigner pour objet à la philosophie, à l'exclusion de tout autre, l'intelligible, ou un intelligible. Est-ce l'intelligible en général ? est-ce un intelligible déterminé ? Nous aurons à le voir.

III

Les diverses conceptions de la philosophie s'accordent à en faire une recherche intellectuelle du vrai. Si nous ne considérons plus le caractère de l'œuvre philosophique, mais l'objet de cette œuvre, nous y remarquerons trois groupes distincts : on lui assigne pour objet l'universalité des choses ; on lui assigne un objet déterminé, particulier ; on ne lui assigne pas d'objet propre, mais on la constitue par son caractère.

Pour ceux-ci, il n'y a pas de philosophie, il n'y a qu'un esprit philosophique ; ou la philosophie n'est autre que cet esprit même.

Les uns, parmi ceux-ci, y voient l'esprit critique appliqué à toute science, à toute recherche, à tout ce qui en comporte, à un titre quelconque, une application quelconque : être philosophe, à leurs yeux, c'est se rendre compte de sa pensée, à quelque dogmatisme ou à quelque scepticisme qu'elle conduise ; la philosophie n'est pas une théorie, une doctrine, l'étude ou la recherche d'une certaine vérité, elle est la pensée, toute pensée, mais sachant ce qu'elle fait, contrôlant ses opérations, jugeant les affirmations ou les négations qui en résultent : elle est la réflexion par opposition à la spontanéité de l'intelligence. Elle n'est pas science, elle est méthode ; elle est le libre-examen, elle est l'usage réfléchi de la raison, elle est la critique.

D'autres y voient aussi l'usage réfléchi de la raison, mais dans les seules matières qui échappent aux prises de la science : partout où la connaissance positive est possible, on cherche à connaître par les méthodes positives, et l'on fait œuvre scientifique ; partout où la connaissance positive n'est pas possible, on cherche à deviner, à imaginer le vrai, et l'on fait œuvre philosophique. La philosophie est donc, à leur point de vue, l'effort pour connaître par voie de conjecture et comme par divination rationnelle ce que l'étude expérimentale et directe n'atteint pas : c'est-à-dire, à l'origine, toutes choses, puis moins de choses, et de moins en moins, à mesure que se constituent les sciences : toute science est un démembrement de son empire : la science gagne toujours, envahissant, par un légitime progrès, le territoire de la philosophie, et en occupant une partie, puis une autre, jusqu'à ce qu'elle occupe tout. Dans le principe, c'est la philosophie qui occupe tout ; naît la science, qui, dans sa croissance lente, insensiblement, mais irrésistiblement, s'empare de ce qu'elle peut prendre, et la philosophie a le reste : le terme de ce progrès est que la science, qui n'avait rien, ait tout, et que la philosophie, qui avait tout, n'ait rien. La science est la connaissance expérimentale, positive ; la philosophie, la recherche rationnelle, imaginative : c'est dire que la science est la connaissance de ce qui est, la philosophie l'imagination de ce qui pourrait bien être.

Que la philosophie soit entendue comme la recherche conjecturale de ce que n'atteint pas encore la science, ou comme le libre-examen sans objet propre, comme le contrôle universel, comme la haute critique, il est aisé de voir que ces deux conceptions de la philosophie en sont deux négations. Pour l'une comme pour l'autre, il n'y a pas de science philosophique : pour l'une, il y a un esprit philosophique, qui est, au fond, la raison même ; pour l'autre, il y a un effort de connaître l'inconnaissable par une méthode incapable d'aboutir, qui n'est, au fond, que celle de la raison même. En sorte que ces deux conceptions, qui lui refusent un objet propre, lui en laissent un, sans y prendre garde, à savoir : la raison. C'est la raison qu'il convient d'interroger pour exercer cette haute critique, pour constituer cet esprit philosophique, qui est la philosophie, dit l'une ; et c'est la raison qu'il convient d'interroger pour instituer cette recherche conjecturale de la vérité inaccessible à la science, qui est la philosophie, dit l'autre : mais pour bien interroger la raison, il faut l'avoir étudiée, il faut la connaitre ; et la philosophie serait d'abord, pour l'une comme pour l'autre, la science de la raison. Nous avions déjà la science de l'intelligible, ou d'un intelligible. A la déterminer par son caractère, sans lui assigner d'objet propre, on lui en assigne un : la raison, avec toutes les données de la raison et avec tout ce qu'elles enveloppent : ce qui, on le verra, on l'a déjà vu, mène loin.

IV

Ceux qui font de la philosophie une science ayant un objet se partagent en deux groupes : les uns en font une certaine science ayant un certain objet, les autres en font la science universelle. Erreur de part et d'autre, vérité de part et d'autre ; et c'est l'erreur des uns qui fait la vérité des autres : parce qu'il est faux qu'elle soit une science particulière à côté d'autres sciences particulières, il est vrai qu'elle est science universelle ; et parce qu'il est faux qu'elle soit la science universelle, elle est science ayant un objet propre. Disons, si l'on veut, la science de l'universel, ce qui n'est point la même chose que la science universelle. Un objet propre, déterminé, n'est pas nécessairement un objet particulier : c'est l'erreur des uns ; une science universelle par son objet n'est pas nécessairement la science universelle : c'est l'erreur des autres. Elle fut d'abord universelle, mais indéterminée ; on la fit particulière pour la déterminer et lui donner l'unité d'un objet propre. Il faut lui conserver l'universalité de son objet, en le déterminant. Il faut, à l'universalité, sans laquelle il n'est point de philosophie, joindre l'unité d'un objet propre, sans laquelle il n'est point de science.

La science universelle se divise en sciences particulières : si la philosophie est cela, elle n'est pas. Si elle est la science de ce qu'il y a de commun aux sciences particulières, elle est la science de l'universel. Mais qu'est-ce que l'universel ? On a dit l'absolu ; on a dit l'être ; on a dit la loi de l'être ; on a dit les premiers principes, les premières causes ; on a dit les causes et les fins ; on a dit les substances, les essences : toutes ces définitions, toutes ces conceptions n'en sont qu'une, ce sont expressions diverses d'une même idée, mais d'une idée vague. Qu'est-ce que l'absolu ? et s'agit-il d'avoir une connaissance absolue de l'absolu, ou d'en avoir une connaissance relative ? Comment ? dans quelle mesure ? La recherche d'une connaissance absolue de l'absolu étant visiblement la poursuite d'une chimère, on a essayé de substituer à l'absolu l'être, ou la loi de l'être, ou les principes, les causes, les fins, les substances, les essences, etc., sans parvenir à sortir du vague. Faut-il entendre par l'être ce qui est, ou l'essence de ce qui est ? Et faut-il entendre tout ce qui est, ou une partie de ce qui est ? Une science de tout ce qui est serait une science divine ; et la science de tout ce qui nous est accessible n'est que la science universelle : c'est l'ensemble des sciences, encyclopédie, non philosophie. Que si l'on entend par l'être « l'être en tant qu'être », comme parle Aristote, l'essence de ce qui est, nous aurons un objet déterminé de la philosophie, mais non assez déterminé et sujet à bien des difficultés encore : car qu'est-ce que l'essence ? La pouvons-nous connaître ? Et quelle essence ? De toutes choses ? ou de certaines choses, — celles, par exemple, dont l'existence nous est connue d'ailleurs ? Mais elles sont très diverses : quelle sera l'unité de la philosophie ainsi comprise ? Quoi qu'il en soit, qui dit *science de l'être* ne dit pas clairement science de l'essence des choses connues. *Science de la loi de l'être* est mieux : qui dit loi ne dit pas précisément essence, ni substance, ni rien de contestable, et ne préjuge rien, sinon l'unité de la loi ; mais l'être dont il cherche la loi reste dans son indétermination. De même qui dit principes, fins, etc.; tout cela c'est raison : mais raison de quelles choses ?

Cette idée de causes et de fins, de principes, de loi de l'être, d'essence de l'être, d'absolu (car c'est toujours la même idée en différents termes), est mal déterminée, sans doute : il ne s'ensuit pas qu'elle soit fausse. C'est celle qu'on s'est faite de la philosophie, jusqu'à ce que, pour vouloir donner un objet précis à une science dont l'idée avait été si vague, on soit sorti de cette idée même, et que l'on ait tenté de déterminer, sous le nom de philosophie, une tout autre science. Il faut la déterminer, cette idée, sans la dénaturer ; il faut donner un objet précis à la philosophie sans sortir de l'idée qu'on s'en est faite : lui donner son propre objet, non un autre : — objet qui existe ou qui n'existe pas, qui, s'il existe, nous est accessible ou non et comporte ou non la certitude, mais marqué par deux caractères : c'est un universel, et c'est un objet de raison. Deux caractères qui ne suffisent pas sans doute à la déterminer, mais dont l'élimination serait la négation de la philosophie, telle qu'elle a été conçue jusqu'à nos jours, et dans tous les cas la négation de la métaphysique.

La science des sciences est la logique, sauf explication : mais la nécessité d'une explication accuse l'imperfection de la formule. La synthèse des sciences est la science universelle, ou bien encore l'unité des sciences ramenées à une science fondamentale. C'est peut-être la philosophie, peut-être non : si la synthèse des sciences n'est que l'ensemble des sciences coordonnées l'une à l'autre, ce n'est guère là qu'une sorte d'encyclopédie ; et s'il n'y a de sciences que les sciences positives, s'il n'y a de sciences positives que les sciences expérimentales, la synthèse des sciences, alors même qu'elle n'en est pas la simple collection, mais l'unité, est peut-être encore cette philosophie ayant un universel pour objet; elle n'est plus cette philosophie ayant un objet de raison.

Ceux qui assignent à la philosophie un objet particulier la dénaturent doublement, et parce qu'ils lui ôtent l'universalité de son objet, et parce qu'ils lui donnent un objet d'expérience. Si elle est la science de l'esprit, que sont les grands systèmes philosophiques de l'antiquité ? Si elle est la connaissance de soi, que sont les grands systèmes philosophiques de tous les âges ? Il ne fut tenté à l'origine qu'une philosophie de la nature, et la philosophie de la nature a tenu sa place dans tous les systèmes de tous les temps, qui, à leur cosmologie, ajoutèrent une théologie : la cosmologie est-elle comprise dans la science de l'esprit, la théologie dans la connaissance de soi ? Ou une définition qui élimine un Platon, un Aristote, un Descartes, un Malebranche, un Leibniz, non moins qu'un Spinosa, un Schelling, un Hegel, une définition qui exclut de la philosophie tout ce qu'il y a jamais eu de philosophes, est-elle une définition de la philosophie ?

Plusieurs, comme ceux qui disent qu'elle est la science de l'âme humaine et de Dieu, ou la science de l'âme, de Dieu et du monde, lui donnent un objet multiple. Lui assigner pour objet l'âme, c'est la restreindre; l'âme, Dieu et le monde, c'est lui en assigner trois; la connaissance de Dieu par la connaissance de soi, c'est lui ôter le monde. Lui assigner pour objet la nature, l'origine et la destinée de l'homme, ou l'homme dans l'univers, ou le rapport de l'homme à l'univers et à Dieu, c'est, il est vrai, lui donner l'unité sans la restreindre : est-ce lui conserver son caractère de science de l'universel, et de science d'un intelligible ? C'est en faire la science de l'homme, plutôt que celle de l'unité des choses, de l'absolu, de la loi de l'être, de « l'être en tant qu'être » ; et c'est en faire, pour une bonne part, une science expérimentale. La philosophie fut conçue d'abord comme une science des principes, des causes, des fins, comme une science de « l'être en tant qu'être », science abstraite par conséquent, et toute de raison; comme une explication de ce qui est. L'objet n'en est pas l'homme, mais l'être. Voilà l'universel, qui unit tout ce qui existe dans la commune essence de l'être, et qui, s'il est accessible, ne l'est qu'à la raison : il faut le déterminer, il faut dire si la philosophie étudie l'être en lui-même, ou bien l'être dans les êtres, et dans quels êtres; il ne faut pas qu'en essayant de le déterminer on le change et lui substitue autre chose.

L'essai qui a été fait n'en est pas moins instructif : il montre le but en le dépassant. S'il change la science de l'être en science de l'homme, il indique par là qu'on trouvera dans l'homme la détermination de l'être en tant qu'objet de la philosophie. Cet objet ne sera pas l'être en général, mais l'être dans les êtres accessibles à la connaissance humaine, et dans l'homme pris pour centre de ces êtres; et il ne sera pas l'homme : mais, comme il est l'universel, on renversera les termes, et au lieu de dire l'homme dans son rapport à l'universel, on dira l'universel dans son rapport à l'homme. L'universel restera l'objet de la philosophie, mais déterminé par son rapport à l'homme.

V

Il nous semble que de toute cette dispute, où l'on a pu trouver une subtilité vaine et qui souvent a dû paraître oiseuse, sur les diverses manières d'entendre la philosophie, résulte une conception, une définition de la philosophie, très simple au premier regard et qu'on ne nous marchandera pas d'abord, mais dont les conséquences feront qu'on y regardera de plus près, et justifieront une discussion qu'on aurait jugée inutile : la philosophie spéculative, la métaphysique, est la science de la raison des choses dans leur rapport avec l'homme.

Nous lui laissons l'universalité de son objet : les choses ; mais nous déterminons cet objet, et nous donnons à la métaphysique un objet propre, bien qu'universel : la raison des choses, et dans leur rapport avec l'homme.

Ce ne sont pas les choses, c'est la raison des choses. Il ne saurait y avoir une science des choses : mais seulement de certaines choses, et plusieurs sciences. Que de choses nous échappent ! et quel rêve de prétendre, en ce petit cachot où nous sommes prisonniers, en ce petit coin de l'immensité où nous sommes détenus, à la science de l'univers ! Quant aux choses que nous pouvons connaître, elles forment des groupes, et se divisent pour la science. Pour qu'une science unique les rassemble, il faut quelque unité qui les relie : une telle science n'aura donc point pour objet les choses, mais cette unité des choses, que l'expérience ne constate pas, que la raison seule affirme ; si donc elle existe, cette unité des choses, elle n'est accessible qu'à la raison seule, qui les rapporte les unes aux autres et toutes à un même être, toutes aussi à chaque être particulier : car chacun est pour soi le centre de l'univers, comme chacun est pour soi le centre du cercle de l'horizon. Tenter de les rapporter à l'absolu n'est pas un moins étrange rêve que prétendre à la science de l'univers ; ou plutôt c'est le même rêve d'un orgueil qui prétendrait à l'infinité de la raison comme à l'infinité de l'expérience. Il faut les rapporter à l'homme : cela seul nous est possible, et cela est légitime : où que nous allions, nous serons toujours le centre de l'horizon, et nous ne sortirons pas plus de notre moi que nous ne sauterons hors de notre ombre. Ceci n'est pas orgueil, c'est logique. Rapporter toutes choses à l'homme n'est pas les subordonner à l'homme : des mille rapports qui ont l'homme pour un de leurs termes, il peut être dans l'un terme égal et coordonné, supérieur et dominateur dans un autre, dans un autre encore inférieur et soumis : par exemple, égal aux esprits finis, supérieur aux animaux, inférieur à Dieu. Il n'en sera pas moins le point de départ et le point d'arrivée de la science : qu'elle traverse le monde, qu'elle s'élève jusqu'à Dieu, elle part de l'homme et retourne à l'homme. Ainsi est-elle science de l'unité des choses au point de vue de l'homme, science de l'enchaînement des choses par le lien qui les rattache à l'homme ; et cet enchaînement étant une explication de ce qu'elles sont, une application de la loi de l'être à leur être relatif, une détermination de l'être ou de l'absolu ou du nécessaire en elles, il suit qu'une science de l'unité des choses au point de vue de l'homme, une science de l'enchaînement des choses par le lien qui les rattache à l'homme, est une science de la raison des choses dans leur rapport avec l'homme.

Elle ne poursuit pas la connaissance, mais l'intelligence, mais la raison d'être de ce qui est, et la raison de la raison, jusqu'à une raison première qui explique tout : la question pour elle n'est point de savoir ce qui est, mais de comprendre comment ce qui est doit être ce qu'il est ; quel principe détermine les unes par les autres les diverses formes de l'être ; en vertu de quelle loi d'enchaînement, d'une réalité donnée toutes les réalités, et dans leur être et dans leur manière d'être, suivent. Elle ne poursuit pas le réel, mais l'intelligible ; disons plutôt : le réel comme intelligible, car elle n'estime pas que l'inintelligible puisse être ; elle cherche donc l'intelligible dans le réel : la nécessité rationnelle des choses au point de vue de l'homme. C'est là son propre objet, précis dans sa généralité, très déterminé en même temps qu'il embrasse l'universalité des choses connaissables.

VI

L'objet déterminé détermine la méthode. Si l'objet de la philosophie n'est pas connaissance, mais intelligence, la méthode n'en sera pas expérience, mais raison. Elle a pour objet un universel, — cet absolu qui unit tout ce qui existe dans la commune essence de l'être ; un nécessaire, — cette loi de l'être qui fait être les choses comme elles sont ; un intelligible, — la conformité du fait à la pensée, l'accord de la nature et de l'esprit : l'intelligible, le nécessaire, l'universel, échappe à toute expérience. Elle a un objet de raison : elle ne peut donc pas avoir une méthode expérimentale, mais rationnelle.

Ceux qui lui donnent une méthode expérimentale ne la conçoivent point comme cherchant l'intelligence de ce qui doit être ; mais : ou la connaissance de ce qui est : ils en font une science distinguée par sa généralité seule des sciences particulières, tels sont les positivistes ; ou la connaissance d'un certain être, de l'esprit, par exemple, de l'âme humaine, du moi : ils en font une science particulière. Et ceux qui n'admettent point qu'en dehors de l'expérience aucune science puisse être, entendent aussi par science une connaissance d'être, non une intelligence de raison d'être; ils nient qu'il y ait aucun être qui soit objet de raison : et nous savons que la raison, en effet, n'a pas pour objet des êtres, mais des rapports. Les philosophes qui voient dans la raison une perception d'êtres différents des êtres perçus par l'expérience, la compromettent, et avec elle toute science de raison, par cette erreur, semblable et contraire à l'erreur des philosophes qui voient dans l'expérience une perception d'êtres : celle-ci est l'erreur des empiristes, à laquelle, pour la corriger, des rationalistes modérés, qui la leur accordent, ajoutent l'autre. Il est juste qu'une école fondée sur une erreur triomphe d'une école fondée sur deux et l'empirisme de ce rationalisme-là. La vérité est que ni les données de l'expérience ne sont des êtres, ni les données de la raison, mais les unes des phénomènes et les autres des rapports nécessaires, et que c'est l'application des données de la raison aux données de l'expérience qui produit la connaissance, par une inférence des phénomènes à leurs causes.

Quoi qu'il en soit d'ailleurs là-dessus, il suffit que la philosophie ait un objet de raison pour qu'elle ne comporte pas d'autre méthode qu'une méthode rationnelle; et parler d'une philosophie expérimentale, c'est, ou bien donner à la philosophie un autre objet que la raison des choses, ou se contredire; c'est dire, sous le nom de philosophie, ici psychologie, là science générale, ou dire un non-sens.

Toutefois l'expérience y tient sa place, et une très grande place. La philosophie n'est pas une science rationnelle pure, comme sont les mathématiques. Car, ayant pour objet la raison des choses, elle n'a point pour objet l'intelligible pur, mais un intelligible, l'intelligibilité de la réalité, la conformité du fait à la pensée, l'accord de ce qui est avec ce qui doit être : or, si la raison détermine ce qui doit être, c'est l'expérience qui connait ce qui est; si la raison atteint l'intelligibilité, la réalité n'est accessible qu'à l'expérience.

La philosophie se propose de comprendre, sans doute, et non de connaitre : mais il faut connaitre pour comprendre. Il faut que les choses dont elle cherche la raison lui soient acquises d'ailleurs. Elle explique un être donné : ce qu'elle ne peut faire que partant de cet être, et, par la nécessité qui fait qu'il ne saurait être sans d'autres, par l'unité qui le rattache à ces autres ou qui les rattache à lui, par l'idée qui les donne tous ensemble avec lui, les retrouvant dans leur connexion idéale avec lui. C'est une déduction, non plus du même au même, mais du même à l'autre impliqué dans le même, autre et identique à la fois, un avec lui ; ou une induction rationnelle, par analyse d'une idée, pour y saisir les idées qu'elle contient ; et comme l'idée analysée est celle d'une réalité, les idées qu'elle contient sont idées de réalités liées à la première. C'est une construction rationnelle, mais non d'un pur possible : la philosophie métaphysique n'étudie point l'être en soi comme la géométrie étudie l'étendue en soi, mais l'être dans un être, dans un fait donné : un fait lui étant donné, elle en saisit l'idée et en tire d'autres idées pour en tirer d'autres faits. La connexité des idées lui garantit la connexité des faits. Elle recrée le monde dans la mesure de la connaissance qu'elle en a.

La métaphysique est une science de construction, dit M. Vacherot, et Aristote en faisait aussi, sans le dire expressément, une science de construction. Elle est telle, en effet, mais à la suite d'une matière donnée. Elle n'est pas la construction d'un inconnu, mais la reconstruction du connu.

La méthode philosophique se distingue ainsi de la méthode géométrique par deux caractètères : tandis que la géométrie va du même au même, procédant par équations entre termes dont l'un n'est jamais qu'une forme différente de l'autre, la philosophie va de l'un à l'autre, d'une idée à une idée qui n'est pas seulement d'une autre forme, mais d'un autre contenu; et tandis que la géométrie ne va que d'idée à idée, partant du concept d'un possible pour en déduire les déterminations idéales, la philosophie va d'existence à existence, partant du concept d'un fait donné pour en inférer les conditions réelles.

Le premier de ces deux caractères pose en ces termes le problème de la méthode philosophique, de l'analyse métaphysique, dirai-je : quelle est la loi de l'implication mutuelle des idées, qu'il faut tenir pour saisir l'implication mutuelle des existences ? Ce qui est précisément le problème de la philosophie. Nous avons consacré un livre [1] à la recherche de cette loi. Nous n'avons pas à nous en enquérir ici. Nous

---

(1) *L'Analyse métaphysique*, Méthode pour constituer la philosophie première.

fixons autant que nous le pouvons, avec l'objet de la métaphysique, la nature de la méthode qu'il commande ; mais autre chose est de dire quel doit être le caractère d'une méthode, autre chose de trouver et de proposer la méthode ayant ce caractère. Nous n'en dirons qu'un mot : c'est que, les idées étant connexes deux à deux, les deux connexes doivent, pour être impliquées l'une dans l'autre, participer l'une de l'autre (Platon); elles doivent avoir quelque chose l'une de l'autre, être la même en un sens tout en étant réciproquement autres, identiques et contraires : telles sont les idées, telles sont les existences. Leur corrélation est une opposition harmonique. L'existence est pleine de contraires unis, d'antinomies conciliées. La première démarche de la raison est de les apercevoir; la dernière, de les concilier. Ceux qui ne les aperçoivent pas ou qui les suppriment, suppriment ou méconnaissent le problème de la philosophie : l'implication mutuelle des existences est l'accord des contraires, puisqu'elles sont à la fois identiques et autres; elles ne sont pas juxtaposées, mais liées, et leurs idées engagées les unes dans les autres. Et ceux qui arguent des antinomies de la raison pour la récuser ne voient pas qu'elle ne serait pas raison si elle ne les portait en elle : car qu'est-ce que l'antinomie, sinon l'un et l'autre en un même? Or, il faut bien admettre que les choses sont unes et autres si elles sont distinctes, et il faut bien admettre quelles sont en un même si elles sont les unes dans les autres : mais il faut qu'elles soient les unes dans les autres, s'il y a une loi ou une essence de l'être qui les relie, s'il y a harmonie dans la discordance apparente, unité dans la diversité visible, s'il y a une raison des choses. Et s'il n'y a point de raison des choses, la philosophie n'a plus d'objet.

Le second des deux caractères par où diffère la méthode philosophique de la géométrique condamne ceux d'entre les métaphysiciens qui ont bâti sur une idée abstraite, sur un pur concept de la raison, l'édifice de leur système : ils avaient à reconstruire rationnellement la réalité pour l'expliquer par une sorte de traduction de l'expérimental en rationnel; ils ont prétendu la construire rationnellement pour la connaître : il se sont trompés sur l'objet même de la philosophie, qui n'est pas de connaître, mais de comprendre, et ils ont bâti dans le vide. Spinosa spécule sur la substance : s'il spécule bien, il ne déterminera que le possible de la substance comme le géomètre détermine le possible de l'étendue : le géomètre sait l'étendue intelligible, il ignore l'étendue actuelle ; et Spinosa saura, s'il spécule bien, la substance intelligible, il ignorera la substance actuelle. Hegel, spéculant sur l'être, saura l'être possible, s'il spécule bien : il ne saura rien autre, il ne tiendra pas, du monde qu'il tente de construire, le moindre *grain de mil*, ou le moindre grain de poussière. Sa logique n'aura pas été une ontologie, comme on l'a dit à sa gloire ; mais son ontologie n'aura été qu'une logique.

Notre grand Descartes a pratiqué d'instinct la vraie méthode philosophique : celle qui part de l'idée d'un fait donné pour en tirer, par un raisonnement allant de l'une à l'autre, les idées et, par suite, les réalités qu'il implique. On lui accorde l'honneur d'avoir inauguré la méthode psychologique expérimentale, qu'on lui reproche tout aussitôt d'avoir bien vite abandonnée pour un retour malheureux à la méthode géométrique : il n'en est rien. Sa méthode est rationnelle avec un fait psychologique pour point de départ : en quoi elle n'est ni psychologique ni géométrique. Elle n'est pas psychologique, étant rationnelle ; et elle n'est pas géométrique, ayant un fait pour point de départ. On a dit qu'il est infidèle à sa méthode, qu'il a deux méthodes tour à tour : il a les deux ensemble, et elles n'en sont qu'une : elle est cette méthode rationnelle appliquée à l'idée d'une réalité donnée au lieu de l'être à une idée pure. Il se place dans l'hypothèse du doute absolu : il y trouve une contradiction, la certitude du fait qu'il doute : douter, c'est penser ; penser, c'est être ; être comme pensant, c'est être une essence pensante, constituée par des idées, vraies en elles-mêmes ; il a, entre autres idées, celle de l'étendue, vraie en elle-même, soit que l'étendue actuelle existe ou non : n'y eût-il aucun cercle, il n'en serait pas moins vrai que dans les cercles égaux les cordes égales sous-tendent des arcs égaux ; y a-t-il étendue actuelle ? Il ne sait ; mais il a, entre autres idées, celle du parfait, celle de l'infini, et la présence en lui d'une telle idée requiert, pour être intelligible, pour être possible, un être infini, parfait, être unique, dont la perfection enveloppe la véracité, dont la véracité ne permet pas que notre foi à l'étendue actuelle ou aux corps soit un mensonge, etc., etc. — A l'origine, un fait psychologique : Descartes se place dans l'hypothèse du doute absolu. Voilà le point de départ : non le doute absolu, qui n'est point, puisque tout aussitôt il y rencontre une certitude, mais l'acceptation de l'hypothèse du doute absolu. C'est là un fait réel, positif ; c'est, dans la volonté de ne rien affirmer, une affirmation : cette volonté même en est une, tout fait en est une : c'est pourquoi le terrain des faits est solide, on y peut marcher, on y peut prendre l'essor. L'observateur marche ; le spéculatif, le métaphysicien vole, plane ; mais le sol a été le point d'appui qui lui a permis de s'élancer dans l'espace.

Parlons sans figure. Descartes n'observe pas, il raisonne ; mais il raisonne sur un fait, non sur un pur concept de l'esprit. D'ailleurs, il ne l'observe pas, ce fait : il en prend le concept, il en scrute l'idée. Ce n'est point l'idée du doute absolu en soi, c'est l'idée du fait que lui, Descartes, doute de tout : il trouve dans cette *idée* l'idée de l'affirmation du doute absolu, idée identique : c'est le doute même ; et contraire : c'est une affirmation ; et par conséquent, dans ce *fait* qu'il doute de tout, le fait qu'il affirme son doute, fait identique : c'est son doute même ; et contraire : c'est, dans le fait qu'il doute de tout, le fait qu'il ne doute pas de tout. Dans l'*idée* de l'affirmation du doute, il trouve l'idée de la pensée : et par conséquent, dans le *fait* qu'il affirme son doute, le fait qu'il pense ; il trouve, dans l'*idée* de la pensée, l'idée de l'être : et, par conséquent, dans le *fait* qu'il pense, le fait qu'il est : *cogito, ergo sum*.

On voit bien ici la portée de ce fameux *cogito*, et combien il est peu philosophique d'en faire un syllogisme, qui, si c'en était un, ne serait, en effet, comme on l'a osé dire, qu'une puérile tautologie. Descartes ne dit pas : Je suis pensant, donc je suis ; et il n'y a pas à lui objecter que penser c'est être pensant : car il s'agit pour lui de découvrir cela même, que penser c'est être pensant, que la pensée enveloppe l'être, que lui qui pense est, avec tout ce qui est contenu dans le concept de la pensée et dans la certitude d'être en qualité de pensant : certitude et vérité des idées en lui, présence en lui de certaines idées, qui conduisent à d'autres, etc. Il ne descend pas de l'idée générale à l'idée particulière ; il remonte, au contraire, de l'idée particulière à l'idée générale, qui est la même, et qui n'est pas la même ; et comme il remonte d'idée en idée, il remonte de fait en fait. Il ne raisonne pas géométriquement, mais philosophiquement, ou métaphysiquement. Et si son raisonnement était rigoureux, si trop souvent il n'était précipité dans ses inductions rationnelles, comme quand il conclut d'être pensant à être essence pensante, d'être étendu à être essence étendue, deux essences incompatibles et sans rapport intelligible entre elles, ce qui brise l'unité des choses ; si parfois, faute de se rendre assez bien compte d'une méthode qui est moins celle de sa réflexion que de son instinct métaphysique, il ne retombait dans la méthode géométrique, il aurait fondé la philosophie.

Il retombe dans la méthode géométrique, par exemple, quand du pur concept de l'être parfait il tire l'existence d'un tel être. La présence de ce concept en lui, voilà une réalité psychologique, dont l'idée analysée pourra lui donner l'existence réelle de l'être qui en est le principe : mais ce concept en lui-même, considéré hors de toute réalité, ne lui donnera rien qu'un intelligible, un possible. Dans l'idée du parfait est comprise l'existence, comme dans l'idée du triangle est comprise l'égalité de ses trois angles à deux droits ; donc il est que le parfait existe, comme il est que les trois angles d'un triangle sont égaux à deux droits... Soit, et de la même manière : s'ensuit-il qu'il y ait quelque triangle ? Non ; mais que, s'il y en a, ses trois angles seront égaux à deux droits. De même, s'ensuit-il qu'il y ait un parfait ? Non ; mais que, s'il en est un, il existera par essence, d'une existence éternelle, absolue. L'argument prouve bien que, si Dieu est, il est éternellement, absolument, par essence, en conséquence de son idée même ou de sa définition ;

l'argument ne prouve pas que Dieu est. Il détermine un intelligible, il n'atteint pas la réalité. C'est l'erreur passagère de Descartes, quand il s'oublie ; c'est l'erreur constante des Spinosa, des Hegel et de tous ceux d'entre les idéalistes qui, spéculant sur de purs concepts, spéculent sur des idées vides.

VII

Ils prennent leur logique pour une ontologie. Et il est vrai que la logique devient une ontologie, quand, au lieu d'être la construction ou la pure déduction des choses, elle en est la reconstruction sur la base d'une réalité donnée, et avec la connaissance préalable de ces choses dont elle cherche la raison.

Cette connaissance préalable est nécessaire. La philosophie n'est pas absolument la science de la raison des choses : car combien de choses nous échappent ! L'univers se dérobe aux prises de notre curiosité : il nous fuit dans l'infini des espaces qui nous enferment et des temps qui ne sont plus ou qui ne sont pas encore ; il nous presse de toutes parts, mais nous n'en connaissons que ce qui nous touche.

Les choses qui ont trait à l'homme sont les seules que l'homme connaisse, les seules aussi qu'il lui importe de connaître : si bien qu'il est lui-même pour lui l'unité des choses, et que nous avons défini la philosophie la science de la raison des choses dans leur rapport avec l'homme. S'il ne s'agit pour la philosophie que des choses qui nous sont accessibles, il ne s'agit pour elle, en conséquence, que des choses que nous pouvons connaître ; et si son œuvre n'est point de les connaître, mais de les comprendre, la connaissance préalable des choses dont elle cherche la raison lui est donc nécessaire.

Que les idées nous soient apportées du dehors, ou qu'elles nous soient données avec la raison, ou qu'elles soient formées par la raison, à quelque explication de leur origine qu'on s'arrête, il nous est impossible et d'avoir des idées de ce que nous ne connaissons pas, et de connaître par la raison pure. La raison n'est pas une faculté de connaissance du réel, mais d'intelligence du vrai ; elle n'a point pour objet ce qui est, mais ce qui doit être, ni des choses, mais des rapports de choses. Si les idées nous sont apportées du dehors, elles nous viennent avec la connaissance produite en nous par la présence des choses ; si elles nous sont données avec la raison ou si elles sont formées par la raison, dans l'un comme dans l'autre cas elles ne peuvent ou apparaître ou se former qu'à la condition d'une excitation qui, provoquant la connaissance, la détermine et la mesure. Aussi toute prétention de raisonnement dégagé d'éléments empiriques fut-elle toujours vaine. Spinosa croit faire une déduction pure : d'où tire-t-il, je vous prie, ses idées de la pensée et de l'étendue, dont il fait deux attributs de la substance ? Et s'il les déduisait de l'idée de substance, s'il n'en avait pas la connaissance préalable, pourquoi bornerait-il de fait à ces deux attributs la substance, à laquelle il accorde une infinité d'attributs infinis ? L'esprit n'opère que sur ses idées, et dire que le raisonnement, qui est l'opération de l'esprit, les produit ou les crée, revient à dire cette absurdité, que l'opération crée elle-même ses propres matériaux. L'œuvre philosophique n'est point de créer des idées nouvelles, mais d'unir en un système rationnel bien enchaîné et bien lié la multiplicité des idées qu'on a.

VIII

La métaphysique ayant pour objet la raison des choses, dont la connaissance préalable lui est nécessaire, quelles sont les sources de cette connaissance ? — L'expérience, dira-t-on ; et nous venons de le redire nous-même. — Oui, sans doute ; mais il y en a une autre encore, que l'esprit moderne est trop porté à oublier ou à méconnaître : le sentiment. L'une fonde la science, l'autre la croyance ou la foi.

La raison, nous l'avons dit, n'est pas une source de connaissance ; car elle n'atteint pas des êtres, mais des rapports : rapports nécessaires d'êtres possibles. Elle saisit l'intelligible, mais l'intelligibilité d'un être est toute dans ses rapports avec les autres. La raison ne peut donc saisir l'être que dans ses rapports. Rapports idéaux, tant que les termes ne lui en sont pas donnés. Ils lui sont donnés par la sensibilité. Dans le sens est la condition de la connaissance du réel : celle de l'esprit ou de l'être que nous sommes, dans le sens intime ; dans le sens externe, celle du monde.

Il n'y a pas d'autre science du réel que celle qui se fait ainsi par l'observation, extérieure ou intérieure : nous pouvons l'accorder à l'empirisme. Nous n'accorderons pas au positivisme qu'il n'y ait point d'autre observation valable que l'observation extérieure, ni que toutes les sciences, les mathématiques mêmes, soient d'observation. A l'observation extérieure il faut ajouter l'observation intérieure, à la cosmologie la psychologie, à laquelle nous empruntons toutes les idées d'activité et d'être que nous transportons au dehors ; et les mathématiques ne sont pas des sciences d'observation, les définitions qui en sont les principes étant de pures déterminations d'idées : mais aussi ne sont-elles point des sciences du réel. Elles sont une logique. Elles sont des sciences comme la logique est une science : la *mathématique* est moins une science, à vrai dire, qu'un instrument de science. Ces réserves faites, accordons à l'empirisme qu'il n'y a de sciences du réel que celles d'observation.

Mais la science n'est pas toute la connaissance. Il y a une autre connaissance du réel que la connaissance expérimentale ; et si dans le sens est la condition de la connaissance du réel, si la sensibilité donne les termes dont la raison perçoit les rapports, il y a une autre sensibilité que celle qui est affectée par les faits, il y a d'autres sens que ces sens extérieurs qui nous mettent en contact avec le monde, et ce sens interne qui n'est que le sentiment présent de notre être en acte. Il y a d'autres sens, dis-je : ces sens non plus physiques, mais *psychiques*, ces sentiments inhérents à notre nature et qui nous portent vers certaines fins, ces instincts fondamentaux de l'homme ou ces aspirations qui ne seraient des illusions qu'autant que notre être même serait un être de mensonge. Ces sens psychiques nous parlent aussi, comme les sens physiques, de réalités qui nous intéressent, mais plus éloignées, que nous n'atteignons pas à titres de faits présents, que nous ne savons pas, que nous devons croire. Et savoir, est-ce autre chose après tout que croire à l'expérience? Comme nous croyons à l'expérience bien conduite, il y a aussi des sentiments qui nous inspirent une légitime foi. La légitimité de la foi au langage des sens psychiques n'est pas plus à démontrer que la légitimité de la foi au langage des sens physiques. Les uns comme les autres, disons d'un seul mot les sentiments comme les sens, ont leurs objets : la foi aux sentiments, comme la foi aux sens, est légitime, et leurs objets existent, si les sentiments qui nous en parlent sont légitimes ; et ils le sont s'ils font partie intégrante, essentielle, de la nature humaine. Il faut croire à la nature humaine, ou cesser de parler, cesser de penser, cesser d'agir, cesser de vivre. La nature humaine est fondée en vérité : chacun l'admet dès qu'il admet la véracité de la raison ou la véracité des sens ; la véracité des sentiments doit être admise au même titre : si la nature humaine est fondée en vérité, elle l'est dans tout ce qui la constitue. Les sentiments essentiels sont donc vrais, et leurs objets existent.

La question est de les reconnaître, ces instincts fondamentaux, ces sentiments inhérents à la nature humaine et constitutifs de cette nature ; et de fixer ensuite la mesure où ils requièrent, pour être légitimes, l'existence de leurs objets. Car c'est en quoi diffèrent le langage des sens et le langage des sentiments, que l'un est un témoignage de ce qui est, l'autre une affirmation confiante de ce qui doit être, « *rerum sperandarum argumentum fides* (saint Paul). » L'objet des sens est la donnée des sens, et il est tel que les sens le donnent ; l'objet des sentiments est le postulat des sentiments, qui l'affirment sans en déterminer la forme ; et il n'y a lieu d'en admettre l'existence même que dans la mesure où il faut qu'ils existent pour que les sentiments qui les supposent soient vrais.

La connaissance de l'objet des sens est certaine, de certitude physique ; la connaissance de l'objet des sentiments est certaine, de certitude morale : morale ou physique, la certitude est toujours la certitude. L'une est une connaissance de science, l'autre une connaissance de foi : celle-ci embrasse un ensemble de vérités peu déterminées, mais d'une souveraine importance : les grandes vérités de l'ordre moral, comme on les appelle ; ou, pour mieux dire, les dogmes de la religion naturelle, postulats de la foi spontanée du genre humain. Les religions particulières les déterminent ; les systèmes philosophiques également. C'est ici qu'il peut y avoir conflit entre les philosophies et les religions, parce que ces déterminations risquent d'être erronées : une philosophie vraie sera en conflit avec une religion fausse, une religion vraie avec une philosophie fausse, la vérité avec l'erreur, ou encore l'erreur avec l'erreur : mais la philosophie ne sera pas en conflit avec la religion, parce qu'il appartient à la philosophie d'expliquer, sans le nier ni le dénaturer, mais de comprendre, de traduire en langage de raison ce que la religion affirme, et à la religion d'affirmer ce que l'homme affirme universellement par la voix des sentiments constitutifs de sa nature.

Quels sont-ils, ces sentiments essentiels de l'homme ? A quel signe les reconnaîtrons-nous ? A leur universalité. Et à quel signe leur universalité ? A l'expression unanime qu'en donne la conduite, — non la parole, car bien peu d'entre les hommes se rendent compte de leur propre être et savent témoigner d'eux-mêmes, — mais la conduite constante, la conduite instinctive des hommes ; à leur caractère irréductible : des sentiments irréductibles sont fondamentaux, des sentiments fondamentaux, primordiaux, entrent dans l'essence de l'homme, ce sont des éléments de la nature humaine ; des éléments de la nature humaine sont universels, et, si la nature humaine est fondée en vérité, sont vrais.

Prenons un exemple. Rien de plus contesté que le libre arbitre humain. Il présente à la raison des difficultés non surmontées jusqu'à ce jour ; et il n'est pas, quoi que dise une certaine école, un fait d'expérience : car cette conscience prétendue, que nous pourrions prendre une autre résolution que celle que nous prenons en effet, est une contradiction pure. Qu'est-ce qu'une conscience, qu'est-ce qu'une expérience, de ce qui pourrait être, mais qui n'est pas ? On a la conscience de prendre une résolution à l'exclusion de toute autre que l'on conçoit possible, qu'il semble qu'on pourrait prendre, qu'on a la croyance, mais non la conscience, de pouvoir prendre : on n'a pas la conscience de la prendre, puisqu'on ne la prend pas, ni de pouvoir la prendre, puisqu'on ne la prend pas : on n'a pas conscience de la puissance, mais de l'acte. Le libre-arbitre ne peut donc pas être établi expérimentalement, et beaucoup estiment que rationnellement il doit être nié. Mais ceux-ci mêmes, qui le nient, l'affirment. Ils le nient dans leurs livres, ils l'affirment dans leur conduite instinctive et constante : ne se demandent-ils pas à chaque instant ce qu'ils feront, ne se consultent-ils pas eux-mêmes en toute occasion sur le meilleur parti à suivre ? Ils croient donc et à leur pouvoir de vouloir et à leur pouvoir de faire. Ils n'expérimentent pas plus le pouvoir de faire que le pouvoir de vouloir : car, comme l'expérience ne nous apprend pas si nos résolutions sont déterminées, moins encore nous apprend-elle si l'action qui suit notre volonté en est un effet ou n'en est qu'une suite : l'expérience nous montre notre résolution de mouvoir et le mouvement qui la suit d'ordinaire ; elle ne nous montre pas que ce soit la résolution qui meuve. Doute-t-on, sauf chez les systématiques, du pouvoir de faire, non plus que du pouvoir de vouloir ? Deux pouvoirs dont tout homme a la connaissance, non d'expérience, mais de foi.

Si l'expérience, externe ou interne, fournit à la métaphysique les réalités constatables, la croyance lui donne celles qui échappent à la perception directe : l'une le visible, l'autre l'invisible.

Il y a des choses que nous voyons, il y en a que nous affirmons invinciblement sans les voir. C'est qu'il y a des actes dont il est impossible de s'abstenir sans se mettre par là même hors de l'humanité ; aussi nul homme ne s'en abstient-il : un instinct, à défaut de connaissance, les impose à chacun de nous. Mais l'instinct est l'affirmation implicite d'une réalité inconnue. Rendons-nous compte de nos propres instincts ; dégageons les réalités supposées implicitement par notre conduite nécessaire. De pareilles affirmations sont universelles, comme la conduite même, ou comme l'instinct, qui les implique. Elles sont donc vraies, à moins qu'il ne plaise d'admettre que l'humanité affirme le faux. C'est ce qu'on ne fera pas. Nul n'accordera qu'il puisse y avoir contradiction entre la raison et la nature de l'homme, entre la connaissance et l'instinct. Que ce qu'affirme l'instinct échappe à la connaissance directe; soit : ce ne sera pas objet de connaissance, mais de croyance, et il y aura dans l'humanité des croyances universelles, dont l'ensemble constitue une religion universelle, nécessairement vraie. Il appartient à la philosophie de l'établir scientifiquement, rationnellement, par le rapport qui en rattache les réalités non connues ou non perçues aux autres réalités que donne l'expérience, par la méthode qui, partie de l'expérience, s'élève au-dessus d'elle et du visible tire l'invisible.

La philosophie ne consiste pas à établir le fait de la croyance invincible et par conséquent vraie, c'est-à-dire à établir la religion universelle sur ce motif de crédibilité qu'elle est universelle, qu'elle est celle même du genre humain ; mais à établir le fait qui est l'objet d'une telle croyance par sa connexion nécessaire avec d'autres faits donnés expérimentalement : non point, par exemple, que le genre humain croit et qu'il faut croire à l'immortalité de l'âme, mais que l'âme est immortelle. L'intérêt de la morale publique, le besoin de quiconque est honnête homme, la veut et la déclare impérissable : argument bien ancien, car il est dans le cœur de tous les hommes, depuis qu'il y a des hommes, et qui sentent, mais toujours nouveau : immortel comme l'âme dont il prouve ou dont il exige l'immortalité. Et certes si le juste n'est point la même chose que ce qui sert mes désirs, si je n'ai pas été créé pour jouir de l'existence aux dépens de tous, mais pour accomplir certains devoirs aux dépens de moi-même et de ma propre vie, si tel est enfin l'être de l'homme, et si pour un tel être la mortalité est l'impossibilité de vivre, il s'ensuit qu'il y a une continuation de la vie, puisqu'il vit et que sa vie la demande : quiconque se comporte en homme de bien, c'est que dans l'instinct, sinon dans la raison de son âme, il se sent immortel. Acte de foi intime, qui ne saurait être faux, mais qui ne devient un acte de raison qu'après que la philosophie en a établi scientifiquement la vérité intrinsèque. Une foi invincible affirme qu'au vice est réservé le malheur, le bonheur à la vertu. Une foi invincible nous pousse à invoquer Dieu dans le péril. Une foi invincible a institué partout des cultes : partout, non par intelligence mais par sentiment, ou même en dépit de son intelligence, mais en vertu d'un sentiment plus fort, partout l'homme adore, partout l'homme prie. Ainsi la nature de l'homme, en dehors de toute doctrine, de toute réflexion, de toute raison, croit à un Dieu juste, qui gouverne toutes choses par une providence immédiate, qui veille sur la destinée du moindre des êtres sortis de ses mains, qui sonde les reins et juge les œuvres, à un Dieu vivant. De là un ensemble de vérités, qui sont la religion universelle du genre humain. Dégager ces vérités des instincts qui en sont l'affirmation implicite, c'est en établir la croyance nécessaire, invincible, légitime ; c'est mettre en lumière la foi de l'humanité, obscurcie et comme couverte du nuage des fausses religions ; c'est faire œuvre de religion, non de philosophie.

La philosophie fait une autre œuvre : elle ne dégage pas ces vérités, elle les démontre. Elle ne montre pas qu'elles sont, mais qu'elles doivent être ; elle les tire des faits de l'expérience, auxquels elle les rattache par un lien nécessaire ; elle les met à leur place dans l'ordre rationnel des choses ; elle en construit la théorie, et il ne lui est pas plus permis de les infirmer ou de les nier, qu'il n'est permis à une théorie physique d'infirmer ou de nier un fait expérimental. Le fait au contraire juge la théorie, qui, dès qu'elle l'infirme ou le nie, est fausse, qui n'est vraie que si elle l'explique, et qu'elle soit d'ailleurs fondée en raison. Or, il y a des faits de croyance comme il y a des faits d'expérience : la science les doit respecter également, bien qu'à différents titres, et la philosophie doit les faire entrer les uns comme les autres dans le cadre de sa large synthèse.

La philosophie répugne à ce respect des faits de croyance. Elle ne considère pas la croyance comme une connaissance du réel. C'est que l'on confond la religion avec telle religion particulière qui la représente à nos yeux : en France et au XIXe siècle, avec le christianisme, le christianisme avec le catholicisme, le catholicisme avec l'ultramontanisme. Nous n'avons rien à dire ici sur la religion particulière de la France au XIXe siècle : mais, quand elle serait une superstition, la religion universelle n'en serait pas moins donnée par les instincts fondamentaux de l'âme humaine; il n'en existerait pas moins un ensemble de croyances implicites, mais invincibles et légitimes, qu'il faut savoir connaître ou reconnaître, et que la philosophie n'a le droit ni d'ignorer ni de contredire.

Les positivistes, les empiristes de toute nuance, ne parlent que de l'observation, ils n'ont que ce mot sur les lèvres, ils en ont la bouche pleine, et ils n'en veulent ouïr aucun autre : qu'ils la poussent donc, l'observation, jusqu'à étudier les idées et les sentiments des hommes comme ils étudient les instincts des animaux; qu'ils y découvrent des croyances universelles, de la même manière, par la même méthode, que telle école y découvre l'*altruisme*.

C'est un fait que l'homme croit certaines choses, affirme de confiance certaines réalités, qu'il ne saurait voir ni savoir. Que feront-ils d'un tel fait? Ils ne pourront le nier; ils en pourront nier la valeur. Mais à quel titre? Eux-mêmes les partagent, ces croyances universelles; à leur insu peut-être : mais leur conduite constante, instinctive, témoigne de leur invincible foi : ils affirment comme hommes ce qu'ils ignorent comme savants. Qu'ils tiennent ces affirmations pour non avenues dans l'ordre de la science, ils feront bien; mais ce qui est non avenu dans l'ordre de la science, l'est-il absolument? Il n'est pas plus juste de méconnaître la valeur d'une foi universelle, que de méconnnaitre la valeur de la science même : il suffit qu'elle ait également son fondement dans la nature humaine.

J'accorde aux mystiques, on le voit, une connaissance par le sentiment, comme aux empiristes une connaissance par la sensation; et j'accorde aux uns comme aux autres que la raison n'est point source de connaissance : mais je n'accorde ni aux uns la substitution de la sensation à la raison, ni aux autres celle du sentiment; et si je leur abandonne la connaissance, aux uns expérimentale, aux autres sentimentale, aux uns scientifique, aux autres religieuse, je ne leur abandonne pas la philosophie.

IX

La philosophie, déterminée dans son objet et dans sa méthode, n'est possible qu'à deux conditions : qu'il y ait une raison des choses, et que cette raison des choses soit donnée à la raison de l'homme. S'il n'y a point de raison des choses, si les choses qui existent ne doivent leur être qu'au hasard, ou à l'arbitraire d'une volonté indifférente, pure, absolue, ce qui est un autre nom du hasard, la philosophie est frappée dans son objet même ; si la raison des choses n'est pas donnée à la raison de l'homme, la philosophie est frappée dans sa méthode : également anéantie, soit qu'elle perde son objet, ou le moyen de l'atteindre.

Ces deux grands postulats de la philosophie en enveloppent d'autres ; et comme ils résultent d'une définition de la philosophie, de la même définition résulte une doctrine philosophique essentielle. Il y a une raison des choses, donnée à la raison de l'homme ; traduisons : la raison des choses est telle que la comprend la raison de l'homme ; la raison de l'homme est telle qu'elle comprenne la raison des choses. Il n'y a qu'une raison, qui détermine et l'être et l'intelligence de l'être ; une raison objective et subjective ensemble, où s'unissent l'être et l'intelligence dans l'intelligible, lequel n'est pas hors de l'intelligence, car qu'est-ce qu'un intelligible hors de l'intelligence ? ni hors de l'être, car qu'est-ce qui sera intelligible sinon l'être même ? une raison universelle, absolue, ayant dans l'homme une valeur universelle, absolue : une raison qui est dans l'homme, présente à l'esprit sans être l'esprit, immanente et distincte ; et c'est dans la raison de l'homme qu'il faut chercher la raison des choses.

Etudions ce rapport de l'homme aux choses dans ses deux termes : dans les choses, et dans l'homme.

X

Dans les choses. La raison des choses est telle, avons-nous dit, que la comprend la raison de l'homme. Une raison gouverne toutes choses, et les détermine en leur être, les situant dans l'espace à titre de substances manifestées par des modes, les distribuant dans le temps à titre de causes manifestées par des phénomènes, les ordonnant sous le régime de lois stables pour une hiérarchie de fins. L'expérience ignore la hiérarchie des fins, ignore la stabilité indéfectible et universelle des lois, ignore l'ordre : la raison l'affirme. Ceux qui démontrent par l'ordre du monde l'existence du grand ordonnateur compromettent la base même de leur preuve, l'ordre du monde, en le posant comme un fait d'expérience : l'expérience ne saisit pas le monde, et dans le peu qu'elle en saisit ne voit pas l'ordre; si bien qu'un des plus graves d'entre les problèmes de la métaphysique est précisément d'expliquer, c'est-à-dire de justifier, de reconnaître comme une forme de l'ordre, le désordre qu'elle nous montre. L'ordre du monde n'est donc pas un fait d'expérience : c'est une affirmation de raison. L'expérience ignore les substances, les causes, les êtres; elle ne sait que des phénomènes, et c'est la raison qui les rapporte à leurs *noumènes*, comme parle Kant, c'est-à-dire à ce qui est conçu à propos de ce qui est vu, à un invisible dont le visible n'est pour nous que le signe. L'expérience donne le signe, la raison donne le rapport qui permet de l'interpréter : non l'invisible, mais le lien qui le rattache au visible; non la substance, ni la cause, mais la substantialité, la causalité; non l'être absolu ou l'être infini, mais cette connexion d'idées qui fait qu'absolu et relatif, infini et fini, comme substance et modes, cause et phénomènes, sont termes contraires inintelligibles l'un sans l'autre, en sorte qu'une pure substance qui n'aurait point de modes, par exemple, ou une pure cause qui ne produirait point de phénomènes, ne serait pas une moins vide chimère que des phénomènes qui n'auraient point de cause, des modes qui ne le seraient de rien.

L'objet de la raison, ce sont les idées; et l'objet des idées, ce sont les rapports : car une idée ne saurait être entendue que par son rapport à une autre. Toute idée implique une définition : qu'on l'exprime, on aura un jugement, rapport de deux idées. Il s'ensuit que toute idée se rapporte à une autre, qu'il n'y a point d'idée solitaire; les idées se déterminent les unes les autres, et ne se peuvent entendre que par cette détermination mutuelle. Mais les choses répondent aux idées : c'est l'hypothèse, c'est le premier postulat de la métaphysique : donc elles sont déterminées, comme leurs idées, les unes par les autres, et elles ne sont explicables que par cette détermination mutuelle ; et une seule ne peut être que toutes ne soient, comme une seule idée ne peut être entendue que toutes ne le soient aussi. Nous ne les entendons pas toutes : c'est qu'à vrai dire il n'en est aucune que nous entendions pleinement. S'il existe un esprit qui en entende une pleinement, il les entend pleinement toutes, dans leur profonde unité ; et il connaît, par leurs idées, toutes choses. « La vérité, dit Bossuet, est une : qui la connaît en partie, en voit plusieurs ; qui la verrait parfaitement, n'en verrait qu'une. »

« Et, ajoute-t-il, il faut nécessairement que la vérité soit quelque part très parfaitement entendue. » Le souverain esprit existe. Car les idées existent, indépendantes de l'esprit qui les pense ; mais elles n'existent qu'autant qu'elles sont pensées, et elles ne peuvent être pensées qu'en un esprit qui les entend toutes. Elles existent indépendantes de l'esprit, puisque l'esprit ne les produit pas, mais les a pour objet, en tant qu'il a pour objet la vérité ou l'être ; puisqu'elles sont l'intelligible, c'est-à-dire l'être même dans son rapport à l'intelligence. Mais l'intelligible n'est point hors de l'intelligence, ni de l'être : il est donc réalisé tout entier, et tout entier entendu. Entendu fragmentairement dans les divers êtres; mais entendu et réalisé dans la solidarité des idées et des êtres « quelque part » : un être exprime l'être, et en résume toutes les puissances, intelligence, force, amour; un esprit entend l'intelligible, et en comprend toutes les idées, qui n'existeraient pas, si elles n'étaient pensées dans leur plénitude. L'être se polarise en quelque sorte et se manifeste sous une double forme : un être parfait, des êtres à tous les degrés; un être parfait, premier-né de l'être et sa manifestation éternelle, éternelle raison par qui sont toutes choses suivant leurs idées, et par qui entendent toutes les intelligences.

Tout ce qui est peut être, sans quoi il ne serait pas : *ab actu ad posse valet consecutio*, disait le Moyen-Age. Mais le possible, c'est l'intelligible; et l'intelligible, le rationnel. Tout ce qui est est rationnel, est en vertu d'une raison d'être, est déterminé par une nécessité ou par une convenance de raison qui le fait être; traduisons : tout ce qui est doit être. Il ne s'agit point ici de devoir moral, mais de devoir logique. Le péché, par exemple, ne doit pas être; et cependant il est. S'il est, c'est en vertu d'une raison d'être. Et, en effet, il ne doit pas être moralement, mais logiquement, si tous les degrés de l'être doivent être réalisés ; si la liberté est un de ces degrés ; si, une fois donnée, elle l'est avec toutes ses alternatives. La formule : tout ce qui est peut être, est devenue celle-ci : tout ce qui est doit être. Mais tout ce qui doit être est : car, s'il y a une nécessité de raison qui le fait être, comment ne sera-t-il pas ? En conséquence, tout ce qui peut être est. Tout le possible de l'être est donné avec l'être. Ou il n'y a point d'être, ou l'être n'a point de lacune. — Non que tout ce qui nous semble possible soit ou doive être : car ce qui nous semble possible l'est-il en effet ? Il ne l'est qu'à des conditions que nous ignorons, impossibles bien souvent, et dont l'absence le rend lui-même impossible. Si un fait dépend d'une volonté qui, certaines circonstances données, ne se produira pas, ce fait, possible moyennant une condition qui ne se réalisera pas, est-il possible ? Il semble l'être : en vérité, il ne l'est point. C'est ainsi que tout ce qui est réel est rationnel et tout ce qui est rationnel réel, selon une formule célèbre ; et que, comme on va légitimement du fait à l'idée, on va légitimement de l'idée au fait. Le tout est d'avoir l'idée qui permette ce passage. Mais il faut l'avoir pour que la philosophie, qui se propose de comprendre la réalité, c'est-à-dire de la déterminer rationnellement, et de connaître l'invisible par le visible, puisse faire son œuvre.

Ceci nous amène au second postulat de la métaphysique : non plus celui de l'objet, mais celui de la méthode. Après cette étude brève du rapport de l'homme aux choses dans le premier de ses deux termes, les choses, étudions-le dans l'autre : l'homme.

XI

La raison de l'homme est telle qu'elle comprenne la raison des choses. Ce postulat écarte à la fois et l'empirisme et l'idéalisme subjectif ; il établit l'idéalisme objectif. La raison est innée à l'homme, avec les idées qui la constituent; et ces idées sont vraies, c'est-à-dire que l'objet en existe : non des choses, mais des rapports nécessaires. L'expérience donne des termes de ces rapports, la raison donne les rapports par les idées innées qu'elle en a; et par l'application des données de la raison aux données de l'expérience, des idées de rapports nécessaires aux phénomènes, se connaissent les termes autres que ceux que l'expérience donne, et se forment toutes les idées. Il n'y a point d'idées expérimentales, il n'y que des idées rationnelles. Les données de l'expérience ne sont pas des idées, mais des faits, termes de rapports dont les idées sont les données de la raison : idées de rapports nécessaires, ce sont les idées rationnelles pures; les idées dites expérimentales ne viennent pas de l'expérience, mais d'une application des données de la raison aux données de l'expérience. Telle est la part de l'expérience dans la formation des idées : si la raison est irréductible à l'expérience, elle n'en a pas moins besoin de l'expérience pour se produire dans l'homme, et c'est dans la mesure de l'expérience humaine qu'elle se manifeste à l'esprit humain.

L'idée est la notion en soi, applicable indéfiniment; abstraite, et, par suite, universelle de sa nature : par là même, essentiellement distincte de la sensation, ainsi que de la représentation mentale ou de l'image, qui est, au contraire, particulière et concrète; par là encore, distincte de la perception, distincte de la connaissance, distincte de la pensée, bien qu'il n'y ait point de pensée sans idées, et qu'il soit vrai de dire que des idées non pensées n'existeraient pas. Aussi avons-nous reconnu que toutes les idées sont pensées quelque part. L'idée est l'objet de la pensée, non la pensée actuelle. L'idée n'est donc point la chose, ni la présence de la chose, ni l'impression dont cette présence affecte le cerveau ou la sensation qui en résulte dans l'âme, ni l'image cérébrale, ni l'image mentale, ni l'affirmation, la pensée actuelle : elle n'est pas un phénomène ou un acte de l'âme ; elle est dans l'âme, qui la porte en elle sans le savoir, et, quand elle pense, l'aperçoit en elle comme l'objet direct de sa pensée. Elle est l'intelligible, le possible, le logique, le rationnel ; elle est ce qui doit être, et que réalise ce qui est ; les choses sont la réalité, et les idées la vérité, dont la loi les gouverne ; les choses sont les existences, et les idées les essences qui les déterminent en leur être.

Les idées ne sont pas idées de choses réelles, mais de rapports possibles. D'où certaines idées primordiales : rapports fondamentaux, qui sont comme les cadres généraux où entrent nécessairement tous les rapports particuliers. Ils sont nécessaires : l'idée de l'être les contient, et nul être ne peut être conçu que par eux. Ils sont les idées de l'être, et c'est pourquoi ils sont nécessaires, comme l'être lui-même. Les autres sont des idées d'être, et ne sont donc que possibles. Si notre intelligence était parfaite, nous entendrions d'abord, suivant l'ordre logique, tout le nécessaire, puis tout le possible : l'être et les êtres. Telle n'est pas notre intelligence, telle ne saurait être une intelligence finie : nous n'avons pas nos propres idées sans les choses ; nous ne les avons, ou nous ne les pensons, qu'à l'occasion des êtres qui les réalisent ; et c'est pourquoi nous ne les pensons pas toutes, mais seulement celles que réalisent des êtres donnés, et dans la mesure où ces êtres nous sont donnés. Les choses éveillent en nous, provoquent à se produire en nous, leurs idées, applications particulières, contingentes, des lois universelles de l'être : quand nous entendons, nous entendons un possible, que nous entendons lui-même par un nécessaire. Donc, des idées de rapports nécessaires, desquelles dérivent des idées de rapports possibles à l'infini : tout un monde, l'univers idéal, présent à l'intelligence, sans l'être à la conscience, à la connaissance actuelle de l'homme. Pour que l'homme en prenne conscience, pour qu'il possède la connaissance actuelle de ce monde intelligible, il faut qu'il soit averti de ses propres idées par les choses qui les réalisent ; il faut, non qu'il connaisse les choses, puisqu'il ne les peut connaître que par les idées, mais que les choses lui soient données autrement que par la connaissance : et c'est la sensation ou le sentiment qui les lui donne. Il connait par la faculté d'*idéer* ce qui lui est donné par la faculté de *sentir*.

Il faut qu'un être nous soit donné. Un être nous est donné, et c'est le nôtre. Le nôtre, dis-je, en contact avec le monde par la sensation, et par la raison avec Dieu.

Nous ne pouvons rien connaître, ni entendre ce que nous connaissons, que par cette double union avec le monde et avec Dieu. Car la raison n'est point nous, ni aucun esprit fini ; mais elle est à divers degrés dans les esprits finis, et pleinement dans l'esprit infini. Il y a une loi de l'être, aperçue par tout être dans la mesure où il se connait être, aperçue absolument par l'être qui se connait absolument parce qu'il est absolument, par le principe de l'être qui est tout ensemble la force productrice des êtres et la loi à laquelle, en les produisant, elle les conforme. Notre esprit affirme, connait, voit dans une certaine mesure, la raison des choses : sommes-nous la raison des choses ? Non plus que nous ne sommes les choses mêmes. Notre esprit voit, dans une certaine mesure et d'une bien faible vue, mais enfin il voit, en s'en distinguant lui-même, d'une part les choses, de l'autre la raison des choses :

donc, cette raison existe, comme les choses existent. Celles-ci se manifestent par leurs phénomènes, qui expriment pour nous des êtres ; celle-là est la loi ou le principe ou l'être des êtres, Dieu. Et comme nous ne voyons la raison des choses que dans les choses, mais n'entendons les choses que par leur raison, nous ne voyons aussi Dieu que dans les phénomènes qui expriment pour nous des êtres, mais nous n'entendons les phénomènes, et les êtres qu'ils expriment, que par Dieu.

La raison est impersonnelle. L'intelligence ? Non, mais la raison, qu'il ne faut pas confondre avec elle. La raison est l'objet de l'intelligence, objet unique de toutes les intelligences, objet absolu de l'intelligence absolue. Qui parle de la raison, parle de la raison des choses, de la raison divine, de l'absolu, non de la vue de l'absolu. La vue de l'absolu est une faculté, personnelle comme toute faculté. Cette faculté est dite aussi raison, mais non raison impersonnelle. J'ai en moi deux raisons, pour emprunter à Fénelon son langage : l'une qui est moi-même, ma propre intelligence ; l'autre qui n'est pas moi, mais qui est l'objet nécessaire et la règle de mon intelligence comme de toutes les intelligences, l'intelligible. L'intelligence même de Dieu a pour règle, comme elle a pour objet, cette raison supérieure, absolue, impersonnelle ; mais elle possède pleinement, parfaitement, absolument, cette raison impersonnelle qui la règle : de sorte que les deux raisons, la raison impersonnelle qui règle l'intelligence, et la raison personnelle qui est l'intelligence réglée par la raison, inégales l'une à l'autre en tout esprit fini, s'égalent l'une l'autre en Dieu.

Dieu est la raison, comme il est l'être : il est lui-même la raison de toutes choses, comme il est l'être de toutes choses, dont la raison est une face, étant la loi de la force qui les détermine en leur être. Toute raison est une communication de la raison de Dieu, comme tout être est une communication de l'être de Dieu. La création est une participation de l'être unique par les êtres divers, qui de néant qu'ils étaient ne deviennent des êtres, ou de pures puissances d'être ne deviennent des êtres actuels, qu'en vertu de cette participation même. Chaque être est un être d'emprunt par lequel Dieu, qui lui prête son propre être, exprime une des idées infiniment comprises dans son Verbe. Quiconque a reçu de Dieu, parmi les divers caractères et les pouvoirs constitutifs de l'être que Dieu lui prête, le pouvoir de sentir, sent en soi-même un être divin, capable de se développer en une infinité de sentiments, et ne sent que soi-même ; quiconque a reçu de Dieu le pouvoir de connaître, connaît en soi-même une divine idée, capable de se développer en une infinité d'idées, et ne connaît que l'idée de soi-même : mais il connaît d'autres êtres, et l'être de Dieu, par cette idée unique, dont la compréhension infinie embrasse tout.

L'âme est une force pensante, qui, pour penser, ne saurait pas plus se passer d'être unie à Dieu que d'être unie à un organisme, condition et borne de sa connaissance; et qui, dans l'acte de penser, ne saurait pas plus se confondre avec son organisme qu'avec Dieu. Comme elle n'est pas Dieu, à qui elle est unie par la raison, elle n'est pas le monde, à qui elle est unie par le sens ; et comme elle n'est pas la raison qui l'unit à Dieu, elle n'est pas le sens qui l'unit au monde, ni l'instrument du sens, l'*organisme* ou le corps.

Sa pensée est conscience. L'âme est essentiellement une force ayant connaissance de soi. Elle a, dans cette connaissance de soi, la connaissance de Dieu, avec la connaissance actuelle d'un grand nombre d'autres êtres et la connaissance virtuelle de tous les êtres : mais elle a besoin que le sentiment l'avertisse de leur présence, pour en déterminer les idées dans l'idée unique de son être; pour savoir aussi, quand elle connaît ses idées, si leur objet est actualisé, si les possibles correspondent à des réels. L'expérience et la raison sont nécessaires l'une à l'autre : la raison, pour que la connaissance même expérimentale puisse avoir lieu ; l'expérience, c'est-à-dire la présence actuellement sentie de l'objet à connaitre, pour que la raison entre en exercice.

XII

Telle est, en conséquence de son objet et de sa méthode, la doctrine fondamentale de la philosophie. C'est l'idéalisme objectif, c'est le spiritualisme.

Il n'y a pas quatre philosophies, il n'y en a pas deux, il n'y en a qu'une. L'objet en détermine la méthode, et la méthode le contenu essentiel. Elle a pour objet non les choses, mais la raison des choses dans leur rapport avec l'homme ; pour méthode, la reconstruction, par la raison, des choses accessibles à l'homme, le rationalisme; et pour contenu essentiel, le dogme de la conformité nécessaire du fait à l'idée, avec toutes les conséquences d'un dogme qui, donnant à comprendre les choses par leurs idées constitutives de l'esprit humain, met dans l'esprit humain la raison divine : le spiritualisme idéaliste, ou simplement l'idéalisme. L'idéalisme est le postulat du rationalisme, qui est la méthode propre d'une science de la raison des choses. Hors de l'idéalisme, il n'y a point rationalisme, ou c'est un rationalisme inconséquent; hors du rationalisme, il n'y a point philosophie, ou c'est, sous le nom de philosophie, une autre science.

L'histoire de la philosophie est donc l'histoire de l'idéalisme. On en peut suivre les progrès, avec les égarements et les défaillances, de Pythagore à Hegel. L'idéalisme a ses difficultés, auxquelles il n'a pas échappé encore : d'où, chez ceux qui les estiment invincibles, la tentative de soustraire la philosophie au rationalisme pour la soustraire à l'idéalisme, et de la traiter par la méthode expérimentale, ce qui équivaut à la nier dans son objet véritable; plusieurs la nient franchement, et parmi ceux-ci, il en est qui la remplacent par un appel à quelque autre principe d'intelligence que la raison, il en est qui ne la remplacent pas.

M. Cousin a bien vu la loi des quatre écoles :

mais ce ne sont point quatre systèmes conciliables, ni quatre philosophies résultant de notre nature intellectuelle : la conclusion, si cela était, n'en pourrait être que le scepticisme, et non l'éclectisme ; ce sont quatre voies où s'engage l'homme, l'une pour y chercher la vérité, les autres par désespoir de l'y trouver. Ce ne sont pas quatre philosophies, mais une seule avec trois routes pour la manquer, trois moyens de la nier; c'est la philosophie, avec la négation de la philosophie sous une triple forme.

On reproche à l'idéalisme de présupposer la science infuse en l'âme humaine, de chercher la vérité dans la pensée au lieu de la regarder au dehors, de l'inventer au lieu de la reconnaître, et, juste peine d'une si orgueilleuse prétention, de ne donner, par impuissance de franchir le passage du subjectif à l'objectif, qu'un abstrait pour un réel, supprimant l'un des deux, ou les confondant, et identifiant l'ontologie avec la logique. Négation, soit par suppression, soit par identification avec la pensée même, de l'univers qu'il cherche dans la pensée et qu'il n'y trouve pas, tel est, on l'assure, le dernier mot de l'idéalisme.

Et il est vrai que telle est son histoire jusqu'ici. Mais a-t-il dit son dernier mot ? Si l'histoire de la philosophie est celle de l'idéalisme, elle n'est pas l'histoire d'une science en possession d'elle-même et grandissant par un légitime progrès, mais d'une science en quête d'elle-même et travaillant encore à ses assises.

C'est que l'idéalisme n'a pas résolu un problème fondamental pour lui : celui de la relation des idées aux choses. Il n'a pu que balbutier je ne sais quelle incompréhensible similitude des unes aux autres. Platon fait des choses les images des idées, les copies dont les originaux sont les idées; et Locke fait des idées les images des choses, les copies dont les originaux sont les choses mêmes. Deux réponses également vaines : car qu'est-ce à dire, que les choses soient imitations des nombres, comme parle Pythagore; soient, comme parle Platon, imitations ou participations des idées? Et Aristote, qui relève cette inanité, eût encore moins compris que les idées soient imitations ou participations des choses ! Une fois admise, d'ailleurs, cette similitude, on passera des unes aux autres, des idées aux choses; mais un tel passage ne se pouvant faire, on réalisera des abstractions, on niera le monde, ou l'on prétendra construire une ontologie quand on n'aura construit qu'une logique, et l'idéalisme partira de

Pythagore, qui accorde la substance au Nombre, pour aboutir à Hegel, qui accorde la substance à l'Idée.

La philosophie en est là ; et les diverses négations de la philosophie se produisent en conséquence, qui au nom d'une croyance, qui au nom d'une science, d'autres, plus dangereuses, sous le nom même de la philosophie.

Mais ni les idées ne sont images des choses, ni les choses des idées. Et les idées ne sont pas les pensées : elles sont les objets de la pensée, ayant elles-mêmes pour objets des rapports dont les choses sont les termes. Les choses ne sont donc pas intelligibles en elles-mêmes, mais dans leurs rapports ; elles ne sont donc pas en elles-mêmes l'objet de l'intelligence, mais dans leurs rapports ; et elles se définissent par leurs rapports, qui sont les idées. Qui ne tient que les idées ne tient que des intelligibles, purs possibles, par lesquels il entendra les existences possibles, mais il faut que les existences réelles lui soient acquises d'ailleurs. Il ne passera donc pas de l'idée à l'être, moins encore pourra-t-il identifier l'idée avec l'être : il n'aura pas d'être. L'être, n'étant point intelligible en soi, ne nous est pas donné par l'intelligence ; nous ne le connaissons pas, —

sauf dans ses rapports, que nous ne connaissons aussi qu'autant qu'il nous est donné : nous ne le connaissons pas, dis-je, nous le sentons. Mais une existence nous étant ainsi donnée, nous l'entendons par l'idée, c'est-à-dire par son rapport à d'autres existences, connues à leur tour par ce rapport même. Des rapports sont donnés à notre intelligence, et des existences à notre sentiment. Le passage de l'idée à l'être n'est plus à chercher : il n'y en a point, du moins pour nous. Si nul être ne nous était donné, nous n'aurions rien qu'une logique, — et encore ne l'aurions-nous pas, faute de la condition qui nous permettrait la conscience de nos propres idées ; que certains êtres nous soient donnés, ils nous excitent à entendre leurs idées, à penser les rapports qui sont leur intelligibilité même : c'est le rôle de l'expérience, indispensable ; et, leurs idées éveillées en notre entendement, nous pouvons les relier par leur nécessité réciproque ; nous pouvons, non passer de l'idée à l'être, mais, d'un être donné, passer par son idée aux idées connexes, aux êtres termes de rapports dont nous savons déjà que les termes corrélatifs existent.

Telle est l'œuvre de la philosophie, ou de la métaphysique. Elle requiert une méthode rationnelle, qui, appliquée, non à l'idée pure, mais à l'idée d'un être donné, en tire les autres, liés à ce premier donné par un rapport nécessaire. Quelle méthode ? et quelle est la nature de ce rapport ? Deux questions qu'il faut résoudre ensemble ; et c'est ce que j'ai essayé de faire ailleurs [1].

XIII

La doctrine essentielle de la philosophie est donc un idéalisme objectif, qui suppose un accord préétabli de l'intelligence et de l'être dans l'intelligible, l'être intelligible et l'intelligence entendant l'être, une raison du monde comprise par l'homme, une même raison dans le fait et dans la pensée, une même idée objet de l'une et règle de l'autre, une même loi de l'une et de l'autre ; qui suppose enfin une force consciente de soi, et en soi de cette loi, de cette idée, de cette raison commune, qu'elle trouve en soi sans être elle-même cette raison, sans se confondre ni avec le Verbe qui l'éclaire, Logos immanent et distinct, ni avec le milieu

---

[1] *L'Analyse métaphysique.*

organique intermédiaire entre elle-même et la nature. Ce spiritualisme idéaliste n'est pas toute la philosophie : il en est le commencement, il en est la base, il en est la doctrine fondamentale, essentielle, indestructible. Tout ce qui n'est point ce spiritualisme-là n'est point philosophie, car c'est la définition même de la philosophie qui nous le donne.

Que vient-on nous parler encore de la divergence des systèmes philosophiques ? Où sont-ils, ces philosophes toujours en guerre les uns contre les autres ? Dites plutôt des ennemis de la philosophie en guerre contre les philosophes. Ils se nomment philosophes ; mais il se trompent, et ils trompent. Les uns sont des sceptiques, sous des noms divers : positivistes, criticistes, mystiques, etc. Y a-t-il une science de la raison des choses pour ceux qui n'admettent point qu'il y ait une raison des choses, ou qu'elle nous soit accessible ? Pour ceux qui ne croient pas à la raison, soit qu'ils la confondent avec la généralisation expérimentale, soit que, en distinguant justement les données de celles de l'expérience, ils en suspectent ou en nient la valeur objective, et la récusent ? D'autres sont empiristes : négateurs de la raison, ils le sont par là même de la philosophie. Il y aura pour eux une connaissance des choses, il y aura même une certaine connaissance de l'âme : une science qui ne se propose plus ce qui est, mais la raison d'être de ce qui est, sera pour eux une science vide. Les empiristes sont des sceptiques en philosophie, comme les positivistes, qui sont des empiristes ; comme les criticistes et les mystiques, croyants à divers titres, ayant ceux-là une foi morale, ceux-ci une foi religieuse, mais qui récusent la raison. Vous opposez Bacon à Platon, comme fait l'anglais Macaulay, qui célèbre la supériorité philosophique de l'anglais sur le grec ? Ou vous l'opposez à Descartes, et Locke à Leibniz ? C'est fort bien. Mais vous pensez opposer philosophes à philosophes ? Oui, Leibniz, Descartes, Platon sont des philosophes : mais autre est la gloire des Locke, des Bacon : Bacon est un des fondateurs de la science expérimentale, qui n'est pas la philosophie ; Locke est un des fondateurs de la psychologie, qui est une science expérimentale.

La philosophie peut avoir tort contre ses adversaires : mais il ne faut pas lui imputer des divergences qui viennent d'eux. Si l'on n'a pas d'autre motif de la rejeter que la prétendue contrariété de ses systèmes, on fera bien de lui laisser sa place : car cette contrariété n'existe pas. Qu'on ôte le nom usurpé de la philosophie aux systèmes qui en sont eux-mêmes l'exclusion, mysticisme, scepticisme, empirisme, éclectisme impossible entre contradictoires, l'histoire de la philosophie sera l'histoire d'un idéalisme spiritualiste ferme en ses traits fondamentaux ; ces systèmes négateurs n'y apparaîtront qu'au second plan, dans leur rapport ou dans leur lutte avec le seul philosophique. Une telle histoire ne présentera-t-elle pas le spectacle d'une marche constante dans une direction suivie ?

On le nie, et on ne lui reproche pas seulement la divergence, mais encore l'état stationnaire de ses doctrines. Quelles découvertes a-t-elle faites depuis Platon ? Mais cela même est avoir une idée fausse de la philosophie, que la considérer comme une science qui se propose des découvertes. Elle n'a point fait de découvertes : mais elle n'a point à en faire. Elle n'a pas étendu le champ de la connaissance humaine : mais elle n'a point à l'étendre. Elle a pour tâche propre de comprendre, d'expliquer par les principes ou les notions de la raison, les choses qu'il appartient aux sciences proprement dites de découvrir et de reconnaitre. Le progrès des sciences, loin de la resserrer en des limites chaque jour plus étroites, comme on le croit communément, donne au contraire à ses opérations toutes rationnelles un terrain qui grandit chaque jour. Il faut qu'elle s'agrandisse à mesure, pour l'occuper tout entier. Si elle ne sait pas le remplir, si elle se laisse déborder par la science, c'est alors qu'elle devient insuffisante; les esprits qu'elle ne peut plus satisfaire la dédaignent pour une science plus avancée, qui, séparée d'elle, les incline tout doucement au matérialisme : les voilà qui penchent, et qui tombent. Le spiritualisme, pour être devenu insuffisant, ne cesse pas d'être vrai : sa vérité lui donne raison contre le matérialisme, et son insuffisance lui donne tort. La guerre s'allume entre les deux, et d'une lutte où l'insuffisance de l'un lui ôte la victoire que lui donnerait l'erreur de l'autre, sort le scepticisme ; mais l'homme, ne pouvant se passer de vérité en ces matières, ne renonce à la raison qu'au prix d'un échange périlleux : il remplace les certitudes intellectuelles par les croyances d'une aveugle foi, et devient mystique.

C'est ainsi que les systèmes qui se disent philosophiques se succèdent, et cherchent à se remplacer les uns les autres, sans y parvenir. On a très bien vu cette succession : on en a conclu trop vite une sorte d'impuissance de l'esprit humain, incapable d'atteindre de si hauts objets et de s'y fixer dans la certitude. Encore une fois, des quatre systèmes en présence, un seul est philosophique, et c'est le spiritualisme. Il faut donc entendre que le philosophe, au lieu de suivre à pas égaux, comme le savant, le lent progrès d'une ascension continue, s'élève tout d'un coup et s'arrête ; et pendant le temps qu'il recueille ses forces et qu'il se ramasse pour un nouvel essor, l'intelligence humaine parcourt tour à tour, sans pouvoir s'y tenir, parce qu'il est impossible de s'y tenir, les diverses stations qu'elle rencontre en dehors de la philosophie.

XV

Ces considérations nous permettent de fixer les vrais rapports de la philosophie avec la foi et avec la science, et nous livrent, pour ainsi dire, la clé de son histoire. Car encore y a-t-il à expliquer comment on a pu prendre pour philosophiques des tentatives faites en dehors de la philosophie, ou même contre elle.

La philosophie embrasse, par l'universalité de son objet, et la foi et la science : mais sous un point de vue qui est son objet propre. Elle n'a point l'objet de la foi, qui est la connaissance, par la croyance, de notre origine et de notre destinée, et de ces réalités invisibles qu'appelle en quelque sorte l'aspiration de notre âme faite pour l'infini; elle n'a point l'objet de la science, qui est la connaissance, par l'expérience, des phénomènes et de leurs lois, du monde présent, de la réalité visible. Si elle avait l'objet de la foi, l'une et l'autre se disputant le même terrain, l'une ou l'autre y serait de trop, elles chercheraient à s'évincer l'une l'autre ; et c'est ce qu'elles font quand elles confondent leur œuvre : la philosophie évince la foi, qui l'anathématise. Si elle avait l'objet de la science, l'une et l'autre se disputant le même terrain, l'une ou l'autre y serait de trop, elles chercheraient à s'évincer l'une l'autre ; et c'est ce qu'elles font quand elles confondent leur œuvre : la science évince la philosophie, qui en subit l'empire. Mais son œuvre n'est point celle de la science ni celle de la foi : elle s'empare des réalités connues, tant des invisibles que des visibles, pour en construire le système rationnel : système qui relie en son unité les données de la science aux données de la foi.

Les données de la foi sont primitives : elles

sont dans les sentiments inhérents à l'âme humaine, contemporains de l'homme. Les données de la science, au contraire, sont successives et progressives : elles sont le fruit d'une étude expérimentale qui accumule et thésaurise pour ainsi dire les résultats d'âge en âge ; c'est dans l'ordre de la science que Pascal inaugurait cette doctrine du progrès si contestable partout ailleurs, incontestable dans cet ordre et dans tout ce qui en relève ; c'est à propos de la science qu'il considérait l'humanité comme « un même homme qui subsiste toujours et qui apprend continuellement ; » et que Bacon disait de son côté que « l'antiquité du monde, c'est le temps même où nous vivons, et non celui où vivaient les anciens, lequel était la jeunesse du monde. »

La philosophie trouve donc d'abord la foi, et c'est sur le terrain religieux qu'elle prend naissance. Si elle n'avait pas à chercher la raison d'autres choses que des choses de la foi, à peine serait-elle constituée qu'elle serait achevée : elle serait incapable de progrès, et les nouveaux philosophes n'auraient plus qu'à réciter la leçon de ceux qui l'auraient faite. Mais elle a aussi à chercher la raison des choses de la science, dont le progrès, dans la mesure où il ajoute aux résultats scientifiques, ajoute aux problèmes philosophiques. Chaque résultat nouveau de la science est pour la philosophie un problème nouveau. Tel est le rapport de la philosophie aux sciences, qu'elle est en même temps et la régulatrice des sciences et l'explicatrice des choses qu'elles lui mettent entre les mains comme les matériaux de son œuvre. Elles les précède, pour leur fournir leurs principes et leur indiquer leur voie ; et elle les suit pour leur donner l'intelligence de leurs propres résultats. Elle est l'alpha et l'oméga, le commencement et la fin de toute science. Elle embrasse les sciences, et elle les relie entre elles, en les rattachant, par le lien de vérités plus hautes que les leurs, à une suprême vérité.

XVI

L'histoire de la philosophie parcourt naturellement trois phases. Tout est confondu dans le premier état, comme, dans l'état définitif, tout sera uni sans confusion : une synthèse primitive précède une analyse qui n'a elle-même de valeur qu'en vue d'une synthèse finale. Cette synthèse primitive, ce premier état, n'est pas la première phase de la philosophie, dont le travail ne commence qu'avec l'analyse. Mais l'analyse elle-même a deux phases, parce qu'il y a lieu pour la philosophie à une double distinction, à une double séparation : de la foi d'abord, et ensuite de la science. La philosophie se produit donc, dans le principe, sur le terrain de la foi ; mais elle s'en distingue et s'en dégage peu à peu, et pousse l'émancipation jusqu'à l'opposition, pendant qu'elle se confond encore avec la science : elle est alors la science universelle, sans distinguer entre intelligence et connaissance, mais distinguant la science de la foi comme un ordre de connaissance d'un autre ordre, et souvent opposant l'un à l'autre. Quand elle est bien émancipée, elle se dit constituée, et elle ne l'est point : c'est la science qui se constitue ; comme alors la philosophie se confond avec la science universelle, les sciences particulières, à mesure qu'elles se précisent et se déterminent, se distinguent d'elle et s'en dégagent, et souvent poussent l'émancipation jusqu'à l'opposition, et font à son égard ce qu'elle a fait elle-même à l'égard de la foi. Confinée en un coin de plus en plus étroit de son ancien domaine, acculée à un dernier fossé, elle va se précipiter et périr, quand elle se retrouve tout entière en se distinguant de la science comme de la foi, et en embrassant l'objet de la foi comme l'objet de la science, mais à son point de vue propre : laissant à chacune la réalité de son objet, visible ou invisible, scientifique ou religieux, mais en cherchant l'intelligibilité, la nécessité idéale, la raison, et reconquérant ainsi, dans son objet non moins précis et déterminé que les objets particuliers des sciences positives, son universalité légitime.

La première phase est l'époque où elle se dégage de la foi, mais elle y est encore engagée, l'emancipation n'est pas encore faite : c'est la phase théologique. La seconde est l'époque où, cette émancipation accomplie, les sciences, dans la pleine indépendance de la foi, se constituent : c'est la phase scientifique. La troisième sera la phase philosophique.

Nous voyons une succession de trois phases dans l'histoire de la philosophie, comme, dans l'histoire de l'humanité, l'école positiviste marque une succession de trois états : l'état théologique, l'état métaphysique, l'état scientifique ou positif. L'état théologique de cette école est antérieur à notre phase théologique, parce qu'il est antérieur à la philosophie; l'état métaphysique répond à notre phase théologique, l'état scientifique à notre phase scientifique ; mais cette école s'arrête là, et fait de l'état scientifique l'état définitif et normal. La phase scientifique est transitoire à nos yeux, comme la précédente ; la phase définitive et normale sera la phase philosophique, où d'ailleurs la science n'aura point perdu sa place, non plus que la foi : c'est que, à la différence de cette école, qui ne croit qu'à la sensation, nous croyons en outre et au sentiment et à la raison innée.

XVII

La philosophie n'est point parvenue à la troisième phase de son histoire normale.

En Orient, elle n'a jamais dépassé la première : jamais elle ne s'y est dégagée des livres sacrés, et les doctrines mêmes qui les repoussent en dépendent, en ce qu'elles ne sont que des doctrines d'opposition ou de réaction systématique.

En Grèce, elle a traversé à peine la première phase, pour s'établir aussitôt dans la seconde, d'où elle n'est pas sortie. Elle y est indépendante de toute foi, mais elle ne s'y distingue pas de la science : elle s'y propose la connaissance universelle, tantôt par l'observation qui découvre la réalité, tantôt et plus souvent par la raison qui la construit. Avec Socrate, avec Platon, c'est à la raison, c'est à la définition et à l'analyse des idées qu'elle demande le vrai, et déjà le vrai dans son rapport avec l'homme : elle a pour objet le rapport de l'homme à l'univers, ayant pour but la direction de l'activité libre de l'homme dans l'accomplissement du bien; elle est cet idéalisme objectif et spiritualiste qui est la philosophie même : elle est la philosophie, et elle se prend pour la science. Avec Aristote, elle fait une part considérable à l'observation; c'est tantôt à l'observation, tantôt à la raison, qu'elle demande le vrai : elle est tantôt la science, tantôt la philosophie, et se prend toujours pour une même chose. Chez les Epicuriens, chez les Stoïciens, chez les Alexandrins, chez les sceptiques mêmes qui la combattent et avec elle toute certitude, chez tous les anciens en un mot, la distinction entre la connaissance et l'intelligence ne se fait pas; et la confusion continuant à régner entre les deux points de vue scientifique et philosophique, ni la science ne se constitue encore, ni la philosophie, qui ne peut se constituer qu'après la science.

La chute de l'empire romain est la fin d'un monde et le commencement d'un autre : il y a, lors de l'invasion des Barbares, comme un recommencement de l'humanité, et l'histoire de la philosophie recommence. Elle a sa première phase au Moyen-Age : c'est la scholastique ; elle a sa seconde phase dans ce qu'on appelle la philosophie moderne. J'y vois trois périodes : la Renaissance, qui est une transition ; de Bacon à Kant ; et depuis Kant.

Sous le nom de philosophie, l'esprit humain cherche, en dehors de toute foi, la science universelle, et d'abord va s'asseoir aux écoles de l'antiquité, comme un disciple va s'instruire auprès d'un maître ; mais bientôt, le maître n'ayant pu l'instruire, il s'interroge lui-même.

C'est la période caractéristique de la seconde phase, de Bacon à Kant. Deux tendances, deux écoles s'y produisent, qui l'une et l'autre poursuivent dans la philosophie la science, mais la demandent, l'une à l'observation, l'autre à la raison : celle de Bacon se propose de connaître la réalité, et, pour la connaître, l'observe ; celle de Descartes se propose également de la connaître, et, pour la connaître, la construit par déduction d'un principe. L'une et l'autre école prétendent constituer, sous le nom de philosophie, la science universelle : l'une constitue en effet la science et la nomme philosophie; l'autre constitue en effet la philosophie et la nomme science. D'où la préférence accordée par les savants au baconisme, et par les philosophes au cartésianisme. La science expérimentale, la connaissance des réalités, où triomphent les trois derniers siècles, doit beaucoup à l'école de Bacon ; mais cette excellente école scientifique, s'étant prétendue philosophique, (ce qu'elle n'a pu faire que par la négation de la raison au nom de l'expérience, par la négation de la philosophie même, n'a pu qu'aboutir aussi, comme elle a fait, au pur *phénoménisme* ou *nihilisme* de Hume. La philosophie doit beaucoup, avec les mathématiques, qui ne sont qu'une logique, à l'école de Descartes; mais la science, la connaissance des réalités, ne doit guère à cette école philosophique excellente, en dehors des principes régulateurs dont Descartes a fait le fondement rationnel de la physique moderne, que des hypothèses qui la compromettent.

Du reste, les traits fondamentaux de la philosophie s'y trouvent. Descartes met, comme on sait, le critère de la certitude dans l'évidence rationnelle ; en quoi il ne faut pas se borner à voir l'autorité du dehors écartée, mais toute autorité même intérieure, sauf celle de la raison : l'expérience, le sentiment, aussi bien que l'enseignement, tout ce qui n'est point la raison, est douteux. Non que tout cela soit faux : mais c'est à la raison seule qu'il appartient de reconnaître un témoignage ou de le rectifier :

<small>La raison dans mes vers conduit l'homme à la foi.</small>
<small>L. Racine.</small>

<small>Quand l'eau courbe un bâton, ma raison le redresse.</small>
<small>La Fontaine.</small>

Rien n'est vrai que ce que la raison déclare vrai ; tout ce que la raison déclare vrai est vrai. Rien n'est sans une raison suffisante d'être ; tout ce qui a raison suffisante d'être, est. Tout ce qui est réel est rationnel, tout ce qui est rationnel est réel. Chez Hegel, comme chez Leibniz, comme chez Descartes, et chez Malebranche, et chez Spinoza, et chez tous les cartésiens, j'allais dire chez tous les métaphysiciens (car c'est cela même qui est la métaphysique), chez les prédécesseurs comme chez les successeurs de Descartes, c'est toujours le même principe. Et ce principe est juste : car comment quelque chose serait-il, sans une raison suffisante d'être ? ou comment ce qui a une raison suffisante d'être ne serait-il pas ? Toutes les conditions d'existence d'une chose étant remplies, y compris l'acte volontaire qui la fait être, si c'est en effet une des conditions de son existence, elle sera ; et s'il manque une seule des conditions de son existence, comme l'acte volontaire au cas où elle dépendrait d'un tel acte, elle n'a pas raison suffisante d'être. Elle n'est pas rationnelle, elle n'est pas intelligible : car ce qui n'est point par soi ne peut être conçu, n'est intelligible, n'est rationnel, que sous toutes les conditions de son être : mais alors tout ce qui est rationnel est réel. L'intelligibilité détermine la réalité des choses.

Et comme le principe ne va pas sans les conséquences, tout le cartésianisme tient pour ce spiritualisme idéaliste qui est, on l'a vu, la doctrine fondamentale de la philosophie : si bien, que cette doctrine y est affirmée d'entrée, préalablement à toute recherche. Descartes ne se place pas dans l'hypothèse du doute universel sans une grande, une immense réserve, qui est tout ce spiritualisme, ainsi dérobé à l'universalité de son doute : sa méthode. Son doute n'est universel que quant à l'objet de sa connaissance : il ne porte point sur le sujet, ni sur le rapport du sujet à l'objet : l'idéalisme objectif est dans cette méthode soustraite d'avance au doute, et il y est avec tout ce qu'il contient lui-même.

Où est donc le vice de cette philosophie ? C'est qu'elle se dit la science; c'est qu'elle écarte l'expérience, autant que le sentiment, que l'enseignement, que tout ce qui n'est pas la raison pure; c'est qu'elle demande à la raison la connaissance de la réalité même, dont elle ne devrait lui demander que l'intelligence : d'où elle est conduite à prendre la raison, qui est une faculté de comprendre, pour une faculté de connaître, à lui attribuer pour objets des êtres au lieu de rapports, à réaliser des entités métaphysiques, à construire le monde mécaniquement, par un principe de déterminisme absolu. La nécessité rationnelle qui fait être l'intelligible n'est pas le déterminisme, si, parmi les conditions de l'existence des choses, parmi les raisons suffisantes de leur être, sont des actes volontaires : le rationnel, en effet, embrasse toutes les raisons, des considérations de fins aussi bien que des efficacités de causes ; des motifs moraux, inspirateurs d'actes, qu'on ne connaît que par le fait et que la science qui prétend construire le monde a *priori* supprime. Tout l'ordre du bien et du mal moral, ou du libre arbitre, lui échappe.

Kant ouvre la troisième période, celle de la réaction contre le cartésianisme et contre la métaphysique, celle de la croissante prépondérance des sciences expérimentales, celle des tentatives de philosophie expérimentale à côté de retours à de vieux systèmes, celle du chaos et du tumulte, celle de la crise. Kant est le génie qui la domine. Il déplace le critère de la certitude, et le transporte de la raison théorique à la raison pratique; il établit fortement contre l'empirisme la raison irréductible à l'expérience, mais lui ôte en même temps tout objet pour n'en faire que la régulatrice de l'expérience : la raison cesse avec lui d'être une faculté de connaître, sans devenir une faculté de comprendre, un pouvoir d'atteindre au-delà de l'expérience par le rapport qui relie le visible à l'invisible; il assigne lui aussi à la philosophie une œuvre chimérique de connaissance du réel, et à ce titre la repousse, mais sans lui en substituer une autre, que la Morale avec ses postulats. Dogmatique ou du moins croyant en morale, sceptique en métaphysique, il suscite des disciples qui reviennent à la métaphysique par un retour de l'idéalisme subjectif à l'idéalisme objectif, et refont le cartésianisme, mais, si je l'ose dire, un cartésianisme à outrance : les cartésiens trouvent l'être dans la pensée : pour l'école des Fichte, des Schelling, des Hegel, la pensée n'est plus intelligente seulement mais créatrice de l'être. Leur école est suivie d'une autre qui confie cette création de l'être à la volonté sans pensée, à l'*inconscient*. Hors de l'Allemagne, la philosophie tente de se faire expérimentale, soit comme histoire naturelle de l'âme : c'est l'école anglaise ; soit comme synthèse des sciences : c'est l'école positiviste ; ou reprend, avec plus d'érudition que d'esprit philosophique (je parle en général et j'excepte qui de droit), les systèmes du passé, qu'elle essaie d'accommoder au goût du jour : elle se renie, ou elle s'égare.

C'est la crise. Elle y périra, ou en sortira transformée. Alors elle ne se confondra pas plus avec la science qu'avec la foi, et elle ne se séparera pas plus de la foi que de la science ; mais, empruntant à l'une et à l'autre la connaissance des choses, elle en cherchera l'intelligence : c'est-à-dire qu'elle les rattachera, par une induction toute rationnelle et d'autant plus certaine, aux réalités suprêmes qui les expliquent, à une cause première, à une dernière fin. Si la raison n'a point pour objet direct ces réalités suprêmes, si elle n'a pour objet que des rapports, principes d'intelligence, non de connaissance, elle donne la connaissance indirecte de l'invisible, ou, comme on dit aujourd'hui, du transcendant, par l'application de ces rapports aux choses directement connues qu'elle cherche à comprendre. La foi la donne aussi, cette connaissance indirecte de l'invisible, mais — il ne s'agit ici que de la foi naturelle — mais vague, indéterminée, sans lien avec les réalités du monde visible : la raison la donnera tout autre, et d'autant plus précise, que la science lui aura plus découvert des êtres et des choses de ce monde.

Ce sera l'œuvre de la troisième phase du développement normal de la philosophie : à la première, elle s'émancipe de la foi, qui la tient; à la seconde, elle tient les sciences, qui s'émancipent d'elle ; à la troisième, elle est elle-même, distincte et par son objet et par sa méthode, mais distincte sans être séparée, des sciences comme de la foi. Telle sera l'œuvre de la philosophie devenue enfin ce qu'elle doit être, ce qu'aux âges même de confusion elle a toujours été, ce qu'elle est essentiellement : la science de la raison des choses dans leur rapport avec l'homme.

CHAPITRE III

DIFFICULTÉS ET RÉPONSES
VALEUR DE LA MÉTAPHYSIQUE
AINSI COMPRISE

I

Nous raisonnons jusqu'ici dans une hypothèse. Telle est la métaphysique, ou elle n'est point. Mais il se peut qu'elle ne soit point, qu'elle ne doive pas être, qu'elle soit incapable d'autre chose que de s'épuiser en stériles efforts, comme plusieurs prétendent qu'elle a fait, dans la recherche d'une chimère.

Il pourrait nous suffire de nous en tenir là, nous adressant à ceux qui croient à la raison, sans nous soucier outre mesure de ceux qui ne veulent croire qu'à l'expérience, ou de ceux qui ne veulent croire qu'au sentiment, ou de ceux qui ne veulent croire qu'à un enseignement divin, à une parole extérieure de Dieu : savants et mystiques, nous les avons tous pour adversaires, tous d'accord dans une opposition sur les motifs de laquelle il serait malaisé de les mettre d'accord. Nous n'aurions qu'à dire, quant à nous, que nous ne sommes pas leur adversaire, bien qu'ils soient les nôtres ; que c'est aux savants à nous procurer des résultats valables de leurs recherches, aux mystiques à nous présenter des titres valables soit du sentiment où se fonde leur foi, soit de l'enseignement ou de la parole extérieure de Dieu qui les instruit : qu'ils nous apportent des réalités certaines, chacune dans son ordre de certitude, physique ou morale, nous ferons notre œuvre, qui ne détruit pas la leur.

Nous faisons une autre œuvre, qui s'ajoute à la leur : nous cherchons l'intelligence. S'ils ne croient pas à l'intelligence, s'ils n'estiment point qu'il y ait à la chercher, parce qu'elle n'existe pas, ou parce qu'elle n'existe pas pour nous, qu'ils se détournent de notre œuvre ; il nous suffirait d'avoir montré le vrai caractère de cette œuvre, d'avoir démêlé des confusions qui, tantôt dans l'œuvre scientifique, tantôt dans l'œuvre religieuse, la compromettent à leurs yeux, de leur avoir ôté l'argument qu'ils tirent d'une histoire de la philosophie mal comprise : tous ceux d'entre les hommes de pensée qui ont fait œuvre philosophique, tous les philosophes (puisque les autres n'en sont pas) s'unissent, avec des développements différents et des dissidences inévitables sur les points secondaires, dans une même doctrine fondamentale : l'innéité de la raison, l'idéalisme objectif, le spiritualisme. Notre travail, non avenu pour ceux qui ne croient pas à l'intelligence, serait, pour ceux qui y croient, une proposition à discuter sur la direction qu'il convient de faire suivre à la philosophie.

Cependant on ne se contente pas d'opposer à la métaphysique ainsi conçue la divergence de ses systèmes : on nie qu'il y ait une raison des choses, ou l'on nie que cette raison nous soit accessible. Il faut réfuter les motifs sur lesquels on fonde cette double négation. Que l'hypothèse de la philosophie telle que nous avons cru devoir la définir, si elle n'est pas démontrée vraie, ne soit pas du moins démontrée fausse. Après quoi, il en faudra établir la vérité.

II

On nie qu'il y ait une raison des choses. Peu nous importe la négation : ce sont les motifs de la négation qui nous importent. Ceux qui font du hasard le Père des êtres n'ont pas de motif, ni n'en veulent : pour eux, les choses sont ce qu'elles sont; ils ne vont pas au-delà, et là où ils s'arrêtent ils arrêtent l'esprit humain. Ils ne voient pas plus loin, et naturellement ce qu'ils ne voient pas n'est pas. Laissons les aveugles nier la lumière.

D'autres expliquent les êtres par une pure volonté de Dieu, indépendante de toute raison. Quoi ! indépendante de tout motif, de toute sagesse ? Cette pure et absolue volonté divine qu'ils élèvent au faîte des choses, qu'est-elle et que peut-elle être, que le caprice divin ? Ou elle agit selon qu'il est bon qu'elle agisse, ou elle agit au hasard. Dans le premier cas, il y a une raison de son action, qui sera la raison des choses. Ils tiennent pour le second cas : ils se fondent sur des actes arbitraires que leur foi impute à Dieu. « Si Esculape était fils d'un Dieu, dit Platon, il ne convoitait pas un gain sordide; ou s'il le convoitait, il n'était pas fils d'un Dieu. » Disons de même : Dieu veut le bien ; ou s'il ne le veut pas, il n'est pas Dieu. Dieu agit raisonnablement; ou s'il n'agit pas raisonnablement, il n'est pas Dieu. Dieu n'agit pas arbitrairement; ou s'il agit arbitrairement, il n'est pas Dieu. Mais sur quelle base la fondent-ils, leur foi à des actes arbitraires de Dieu? Le demander, c'est supposer une raison des choses, qu'ils n'admettent pas : leur foi est ce qu'elle est et parce qu'elle est : d'autant plus sacrée, qu'elle est moins motivée ; d'autant plus certaine, qu'elle est moins raisonnable.

Pour d'autres, ces actes arbitraires en apparence ne le sont pas. Dieu ne les fait pas sans raison, mais bien sans nécessité : il est libre, l'homme est libre, tout être responsable est libre; la raison des choses n'est point, parce qu'elle serait la nécessité rationnelle des choses, c'est-à-dire le déterminisme, incompatible avec le libre-arbitre. — Mais est-il vrai que la nécessité rationnelle des choses soit le déterminisme? Il nous a paru que non. Cela fût-il, est-il vrai que liberté et déterminisme soient incompatibles? Il y a peut-être plusieurs manières de concevoir la liberté. La liberté étant moins un fait d'expérience qu'une exigence de la conscience morale, dans quel sens la conscience morale et dans quelle mesure l'exige-t-elle? La vraie liberté n'est point celle qu'on a nommée *liberté d'indifférence :* elle ne se détermine pas plus sans motifs, qu'elle n'est déterminée par les motifs; elle se détermine elle-même conformément aux motifs. Une volition est un acquiescement. Une volition résulte de deux facteurs : la volonté libre, et le motif. Ceux qui supposent que la liberté se détermine sans motifs, ou (ce qui est le même) qu'elle crée la valeur de ses motifs, la réduisent à un pur arbitraire ; et, quand ils mettent cet arbitraire en Dieu créateur du monde, ils expliquent le monde par le hasard déguisé sous le nom de volonté divine : un monde qui n'est point ce qu'il est par une raison d'être ce qu'il est, est l'œuvre d'un caprice qui eût pu être ou ne pas être ou être tout autre ; l'œuvre d'une volonté qui s'est décidée à pile ou face, au hasard.

Qu'est-ce qui est libre en l'âme ? est-ce l'acte qu'elle produit ? Non, c'est la résolution qu'elle prend. Elle veut : ceci la regarde seule. Quoi qu'elle veuille, tant que l'acte ne suit pas sa volonté, elle n'altère rien hors d'elle, elle ne change rien à l'ordre du monde. Mais agit-elle selon qu'elle veut ? Elle cherche à agir, elle s'efforce, action tout intérieure, et qui ne produit pas toujours son effet au dehors. L'effort n'aboutit pas toujours. Je veux mouvoir mon bras : mon bras est-il mu ? Oui, bien souvent ; bien souvent aussi il a été mu sans que je l'eusse voulu, et il ne l'a pas été après que je l'avais voulu.

Sans prétendre résoudre ici d'un mot les difficultés que soulève le problème du libre-arbitre, difficultés dont la solution n'appartient pas à notre étude, je crois pouvoir dire que cette distinction entre l'effort volontaire de l'âme et l'acte qui le suit suffit pour montrer que liberté dans l'âme et fatalité ou nécessité ou déterminisme dans la nature ne sont pas incompatibles. Il est aussi impossible à la conscience, je l'accorde expressément, moins à la conscience psychologique peut-être qu'à la conscience morale, dont elle est le grand postulat, de nier la liberté dans l'âme, qu'il est impossible à la raison de nier la nécessité dans la nature. Ne nions point la nécessité dans la nature parce qu'il y a liberté dans l'âme, ni la liberté dans l'âme parce qu'il y a nécessité dans la nature ; n'opposons point la conscience à la raison ni la raison à la conscience : mais cherchons plus haut l'accord de ces contraires. Le problème de cet accord est-il donc si difficile à résoudre ? J'en vois, pour moi, quatre solutions concevables, qui peuvent être vraies ensemble, et il suffit que l'une le soit : encore pourrait-il y en avoir quelque autre, qui m'échappe.

La première est celle qui a été proposée. Elle consiste à borner l'action du libre à l'intérieur de l'âme, à lui retirer toute efficacité réelle sur la nature : l'âme n'est pas responsable d'un agir externe, mais d'un agir interne qui est son vouloir.

La seconde résulterait de la distinction qui a été faite, très importante, et à vrai dire capitale, entre l'être et l'intelligibilité de l'être : l'être n'est pas intelligible en soi ou dans sa substance, mais dans ses rapports; ce n'est pas la substance, la puissance, la force en elle-même, que la raison a pour objet, ce n'est pas cette intime activité où la liberté réside, ce n'est pas l'être, c'est l'être intelligible : l'être est ou n'est pas, l'être est ceci ou cela, dans son intimité indéterminable qui ne comporte ni définition ni nom, qui n'est pas objet de raison, qui n'est pas intelligible, mais sensible : aussi le discours n'enveloppe-t-il que l'extérieur des êtres, leurs qualités, leurs caractères, leurs attributs, qui s'expriment par des termes généraux, impuissants à représenter à ceux qui n'en ont pas éprouvé l'impression directe ce je ne sais quoi tout particulier d'un être, qui est l'être même : quelle description, quelle détermination par le langage représentera une personne vivante à qui ne l'a pas vue, ne l'a pas entendue, n'a pas vécu avec elle ? L'être est ce qu'il est, dans son fond il échappe à la raison, il ne tombe pas sous la prise de l'intelligence; mais dès qu'il existe, et tel qu'il existe à un moment donné, soit librement déterminé par lui-même, soit déterminé par une autre cause que lui-même, et celle-ci nécessaire ou libre, il entre en des rapports que la raison saisit, qui tombent sous la prise de l'intelligence, et nécessaires, dans la mesure où ils sont intelligibles, où ils sont rationnels.

Troisième solution. Evitons la confusion, très généralement faite, de l'essence et de la substance. L'essence est l'ensemble des caractères sans lesquels un être ne saurait être conçu, la substance est l'être même. L'essence n'est pas l'existence, mais l'idée et la définition de l'être. S'il faut, comme il a été dit, que toutes les idées soient pensées et toutes les essences réalisées, est-ce à dire que les substances qui les réalisent soient déterminées dans leur être multiple ? Car il peut y avoir plusieurs substances pour une seule essence. Ou n'est-ce pas assez que tous les genres existent, sans que la raison qui les détermine fixe le nombre des individus qui les représentent ? Que l'homme soit, par exemple, avec toutes les variétés de caractères humains, sans qu'il s'ensuive un nombre défini d'êtres humains ? Il y aura là une large place pour le contingent et pour le libre.

Quatrième solution. Tous les résultats de

toutes les volontés sont déterminés rationnellement et éternellement prévus, sans que nos volontés particulières puissent l'être. Comment ? C'est que toutes les volontés doivent se produire : la raison souveraine peut les prévoir, et calculer en conséquence ; mais sans qu'elle sache d'avance de quels êtres elles seront volontés. Ainsi le statisticien peut dire que, sous l'influence de tel régime social, il y aura tant de vols, tant d'homicides, tant de suicides, sans qu'il puisse jamais, lui ni personne, dire quels seront les suicides, les homicides, les voleurs. Si ce n'est Paul qui, dans un temps donné, voudra tel bien ou tel mal possible en ce temps, ce sera Jacques, mais ce sera quelqu'un. Chacun est libre : mais, dans le jeu de toutes les libertés, tous les effets possibles de la liberté auront leur tour. La loi qui veut que tous les possibles se réalisent gouverne la liberté, comme elle gouverne le monde : elle gouverne la liberté, mais non pour cela les libertés individuelles. Tous les possibles de la liberté seront réalisés en leur lieu, en leur heure : que ce soit par l'organe de tel être ou de tel autre, il importe infiniment à la vertu et au bonheur de l'être qui aura choisi le bon ou le mauvais vouloir ; mais il n'importe à l'ordre du monde.

Nous n'avons pas à discuter ces solutions. Contentons-nous de les avoir indiquées, comme des moyens de concilier la liberté et le déterminisme, au cas où il y aurait à les concilier. Et cela serait en effet, s'il y avait à construire un monde inconnu. Mais tel n'est point le problème philosophique. Il est de reconstruire le monde connu, de traduire en quelque sorte à la raison la réalité donnée. Il est de comprendre les choses par leur principe : elle part d'une connaissance préalable des choses, pour s'élever à la conception d'une condition de leur être, c'est-à-dire d'une hypothèse qui suffise à rendre compte de ce qui est ; elle part du fait pour s'élever à la raison du fait : elle est essentiellement une théorie de la nature apparente, du monde visible, de l'univers expérimental. Régressive d'abord, et ensuite progressive : remontant du fait à l'hypothèse explicative, pour descendre de l'hypothèse au fait, à la nature, au monde, à l'apparence des choses visibles ; si toutes choses, telles que nous les connaissons, telles que nous les voyons autour de nous, telles que nous les sentons en nous-mêmes, se peuvent déduire d'un principe d'abord hypothétique, ce principe est le vrai, et la philosophie a fait son œuvre.

Soit un exemple. Nous voyons autour de

nous, nous voyons en nous, le mal. Sûrement nous ne l'eussions pas déduit d'une idée de la substance ou de la cause ou de l'être en soi : c'est l'expérience qui nous le donne. Encore est-il à propos de remarquer que, si l'expérience le donne, la raison le juge : il est le mal, parce qu'il froisse la raison ; il est le mal, parce qu'il est ce qui ne doit pas être : et qui en juge, sinon la raison ? L'expérience le donne à titre de fait, la raison le donne à titre de mal. Il n'y aurait donc pas de mal si la raison n'était pas. Mais enfin, nous n'eussions pas déduit le fait du mal; il est : il faut l'expliquer. Il faut s'élever à concevoir un mal qui soit un bien; un ordre universel dont un certain désordre fasse partie sans l'altérer : difficile problème ! Mais c'est en ces termes que l'optimisme, ou la doctrine que tout est bien, puisque tout est ce qu'il doit être, pose le problème de ce qui ne doit pas être, le problème du mal. Il y aurait à introduire ici un calcul de variables; il y aurait à fixer par la raison les variations possibles du libre-arbitre chez les êtres imparfaits, avec les suites qu'elles entraînent, les séries particulières ou divergentes qu'elles produisent, et la loi qui rétablit ces séries dans le concours de l'ordre universel. Pour peu que l'homme soit, ainsi que l'enseigne la religion, un être déchu, sa destinée suit une de ces séries divergentes qui ne rentrent dans l'ordre universel que par un détour; elle est extraordinaire, et il faut l'extraordinaire pour la rendre à l'ordre, et la remettre en sa véritable fin. De là tant de succès iniques en un monde où la théorie tout abstraite d'un Hegel, qui ne tient pas compte d'un désordre que semble exclure le déterminisme de la raison, ne peut voir que des succès justes; de là une loi de progrès humain suivant une courbe si compliquée et si malaisée à déterminer avec quelque apparence de rigueur !

III

Plusieurs, sans se prononcer sur l'existence de la raison des choses, nient qu'une telle raison, si elle existe, nous soit accessible : ils se fondent ou sur des motifs analogues, ou sur une fausse idée d'humilité par laquelle ils croient devoir borner la portée de l'esprit humain.

Mais nous concevons la raison. Celle que nous concevons est-elle, oui ou non, la raison même ? Si elle ne l'est pas, qu'est-elle, qu'une illusion de notre intelligence ? Or, le premier acte de la pensée, la première condition de la parole, est de croire à l'intelligence. Si elle l'est, qu'est-elle, sinon un absolu ? — On se récrie : mettre dans l'esprit humain, qui est borné, un absolu, un infini ! — Mais on a beau se récrier, il y est cependant en quelque manière, puisque nous le concevons, puisque nous en parlons, ne fût-ce que pour dire que nous ne devons pas en parler, que nous ne pouvons pas le concevoir. C'est même par l'infini que nous concevons le fini, et par l'absolu le relatif, comme par le parfait l'imparfait, comme par le bien le mal, comme les contraires l'un par l'autre ; en sorte que l'école qui a imaginé d'attribuer à deux facultés distinctes les idées du fini, dites d'expérience, et les idées de l'infini, dites de raison, n'eût pas moins sagement fait d'imaginer un sens du blanc et un sens du noir, au lieu de rapporter le blanc et le noir à la même vue, et que si la raison est la vue de l'absolu, elle est par là même la vue du relatif, — origine des idées de vérités nécessaires, mais origine aussi, et par là même, des idées de vérités contingentes, grâce à l'expérience, dont les données ne sauraient plus être des idées, mais des phénomènes. L'esprit est fini, sans doute, mais dans son actualité, dans sa réalité présente, non dans sa virtualité, qui enveloppe un infini. Nous sommes bien petits, et bien éloignés du soleil : il faut cependant, pour que nous puissions voir autour de nous, que ce soleil dont nous sommes si éloignés nous envoie un de ses rayons qui nous éclaire. Oui, c'est le propre du système philosophique, ou métaphysique, de déterminer toutes choses par leur raison d'être, par la conception de l'être nécessaire ; de reconstruire en quelque sorte l'univers par la vue de l'absolu : mais il y a plusieurs absolus dans l'absolu, plusieurs infinis dans l'infini. Nous ne pouvons entendre infiniment l'infini : chaque intelligence finie l'entend d'une certaine manière qui n'est pas l'infini même, mais un infini, une raison des choses, dont la vérité ne saurait infirmer celle d'autres raisons aperçues par d'autres intelligences. Tout système qui rend compte des faits, est vrai s'il est logique. Plusieurs systèmes peuvent être vrais ensemble, chacun à son point de vue : il suffit qu'ils ne se contrarient pas l'un l'autre.

Ce n'est point seulement par une modestie mal entendue qu'on se refuse à voir dans la raison que nous concevons la raison même ; c'est encore par des motifs analogues à ceux des négateurs de la raison même. Pour ceux-ci, il n'y a point de raison des choses, parce qu'il s'ensuivrait le déterminisme, incompatible avec le libre-arbitre ; pour les autres, cette raison, si elle existe, nous échappe, elle n'est pas celle que nous concevons, parce que celle que nous concevons pose le déterminisme, incompatible avec le libre-arbitre. Pour ce motif, la raison des choses n'est pas : ainsi disent les mystiques ; ou elle nous échappe, elle n'est pas notre raison toute subjective : ainsi disent les criticistes, à la suite de Kant.

C'est, en effet, le vrai motif qui porte Kant à refuser à la raison pure toute valeur objective : la raison pratique veut une liberté dont le déterminisme de la raison pure ne laisse nulle part la place nécessaire ; d'où son effort pour en circonscrire le champ, de manière qu'il puisse y avoir au-delà autre chose où il soit impossible de rien affirmer, mais aussi de rien nier, où l'hypothèse de la liberté, dont la raison pratique exige la vérité, soit recevable. Selon lui, la raison donne la forme de la connaissance, dont l'expérience donne la matière ; la raison se divise en sensibilité pure, entendement, raison supérieure, qui en sont comme les trois degrés : la sensibilité reçoit du dehors des impressions qu'elle ordonne dans ses propres *formes*, l'espace et le temps, et les transmet, ainsi façonnées par elle, à l'entendement, qui les ordonne en ses *catégories*, et les transmet, façonnées de nouveau, à la raison supérieure, qui les ordonne en ses *idées* pour les unir : les phénomènes internes en l'idée du moi, les phénomènes externes en l'idée du monde, tous ensemble en l'idée de Dieu. Nous ne savons rien, par ces idées, ni du moi, ni du monde, ni de Dieu ; nous ne savons rien par les catégories de l'entendement, rien par les formes ou les intuitions pures de la sensibilité, des choses mêmes ; nous savons qu'il y a des choses, sans pouvoir les connaître en elles-mêmes, mais seulement dans la forme que leur imprime notre nature intellectuelle, dans leurs phénomènes : l'espace et le temps, les catégories de l'entendement, les idées de la raison, ne sont que nos moyens de connaître, c'est-à-dire de ranger et d'ordonner au point de vue de notre esprit des apparences. L'homme serait pour lui-même la mesure de la vérité, il n'y aurait qu'une vérité humaine, toute relative, toute subjective, ce qui revient à dire qu'il n'y aurait point de vérité ou du moins qu'il n'y aurait point de certitude, si l'homme n'avait que l'intelligence, s'il n'avait pas, en outre, la conscience morale : celle-ci requiert l'âme libre, l'âme immortelle, Dieu, une nature des choses, que nous ne pouvons connaître en elle-même, de laquelle par conséquent la raison théorique nous interdit de dire qu'elle n'est pas, comme elle nous interdit de dire qu'elle est, une nature qui, au point de vue de la raison théorique, peut aussi bien être que ne pas être, et qui, au point de vue de la raison pratique, est. La raison pratique affirme où la raison théorique ignore. L'homme, sur les choses en elles-mêmes, ne sait pas, mais croit; et cela suffit au devoir. Kant me semble avoir été mal compris : ce n'est pas le scepticisme universel qu'il cherche à établir, quitte à le corriger par la contradiction d'un dogmatisme moral ; c'est le scepticisme philosophique, au nom d'une foi. La certitude qu'il nie est la certitude métaphysique, à laquelle il substitue la certitude morale.

L'objection du déterminisme a été écartée ; et nous n'aurions rien à dire du criticisme, si Kant n'avait essayé d'établir par la *critique même de la raison pure* ce caractère subjectif de la raison humaine.

Commençons par lui accorder ce qui est vrai : la raison est irréductible à l'expérience ; l'une et l'autre sont les facteurs nécessaires de toute connaissance ; il n'y a pas de connaissance expérimentale pure ni de connaissance rationnelle pure ; la raison n'est pas une faculté de connaître des choses, elle n'a point pour objet des causes ni des substances ni des êtres ou des attributs d'êtres qui seraient l'espace, le temps, etc. : espace, temps, causalité, substantialité, etc., sont des idées de rapports nécessaires, sans lesquels il nous est impossible de rien connaître ni de rien concevoir. S'ensuit-il que ces rapports ne soient que pour nous? qu'ils ne soient que notre manière à nous d'entendre les choses? S'ensuit-il qu'on doive nier qu'ils soient les vrais rapports des choses? ou seulement le mettre en doute? Prenons garde à une conséquence de cette négation, ou même de ce doute : c'est que nous n'aurons aucun être, et que nous ne connaîtrons rien. Comment sortirons-nous de nos sensations pour les rapporter à leurs objets, si nous nions ou si nous mettons en doute la vérité absolue des rapports de fait à cause, de mode à substance, de phénomène à être ? Kant saura-t-il qu'il a lui-même un corps et qu'il y a d'autres esprits que lui-même, qu'il y a d'autres hommes, s'il ne peut avec certitude rapporter ses sensations à son corps et aux corps par lesquels se manifestent à lui les autres esprits, les autres hommes ? Aura-t-il une vérité humaine, s'il ignore les autres hommes? Il n'aura plus qu'une vérité individuelle, et l'homme, au sens où l'entendait Protagoras, non l'homme espèce, mais l'homme individu, sera la mesure de toutes choses, πάντων χρημάτων μέτρον ἄνθρωπος, τῶν μὲν ὄντων ὡς ἔστι, τῶν δὲ οὐκ ὄντων ὡς οὐκ ἔστιν : non plus comme sujet de sensations, unique source du connaître, mais comme sujet d'une raison également subjective. Il ne faut point parler de vérité pour l'homme, mais, ou de vérité absolument, ou de vérité pour l'individu. Entre la vérité absolue et la vérité individuelle, il n'y a point de milieu, point de place pour une vérité humaine. La vérité humaine est vérité absolue, c'est-à-dire vérité. Toute la vérité? Non, sans doute, mais vérité. La vérité n'est pas autre.

Cela n'est pas à démontrer, mais à croire. On croit cela, si l'on a foi en la raison ; et l'on a foi en la raison, si l'on a foi en l'intelligence : car il n'y a pas de connaissance possible, même expérimentale, sans la raison, dans la solidarité des facultés de l'intelligence. Faut-il dire les facultés? L'intelligence est une : elle est l'âme ayant le pouvoir de connaître par le concours de la sensibilité et de la raison ; elle est une combinaison ou une pénétration réciproque ou une résultante des deux : la sensibilité est le pouvoir qu'a l'âme de prendre conscience de sa réaction sur l'action des choses, et par là de son contact avec les choses; la raison est le pouvoir qu'a l'âme de prendre conscience, à propos de ce contact, de son rapport intime, naturel, immanent, avec l'intelligible absolu.

On a foi en la raison, quand on a foi en l'intelligence, et l'on a foi en l'intelligence, quand on pense, quand on parle. Toute parole, toute pensée, toute connaissance, est d'abord un acte de foi de l'intelligence en elle-même. La question de la légitimité d'une telle foi doit être résolue par une fin de non-recevoir. Elle doit être purement et simplement écartée, comme le problème de la quadrature du cercle, ou tout autre insoluble : car comment la résoudre ? comment la traiter ? comment discuter la valeur de l'intelligence ? Toute discussion, comme toute opération de l'intelligence, la suppose. Ceux qui la démontrent la supposent; et également ceux qui démontrent la thèse contraire : ni le dogmatisme ne se prouve, que par un cercle vicieux; ni le scepticisme, que par une contradiction. Ni l'un ni l'autre ne se prouvent : l'un des deux au moins, s'il est indémontrable comme l'autre, n'est pas, comme l'autre, contradictoire. Cette considération, il est vrai, n'a de poids que pour qui croit que le contradictoire est faux, c'est-à-dire pour qui croit à la valeur de l'intelligence : aussi n'en est-elle pas une preuve. Il n'y en a point de preuve. On y croit, ou l'on n'y croit pas. Et ceux qui prétendent n'y pas croire y croient, puisqu'ils parlent : car enfin ils ne seraient pas flattés de s'entendre dire qu'ils ne savent ce qu'ils disent.

On a fourvoyé la philosophie dans une impasse, quand on a posé le problème de la certitude intellectuelle. Le vrai problème est de savoir ce qu'enveloppe la foi à l'intelligence : si elle comprend la foi aux sens, la foi à la raison, etc. Ce problème résolu, il reste à lever des difficultés, non pour arguer de ces difficultés en faveur du scepticisme, mais pour éclairer l'esprit : c'est ainsi que les antinomies opposées par Kant à la raison (outre qu'elles ne sont pas invincibles) deviennent, entre les mains de philosophes ultérieurs, le principe de toute une méthode rationnelle; c'est ainsi que la réfutation, si vigoureusement conduite par le critique, des preuves de l'existence et de l'immortalité de l'âme, des preuves de l'existence de Dieu, nous rend le service de nous en faire chercher de meilleures.

Mais les difficultés ne doivent pas être des motifs de négation, ni de doute, portant sur la valeur de l'intelligence même : car elles ne signifient que dans l'hypothèse de cette valeur. La valeur de l'intelligence implique celle de la raison : Kant croit à la raison, si contre la raison il invoque les prétendues contradictions qu'elle renferme, c'est-à-dire la raison contre la raison ; et c'est son tort : mais il tient le contradictoire pour faux, l'identique pour vrai, absolument : en quoi il accorde au principe de contradiction une valeur absolue, une valeur objective. Ce principe est toute la raison : tout s'y ramène ; et les jugements présentés comme *synthétiques a priori* me paraissent analytiques. Sans discuter ce point, qui nous entraînerait bien loin hors de notre propos, disons que, si ce principe n'est pas toute la raison, il en est le fond, et qu'on n'a pas le droit de refuser aux autres principes de la raison la valeur objective qu'on accorde à celui-ci. Il s'agit d'en bien déterminer l'objet ; et peut-être l'erreur de ceux qui lui attribuent pour objet direct des êtres au lieu de rapports nécessaires, a-t-elle confirmé Kant dans son scepticisme métaphysique.

IV

Les écoles contemporaines sont modestes pour l'homme. Peu modestes souvent dans leur façon d'imposer cette modestie ! Mais elles rabattent volontiers ses prétentions, et, lui ôtant la raison, la confinent dans l'étroite expérience. L'école criticiste reconnait du moins la raison, l'*a priori*, qu'elle réduit, mais aussi qu'elle prépose, au gouvernement de l'expérience ; l'école positiviste nie l'*a priori*, qu'elle élimine sous le nom d'*absolu* : elle va jusqu'à nier l'expérience intérieure, qu'elle élimine sous le nom de *subjectif !* Qu'est-ce que la philosophie de cette école qui se nomme *positive*, et à laquelle ce nom même (car les noms ont leur prestige), à laquelle surtout le nom et comme la fascination de la science, donnent une influence considérable ?

La philosophie, selon les disciples de M. A. Comte, a été chimérique ou fantastique jusqu'à notre siècle : elle devient positive en écartant résolument et la religion et la métaphysique pour ne relever plus que de la science. La religion devine les choses au lieu de les connaître, et les explique par des volontés supérieures ; la métaphysique devine aussi les choses au lieu de les connaître, et les explique par des concepts rationnels purs, absolus : la science ne les devine pas, mais les observe pour les connaître, et ne les explique pas, mais les classe et les ordonne. Elle renonce à toute recherche d'origine, de fin, de cause, de substance, d'essence, inaccessibles à l'observation, et ne s'attache qu'à la détermination des lois. La religion et la métaphysique ont rendu des services à l'esprit humain ; elles ont précédé et préparé la science : l'humanité passe par trois états successifs, dont le second est la transition naturelle du premier au troisième : l'état théologique, l'état métaphysique, l'état scientifique ou *positif*. Chacune des branches de la connaissance humaine passe par ces trois états : arrivée à l'état positif, elle est science. Il n'y a de science, il n'y a de connaissance, que par l'observation *objective* ou sensible, suivie de l'induction et de la déduction qui, les faits bien observés, les distribuent en espèces et en genres, et les ordonnent sous des faits généraux, sous des lois. La science déterminée de la sorte, par l'élimination du *subjectif*, qui n'est que la fantaisie individuelle, et de l'*absolu*, qui n'est que l'illusion de la raison, il y a plusieurs sciences, s'échelonnant et s'appuyant les unes sur les autres, et toutes ensemble ne sont qu'une science : la philosophie. La philosophie est l'unité ou la synthèse des sciences. La philosophie positive est l'unité ou la synthèse des sciences positives, c'est-à-dire des sciences vraies, c'est-à-dire des sciences d'observation sensible.

Y a-t-il une substance spirituelle ? Y a-t-il un être divin ? Y a-t-il des fins et des causes ? Une nature, une origine et une destinée de l'homme distinctes de la nature, de l'origine et de la destinée de son corps ? Ces questions ne se posent pas pour la philosophie, parce qu'elles ne se posent pas pour la science. La philosophie ne les résoudra pas négativement : elle ne s'en occupera pas plus qu'elle ne s'occupe des vains songes. L'âme est une fonction du système cérébro-spinal : cela suffit au philosophe *positif* : il en parle à ce titre, et il en parle comme si elle n'était pas autre chose, parce qu'en effet elle n'est pas autre chose pour lui. D'où, entre le positivisme et le matérialisme, ces frappants rapports de langage qui les ont fait prendre l'un pour l'autre, bien qu'ils diffèrent du tout au tout : celui-ci est une métaphysique, l'autre est l'élimination de la métaphysique ; celui-ci affirme la matière, l'autre n'affirme que des propriétés. Si le positivisme a le langage du matérialisme, c'est que le matérialisme a le langage de la science, dont la tâche est précisément d'étudier les propriétés de la matière.

— Ecartons la question d'originalité. Le scepticisme philosophique, ou métaphysique, n'est pas nouveau ; et la tentative de constituer la philosophie par la science, en dehors de toute métaphysique, n'est pas nouvelle. Ç'a été celle de Bacon. Bacon rejette aussi, comme une des formes de la fausse philosophie, la philosophie *rationnelle*, qu'il remplace par la philosophie expérimentale, ensemble ou synthèse ou système des sciences physiques. Le positivisme n'a de nouveaux que trois points, secondaires, quelle qu'en soit l'importance, et qui, s'ils étaient vrais, seraient le perfectionnement et non l'invention d'une philosophie : une loi d'évolution historique, dont il convient de restituer le premier honneur à Turgot; une classification hiérarchique des sciences ; un couronnement de cette hiérarchie par la *sociologie*, mise au faîte. Mais ces trois points n'ont de valeur que dans l'hypothèse du baconisme, c'est-à-dire d'une philosophie expérimentale conçue comme l'unité des sciences, conçues elles-mêmes comme étant toutes expérimentales et toutes physiques.

Les trois états, théologique, métaphysique, et scientifique ou *positif*, se succèdent peut-être : est-ce à dire qu'ils se remplacent ? Oui, s'il n'y a pas d'autre connaissance que la connaissance expérimentale : la théologie et la métaphysique ne sont rien, et l'on ne comprend même pas qu'elles aient pu être ; oui encore, si théologie, métaphysique et science ont le même objet : elles se disputent l'homme, et celle des trois qui l'emporte évince les deux autres. Mais si leur objet n'est pas le même, et si l'esprit humain n'est pas borné tout entier à la connaissance expérimentale ? L'analogie ne veut-elle pas qu'un état ultérieur contienne le précédent, et, loin de le détruire, en augmente la puissance ? Si la religion est à l'origine, s'ensuit-il que la métaphysique, venue à la suite, la supprime, ou plutôt la conserve en l'éclairant ? Et si la science vient la dernière, s'ensuit-il qu'elle supprime la métaphysique, ou plutôt agrandisse le terrain de ses opérations ? Ne se peut-il que l'esprit humain, au lieu d'être théologien d'abord, puis métaphysicien, et enfin savant, soit l'un des trois d'abord, puis deux, puis les trois ensemble ? Et n'est-il pas plus rationnel qu'il en soit ainsi ? Il n'en peut être ainsi, je l'accorde, si les trois sont méthodes pour un même objet qu'elles se disputent, ou si la connaissance est toute expérimentale. Mais c'est la question.

La série des sciences échelonnées ne vaut également que si la connaissance est toute expérimentale et toute externe. S'il y a une connaissance expérimentale interne, et s'il y a une intuition rationnelle, si le subjectif ni l'absolu ne peuvent être éliminés, il y aura deux sortes de science, les sciences du corps et les sciences de l'esprit, et, dans chaque ordre, des sciences d'observation éclairées par des sciences de réflexion ou de raisonnement pur : d'un côté, cosmologie, biologie, s'appuyant sur les exigences mathématiques de la raison pure, de l'absolu ; de l'autre, psychologie, *sociologie*, s'appuyant sur les exigences logiques et morales de la même raison pure, de l'absolu. Or, connaissons-nous les faits de conscience autrement que par la conscience, et les nécessités mathématiques, ou logiques, ou morales, les nécessités de raison, autrement que par la raison ?

Savons-nous par l'observation que les trois angles d'un triangle égalent deux droits ? L'observation donne des triangles, non le triangle en soi ; elle donne le particulier, non l'universel ; et quand elle donnerait l'universel, elle ne donnerait pas le nécessaire, qui est l'absolu : ne voient-ils donc pas, ces éliminateurs de l'absolu, que le théorème est vrai non de quelques triangles, mais de tous, et nécessairement, absolument ?

Savons-nous par l'observation externe que nous sentons, que nous pensons, que nous voulons ? Quand un positiviste voit un rapport entre un organe et sa fonction, c'est qu'il voit de ses yeux l'organe et la fonction, si l'organe est l'estomac, par exemple ; mais, si l'organe est le cerveau, il voit de ses yeux le cerveau : voit-il de ses mêmes yeux l'âme ? Est-ce l'observation externe qui lui donne les deux termes du rapport ? Il établit une correspondance entre un état cérébral et un état mental : il me dit bien comment il connaît l'état cérébral : mais l'état mental, comment le connaît-il ?

Faire de la psychologie un chapitre de la physiologie, c'est une impertinence de quelques physiologistes. Leurs livres, dès qu'ils arrivent à ce chapitre, ne sont vraiment plus lisibles, si instructifs qu'ils aient pu être jusque-là ; ils parlent de psychologie comme certaines gens du monde parlent de physiologie ou de médecine : *Et voilà pourquoi votre fille est muette.* Qu'ils jugent des souffrances que leur prétention nous inflige !

Ce n'est pas assez pour le positivisme d'absorber la science de l'âme dans celle du corps vivant : il fait sortir de la biologie la *sociologie*, comme la biologie de la chimie, comme la chimie de la physique, avec un élément de plus à chaque degré supérieur, il est vrai, mais toujours matériel.

« Expérimentalement, dit M. Littré, l'esprit ne

nous apparaît jamais que lié à une substance matérielle; nous ne connaissons aucun esprit qui ne soit en un corps, et, précisément, en un tissu nerveux. Dans tous les cas où nous rencontrons un corps doué d'une ou de plusieurs activités, nous disons que ces activités sont les propriétés ou les forces de ce corps. » — Ce qui est lié à une matière est-il matière ? Si vous ne connaissez aucun esprit qui ne soit en un tissu nerveux, s'ensuit-il qu'il n'y en ait pas ? ou que l'esprit doive être identifié avec ce dans quoi vous dites qu'il est ? qu'il soit propriété d'une substance, au lieu d'être une substance unie à une substance ? « Expérimentalement, » vous n'en savez rien. Les activités dont un corps est doué sont les propriétés de ce corps? Peut-être. Mais l'esprit est-il une activité du tissu nerveux ? C'est la question même, et vous la tranchez par une affirmation.

Suis-je un cerveau pensant, ou un pensant lié à un cerveau ? Qu'on ôte à Paganini son violon, le violoniste ne se manifestera plus. Est-il un violon jouant, ou un musicien jouant du violon ? La question est la même. Elle est résolue pour Paganini expérimentalement; elle ne l'est pas pour moi, si à l'expérience objective ou externe je n'ajoute et l'expérience interne et la raison. Je ne penserais pas si je ne vivais, et je ne vivrais pas si je n'avais un corps : ne fussé-je que mon cerveau, j'ai un corps par lequel je vis, mais qui n'est pas moi : car il n'est pas mon cerveau, et l'on ne prétend pas sans doute qu'il pense. Or, suis-je un cerveau vivant et pensant moyennant un corps qui vit mais ne pense pas ? ou mon cerveau est-il pour moi ce qu'est pour lui ce corps, et suis-je une âme vivante et pensante moyennant un cerveau qui vit mais ne pense pas ?

La pensée est la fonction du cerveau, disent nos physiologistes en chœur. Ils risquent fort de dire un pur non-sens. Ils en disent bien d'autres, dès qu'ils touchent à la psychologie ! Les organes corporels produisent des mouvements : la pensée n'est pas un mouvement. Elle résulte d'un mouvement ; mais il se pourrait qu'elle résultât aussi d'autre chose, qu'elle eût plusieurs facteurs : ce ne serait pas la pensée, mais une des conditions de la pensée, qui serait la fonction du cerveau. La fonction du cerveau serait de constituer le milieu immédiat de l'âme où seraient transportées les actions du dehors pour que l'âme les y pût recevoir, et d'où seraient transportées au-dehors les actions de l'âme : le cerveau produirait, s'il ne l'était lui-même, l'intermédiaire entre l'âme et le monde extérieur. C'est avec le cerveau, ou avec un produit du cerveau, que l'âme, force propre, agent irréductible, serait en rapport immédiat d'action et de réaction, condition de sa manifestation à elle-même comme à autrui, jeu de sa vie spirituelle.

L'idée n'est pas la pensée, la pensée n'est pas la sensation, et la sensation n'est pas l'image. Nos physiologistes confondent et brouillent tout cela. La pensée est la conception actuelle de l'idée, ou même l'affirmation actuelle d'un rapport d'idées ; et nous ne pensons pas un triangle, un arbre, un homme, mais l'homme, l'arbre, le triangle, tandis que nous sentons, nous voyons un triangle, un arbre, un homme : un homme, dis-je, nous est sensible, non intelligible. C'est l'homme qui nous est intelligible. La sensation n'est donc pas la pensée. La pensée a pour objet l'idée, l'intelligibilité de l'être; la sensation a pour objet la réalité de l'être présent et agissant sur l'âme, ou plutôt elle n'a pas d'objet comme telle : elle est la conscience que l'âme a de sa réaction sur l'action de l'être présent. Et c'est pourquoi la sensation, à son tour, n'est pas l'image : il n'y a pas d'image, au vrai sens du mot. Elle est l'empreinte des choses sur nous, empreinte qui peut ne pas ressembler aux choses mêmes; elle est un double effet et de l'action des choses sur nous et de notre réaction sur les choses : elle est donc pour nous le signe des choses, que nous connaissons par leurs signes comme le feu par la fumée, — réelles, mais non peut-être plus semblables à leurs signes qu'à la fumée le feu. Comme la cire, si elle était douée de conscience et de raison, ne connaîtrait pas le cachet, mais une empreinte, dont elle affirmerait la cause extérieure inconnue, ainsi les choses ne nous sont pas données en elles-mêmes, mais dans leur rapport à nous, et dans leurs rapports entre elles tel que leur rapport à nous l'enveloppe.

« Il est certain, dit M. Littré lui-même, que, quand se produit en nous la notion du monde extérieur, cette notion n'a pas d'autre forme qu'une impression. » — *Impression* est un mot dont je me méfie : s'agit-il d'une impression cérébrale, ou d'une impression mentale, c'est-à-dire d'une sensation ? La sensation, en effet, est à l'origine : je ne connais rien du monde que par l'intermédiaire de mes sensations, et je ne connais mon corps, mon cerveau, l'impression cérébrale, que par ce même intermédiaire. Le monde, a-t-on dit, est un phénomène cérébral. C'est d'abord un phénomène mental, un ensemble de sensations, que je rapporte à un ensemble d'objets extérieurs : la sensation est un signe que j'interprète comme un rapport entre deux termes dont je suis moi-même l'un, dont l'autre, en conséquence, n'est pas moi. Le phénomène cérébral, l'impression, est déjà objet de sensation; déjà le cerveau fait partie de cet autre terme, le monde, que ma sensation met en rapport avec moi, l'unissant à moi et le distinguant de moi dans ce rapport même : car, ou je ne connais pas mon cerveau, ou je le connais par l'observation externe : il ne m'est pas objet de conscience, mais de science expérimentale externe : je ne le connais que par analogie, connaissant le cerveau humain, et je connais le cerveau humain par la sensation, comme je connais le squelette humain, comme je connais la terre et les montagnes et les astres du ciel.

Me voilà donc seul en présence de mes sensations, qui ne sont rien, que des signes. Le monde extérieur n'existe pour moi, les autres hommes, dont la pensée confirmerait la mienne, le cerveau humain, le tissu nerveux, n'existent, qu'autant que je sais interpréter ces signes. Comment les interpréterai-je, sans une clé ? J'ai besoin d'une clé, et j'en ai une : la raison. Je les interprète par une application des idées d'être, de substance, de cause, etc., idées de rapports nécessaires, auxquelles j'accorde une valeur absolue : sans quoi je ne pourrais me fier à l'interprétation des signes et les rapporter avec certitude aux choses. Ces idées sont-elles des données ou des dérivées de l'expérience ? Laquelle ? Externe ? Je ne l'ai pas encore : il s'agit de l'avoir. Interne ? Il s'agit d'en sortir. Il s'agit de sortir de moi pour saisir le dehors, mon propre corps, les autres hommes ; si je n'ai que le fait de conscience, je demeure enfermé dans ma conscience : ce qui m'en tire et me permet l'expérience externe ou *objective*, n'est point d'expérience, mais de raison pure.

A la base est un acte de foi, sans doute : l'acte de foi de l'intelligence en elle-même. Mais il faut le faire, ou renoncer à penser. Et il faut le faire tout entier, il faut accepter tout ce qu'il embrasse. Accepter l'*objectif* sans le *subjectif* qui l'enveloppe et sans l'*absolu* qui le dégage, est contradictoire. La science ne va pas sans la psychologie et sans la métaphysique. Que dis-je, la science ? la pensée, la parole même. Je prends sans cesse nos positivistes en flagrant délit de psychologie et en flagrant délit de métaphysique : ils en font toujours, non comme M. Jourdain faisait de la prose, sans le vouloir, mais contre leur vouloir, en se persuadant qu'ils n'en font pas, et en jurant leurs grands dieux qu'ils se gardent bien d'en faire, qu'ils n'en feront jamais ! Mais dans ces conditions-là, ils ne sauraient faire de bonne psychologie, ni de bonne métaphysique.

Ce positivisme qui est la grande tentation ou la grande illusion des savants égarés sur les terres de la philosophie, élimine et *l'absolu* et le *subjectif* (c'est sa formule), pour ne reconnaître que *l'objectif*. Or il se rencontre que *l'objectif* ne nous est pas directement donné; mais dans le *subjectif* et grâce à l'*absolu*. Ceci est le renversement du positivisme.

V

Ceci est aussi la justification de la métaphysique.

Nous sera-t-il permis d'achever cette justification par une réponse à quelques objections de l'école criticiste [1], au sujet d'un livre [2] où nous avions essayé de déterminer la méthode même dont nous nous bornons aujourd'hui

---

(1) *La Critique philosophique*, 1re année, t. o 22, 4 juillet 1872.
(2) *L'Analyse métaphysique*.

à établir ici la nature ? C'est des idées fonda‑
mentales de notre travail d'aujourd'hui qu'il
est question et dans cette réfutation et dans
notre réponse.

A côté de l'école *positiviste*, une autre école,
très sérieuse, et dont nous nous plaisons, tout
en la combattant, à reconnaître la haute va‑
leur, croit aussi que l'esprit humain en a fini
avec la métaphysique. « Il n'est pas raisonna‑
ble, dit le chef du nouveau kantisme en France,
M. Renouvier, de demander la détermination
de la vérité à une méthode à la fois discréditée
par deux mille ans de contradictions entre ceux
qui la préconisent, et dont les procédés ont été
l'objet d'une critique en règle et d'une réfuta‑
tion exacte. » — Nous ne demandons pas à
cette méthode la *détermination de la vérité*,
mais l'intelligence ou la raison de la vérité dé‑
terminée et connue ; la méthode *discréditée par
deux mille ans de contradictions* est la méthode
rationnelle pure dans la recherche de la con‑
naissance, de la science ; nous la proscrivons :
celle que nous voulons n'est point la méthode
rationnelle pure, mais appliquée à des données
expérimentales, et pour la recherche non de
la connaissance, mais de l'intelligence ou de
la raison des choses ; les procédés d'une telle
méthode n'ont pas été réfutés, parce qu'ils

n'ont pas été critiqués : ils n'ont pas même été démêlés exactement.

On reproche de tenir peu de compte des questions de méthode, « préliminaires aux questions de doctrine, » à un livre sur la méthode, et de tenir peu de compte du criticisme kantien à un livre qui d'un bout à l'autre en est ou veut en être une réfutation indirecte ; qui, tantôt le nommant, tantôt ne le nommant pas, l'a toujours en vue ; qui est aussi, à sa manière, une *critique de la raison*, opposant théorie à théorie, mais sans parti-pris, et lui accordant beaucoup tout en le combattant beaucoup. On nous objecte l'insuffisance du principe de contradiction pour fonder la philosophie : nous ne prétendons pas fonder sur ce principe la philosophie, mais la certitude philosophique. Le principe sur lequel nous fondons la philosophie n'est point A *est* A, mais A *implique* *non-A* : principe que nous avons cru trouver dans la raison, également certain et au même titre : comme il est contradictoire que A ne soit pas A, il est contradictoire que A n'implique pas non-A ; il en résulte que non-A est contenu dans A, et que les jugements qui paraissent être synthétiques sont analytiques au fond. Il n'y a donc pas lieu de venir nous apprendre que « Kant a introduit la distinction célèbre des jugements analytiques et des jugements synthétiques a *prioriques*. » Nous le savons si bien que nous avons écrit nous-même (p. 74) : « Kant a cherché des jugements synthétiques absolus... Ce qui précède prouve, au contraire, que d'une ou d'autre façon tout jugement vrai est analytique. » Mais c'est à un point de vue qui n'a pas été celui de Kant, et que Kant, l'ignorant ou le dédaignant, n'a pas réfuté. Ce point de vue d'une sorte d'universelle identité d'idées qui participent les unes des autres et de réalités qui se déterminent les unes les autres, sinon dans l'intimité de leur être, du moins dans leurs rapports réciproques d'où se forme la chaîne liée et reliée en tous sens de toutes choses, ce point de vue, qui est celui d'une science de la raison des choses (sans quoi nous n'en parlerions pas en un lieu où nous n'avons pas à nous défendre nous-même), est-il faux, est-il vrai ? Que nous importe, s'il est vrai, qu'il ait échappé à un philosophe, ce philosophe eût-il nom Emmanuel Kant ? Si Kant l'eût réfuté, il y aurait à le réfuter lui-même, ou à se rendre. Mais il semble l'ignorer, ou peut-être le dédaigne-t-il : toujours est-il qu'il se place en dehors, dès l'abord, sans examen préalable, par le seul fait de cette « distinction célèbre des jugements analytiques et des jugements synthétiques a *prioriques*. » Il commence par établir qu'il y a des jugements analytiques, qui, selon lui, n'instruisent pas, et des jugements synthétiques, les uns a *posteriori*, les autres a *priori* : et il est vrai qu'il en est ainsi pour nous ; en est-il ainsi absolument ? Non, dans l'hypothèse de la solidarité des idées et de la nécessité rationnelle des choses. Mais que vaut cette hypothèse ? C'est la question : Kant, par sa « distinction célèbre, » la suppose résolue, sans l'avoir posée. N'est-ce pas une pétition de principe ? Et s'appuyer sur cette distinction pour écarter ensuite une autre solution qui ne la comporte pas, n'est-ce pas là un cercle vicieux manifeste ?

Un attribut peut être contenu dans un sujet par une série d'intermédiaires : le caractère analytique du jugement, dans ce cas, ne sera pas visible. Par exemple, le rapport direct, immédiat, de deux points est unique : il est le rapport de deux points. Dire qu'il est unique, c'est dire qu'il est lui-même : A est A. La ligne qui établira ce rapport direct sera donc l'unique ligne qui les joigne directement : il s'ensuit aussitôt qu'il ne saurait y avoir entre deux points qu'une ligne droite, et que la ligne droite est le plus court chemin d'un point à un autre, parce qu'il est le seul qui établisse entre les deux un rapport direct. Ce sont donc là des jugements analytiques ; Kant en fait des jugements synthétiques a *priori*. — En voici d'autres : Tous les phénomènes externes sont dans l'espace ; tous les phénomènes internes sont dans le temps ; tous les phénomènes sont causés, etc. Oui, dit Kant : ce sont les jugements synthétiques a *priori* de la sensibilité pure, de l'entendement... — Eh bien, non : ils sont analytiques. Sauf le cas où espace, temps, cause, etc., ne seraient rien hors de notre esprit : ils s'ajouteraient alors *synthétiquement*, étant purement subjectifs, aux données objectives de l'expérience externe. C'est ce que veut Kant, qui croit avoir besoin, pour trouver la place du libre-arbitre, d'un monde qui ne tombe ni dans l'espace, ni dans le temps, ni sous la loi de causalité, incompatible, lui semble-t-il, avec la liberté, — comme si la liberté même n'était point la cause par excellence ! Mais l'espace, le temps, etc., ne sont-ils rien hors de notre esprit ? C'est la question ; et encore ici Kant la résout par une simple affirmation, pour ne pas dire par une pétition de principe. Si l'espace est quelque chose, s'il est, comme pour Descartes, l'essence des corps, dire que tous les phénomènes externes sont dans l'espace, c'est dire que tous les phénomènes corporels sont corporels; s'il est, comme pour Leibniz (et comme pour nous), l'ordre des coexistants, dire que les phénomènes externes sont dans l'espace, c'est dire que plusieurs qui existent ensemble coexistent. Si le temps est l'ordre des conséquents, dire que les phénomènes internes sont dans le temps, c'est dire que plusieurs en un forment une suite, ou que plusieurs en un sont en un et sont plusieurs. Dire que tous les phénomènes sont causés, c'est dire que toutes les apparences ou apparitions ou manifestations d'être sont causées, et parler ainsi c'est dire que ce qui manifeste un être n'est point par soi mais par l'être qu'il manifeste ; ou, dire que tout ce qui commence d'être a une cause, c'est dire que ce qui est par soi est indépendamment de tout autre, est absolu, est éternel, que ce qui n'est pas éternel, ce qui commence d'être, n'est point par soi, que ce qui n'est point par soi est par un autre. Toutes propositions où l'attribut est contenu dans le sujet ; toutes propositions analytiques.

Il est vrai que, s'il en est ainsi, on sera bien contraint d'admettre, de quelque façon d'ailleurs qu'on l'entende, la réalité du temps, de l'espace, de la substance, de la cause, etc., et de revenir à la métaphysique. D'où l'importance de la distinction entre les jugements analytiques et les jugements synthétiques *a priori* : si elle est fondée, peut-être y aura-t-il jour à se sauver de la métaphysique, et c'est ce que veut Kant ; mais encore faut-il en avoir le droit, et qu'elle soit fondée.

On nous rappelle, à propos de certaines démonstrations, l'objection,— élevée, nous dit-on, par Kant « à la hauteur d'une méthode, — qu'elles prétendent à tort conclure de l'existence de certaines idées générales à celle d'un objet réel de ces idées ; que ces idées sont des formes universelles de l'entendement, en elles-mêmes vides, et qui ne servent qu'à encadrer nos véritables notions de la réalité. » — L'objection de Kant a du vrai et du faux. Nous disons comme lui qu'il n'y a pas lieu de conclure des pures idées à la réalité ; mais nous ajoutons qu'on le peut et qu'on le doit des idées de réalités données aux réalités connexes par l'intermédiaire d'idées connexes. Nous disons comme lui que les idées sont les formes universelles de l'entendement, en elles-mêmes vides ; mais nous ne lui accordons pas qu'elles ne soient que des cadres : elles ont des objets, qui, ce qu'il a très bien vu, ne sont pas des êtres, mais qui sont des rapports nécessaires, par lesquels on peut passer, dans l'ordre de la réalité, d'un terme donné à un autre connexe. On ne conclura pas la substance de l'idée de substance, ou l'être de l'idée d'être, ou l'infini de l'idée d'infini : mais la substance, de l'existence de phénomènes et de modes ; mais l'être, de l'existence d'êtres réels ; mais l'infini, de l'existence du fini qui l'implique, etc.

On nous classe dans « le nombre des philosophes qui restent attachés à l'ancienne métaphysique, » et l'on raille volontiers ces philosophes. Mais nous a-t-on bien lu, ou bien compris ? La métaphysique à laquelle nous sommes attaché est la métaphysique. Sans doute elle est déjà dans l'ancienne : car elle serait une chimère, si elle n'y avait ses racines : mais elle n'est pas l'ancienne ; ou elle est l'ancienne modifiée, dégagée de ses parties caduques, confirmée dans ce qu'elle a de légitime, délivrée de confusions qui la compromettent, et amenée à la conscience d'elle-même.

Le métaphysicien, écrit-on encore quelque part, « peut bien alléguer pour sa défense qu'il lui plait de croire à une correspondance entre les formes universelles de l'entendement et les réalités souveraines de l'univers. Alors qu'il croie et qu'il ne démontre pas ! A quoi sert l'appareil démonstratif, si ce n'est peut-être à préparer des contradictions au philosophe, qu'il oblige à concilier le caractère relatif des réalités accessibles à sa croyance naturelle avec le caractère absolu des abstractions suprêmes dont il se leurre ? » — Oui, nous croyons à une correspondance entre l'esprit et la nature, entre la pensée et l'univers ; nous croyons l'idée vraie ; nous croyons que, l'intelligence étant la faculté du vrai, le vrai qui en est l'objet n'est pas notre vrai, mais le vrai ; nous croyons que l'intelligible n'est pas seulement l'objet de l'intelligence, mais encore le caractère de l'être ; nous croyons que l'être est intelligible, que nous entendons l'intelligible, et qu'ainsi nous entendons l'être ; nous croyons que notre raison est la raison, ou une participation de la raison : oui, nous le croyons, et nous ne le démontrons pas : mais c'est précisément sur quoi nos démonstrations reposent. Nous le croyons, parce que nous croyons à la raison ; nous croyons à la raison, parce que nous croyons à l'intelligence ; et nous croyons à l'intelligence, parce que nous ne voyons pas comment nous pourrions nous y prendre pour parler, pour penser, sans y croire. Et notre *criticiste* n'y croit pas moins que nous, lui qui regarde comme contradictoire en effet ce qui apparaît contradictoire, à l'esprit humain, et qui estime le contradictoire faux, non pour l'esprit humain, mais absolument : s'il reconnaît au principe de contradiction, qui n'est aussi qu'un *a priori* de la raison, une valeur objective, pourquoi la refuse-t-il aux autres principes *a priori*, synthétiques ou analytiques, peu importe ici, de la même raison ? Pourquoi, distinguant, bien ou mal à propos, des *a priori* analytiques et des *a priori* synthétiques, refuse-t-il aux uns la valeur objective qu'il accorde aux autres ?

VI

Mais à quoi sert « l'appareil démonstratif », qui, en un sens, est la métaphysique même ? Car elle ne se propose pas de connaître le réel, mais de démontrer le vrai, c'est-à-dire de transformer le *réel* pour l'expérience ou pour le sentiment en *vrai* pour la raison. Elle ajoute donc son œuvre à l'œuvre de la science et à l'œuvre de la foi. Elle est d'accord avec le positiviste, sur le terrain expérimental ; elle est d'accord avec le criticiste, sur le terrain moral et dans le domaine des postulats auxquels il estime qu'il faut croire. Elle y croit, comme elle croit aux résultats dûment établis de la science. Elle fait une autre œuvre, d'un autre ordre, et, selon elle, d'un ordre supérieur.

Est-ce illusion de sa part ? Son œuvre, telle que nous avons essayé de la délimiter et de la démêler de toute autre, vaut-elle bien la peine d'être faite ?

Voilà qu'on vient nous dire qu'elle n'est bonne qu' « à préparer des contradictions au philosophe. » — C'est un malheur qu'elle évitera, pour peu qu'elle se mette en garde contre la tentation de nier ce qu'elle n'aurait pu expliquer, se souvenant que sa tâche est d'expliquer, non de connaître.

On nous déclare ailleurs qu'elle n'est pas, qu'elle ne peut pas être une science, parce qu'elle ne comporte ni vérification, ni prévision. — Soit. Nous l'avons distinguée de la science comme de la foi. Qu'on lui donne le nom qu'il plaira. Si l'on borne la science à la connaissance de la réalité, elle n'est pas une science : mais les mathématiques ne le sont pas davantage; si on l'étend, comme il est permis de le faire, à toute détermination intellectuelle, si les mathématiques sont des sciences, elle est la science par excellence, puisqu'elle est celle du système des choses. Si, comme les grands anciens l'ont proclamé, il n'y a point de science du particulier ni de ce qui passe, c'est aux sciences de faits qu'il faudra peut-être chercher un autre nom.

Mais, quand on lui refuse le nom de science, entend-on que, ne comportant ni vérification ni prévision, elle ne comporte pas la certitude ? Il n'y a point de prévision dans l'immuable, ni de vérification dans l'évident. Est-ce que l'égalité de tous les rayons d'une sphère donne lieu à prévoir... quoi ? la question n'a pas de sens. Est-ce qu'elle se vérifie ? Comment ? Elle s'impose plutôt : qu'une sphère n'ait pas tous ses rayons égaux, elle n'est pas ce qu'elle doit être pour être une sphère, elle n'est plus qu'une sphère imparfaite, ou, si elle présente quelque régularité dans cette inégalité de ses rayons, elle ne sera plus une sphère, mais, comme la terre, un sphéroïde. C'est l'expérimental qui a besoin de vérification, parce qu'il n'est pas évident ; et non le rationnel, qui porte en soi son évidence.

A ce point, que précisément il faut en appeler à la raison pour la vérification de l'expérimental. Un bâton à moitié plongé dans l'eau est courbé pour mes yeux, droit pour ma main : lequel, du tact ou de la vue, dit vrai ? Comment saurais-je même que l'un dit vrai et non pas tous les deux ensemble, si je ne savais que deux contradictoires ne peuvent être vrais ensemble ? Mais comment sais-je cela même, qui est une vérité nécessaire ? L'expérience ne m'enseigne pas le nécessaire. Et, un seul des deux sens disant vrai, pourquoi croire au tact plutôt qu'à la vue ? Avant que le bâton ne fût plongé dans l'eau, il était droit à mes yeux ; après qu'il en a été retiré, il redevient droit à mes yeux : pourquoi croire à mes yeux qui me le montrent droit, et ne pas croire à mes yeux qui me le montrent courbé ? Pourquoi ne pas admettre qu'il s'est courbé et redressé ? Pourquoi le redresser par la pensée là même où il parait courbé, dans l'eau ? C'est la raison qui en juge ; c'est la raison qui prononce :

Quand l'eau courbe un bâton, ma raison le redresse.

Pourquoi déclarer, contre le témoignage de mes yeux et de tous mes sens, que la terre tourne autour du soleil immobile ? C'est la raison qui parle, et qui prononce même sur la réalité des choses : car, si elle n'a pas de valeur objective, si elle ne sert qu'à un certain groupement de phénomènes, si nous n'atteignons que des phénomènes sans que nous puissions rien dire sur les êtres, que signifie la distinction faite sans cesse par toute science entre l'apparence et la réalité ? Le bâton s'est en effet courbé, s'étant courbé pour les yeux ; et en même temps il est demeuré droit, étant demeuré droit pour la main ; il n'y a rien là de contradictoire, s'il n'y a pas d'être sous les phénomènes ou autre que les phénomènes : ce sont deux phénomènes distincts et simultanés, une forme courbée pour les yeux, pour la main une forme droite : qu'allez-vous chercher un bâton droit en effet quand il m'apparaît sous une forme courbée, je ne sais quel fond substantiel qui peut m'apparaître sous une forme trompeuse, je ne sais quel être qui ne reçoit pas en même temps deux manières d'être contraires, qui persiste en sa manière d'être quand je cesse de le percevoir, ou encore, chose plus grave, quand je le perçois autre ? Je vous prends en flagrant délit de foi en la raison, et en l'objectivité de la raison ; je vous surprends en crime de métaphysique. Et même c'est la métaphysique, c'est la raison objective qui a pour vous certitude, contre l'apparence expérimentale. Ce n'est pas l'expérience qui vérifie la raison, c'est la raison qui vérifie l'expérience. La science de la raison des choses n'aura donc pas la certitude expérimentale, mais la certitude rationnelle, qu'on appelle précisément la certitude métaphysique, et qui est le principe de toute certitude.

Encore y a-t-il une certaine prévision, et par suite une certaine vérification expérimentale, que la science de la raison des choses comporte, et qui constitue pour elle, non la preuve interne, qu'elle a dans son évidence propre, mais une preuve externe, une sorte de contrôle, d'ailleurs nécessaire. La mathématique, science rationnelle pure, s'en passe; la métaphysique, science rationnelle de réalités, ne s'en passe pas. Cette prévision est comparable à celle qui constitue dans la science la preuve des théories, sauf qu'elle est logique au lieu d'être chronologique. Ainsi ce qui prouve la vérité de notre système astronomique, c'est qu'il permet des prévisions, par déduction, de faits futurs, qui se réalisent; de même, du système philosophique des choses doivent se déduire, avec les lois établies par la science, les faits que l'expérience réalise.

Mais on insiste. Où est la preuve ? Si les déductions du système contrarient l'expérience ou la foi légitime, le système est faux. Si elles s'accordent avec l'expérience et avec la foi légitime, le système est-il autre chose qu'une hypothèse possible ? — Oui, il est autre chose.

Et d'abord, un système qui rend compte de

toutes les réalités, et de celles qu'on peut connaitre et de celles qu'il faut croire, risque fort, si on le trouve, d'être la seule hypothèse possible : la seule hypothèse possible est l'hypothèse vraie. Il n'y a point de démonstration plus solide que celle qui procède par l'élimination successive de toutes les hypothèses concevables, moins une : celle-ci est démontrée par là même. Une hypothèse qui suffirait à expliquer toutes choses, serait-elle unique ? elle serait vraie. Et l'on tient volontiers pour unique celle qui explique tout : car il serait étrange qu'il y en eût plusieurs également capables d'expliquer tout ; et c'est assez qu'une chose échappe à l'explication universelle, pour que cette explication ne soit pas universelle, pour que le système soit faux. Que sont les lois, dans la science dite positive ? Des hypothèses qui embrassent tout un ordre de phénomènes : si quelque phénomène de leur ordre leur échappe, on les rejette ; si nul ne leur échappe, on s'estime satisfait, et on les estime acquises à la science.

Mais quand il y aurait plusieurs explications universelles, également suffisantes et plausibles, seraient-elles donc toutes fausses, moins une peut-être ? Rien n'empêche que les mêmes faits ne dépendent à la fois de plusieurs causes, logiques, esthétiques, morales, etc., suivant le point de vue d'où on les considère. Tel rend compte d'un mariage par la beauté de l'épousée, tel par sa bonté, tel autre par sa richesse : ne se peut-il qu'ils aient tous les trois raison, et que le mari ne l'eût pas épousée belle et bonne mais pauvre, ou belle et riche mais mauvaise, ou bonne et riche mais laide ? Souvent j'entends nier la prétendue cause morale ou providentielle, témérairement affirmée d'autre part, d'un fait, par cela seul qu'on en détermine la cause physique : cette famine, par exemple, ce choléra, cette inondation, dira-t-on à ces théologiens qui cherchent une cause providentielle au fléau, cette catastrophe publique, ou cette catastrophe privée qui brise le bonheur d'une famille, n'est pas une peine, car elle est la conséquence d'un certain état de la nature. J'avoue que cette manière d'argumenter m'a toujours paru plaisante : il me semble entendre nier que les lettres écrites sur ce papier soient une expression de mon esprit : car elles sont la conséquence d'une certaine disposition de ce papier, d'un certain mouvement de la plume qui est entre mes doigts, etc., d'un certain état de la nature; ou que l'arrivée d'un savant *positif* à Paris soit un effet de sa volonté : car elle est une conséquence d'une certaine disposition de la route, des rails, des roues, des wagons, de son corps mu et poussé dans un de ces wagons, etc., d'un certain état de la nature. A quelle condition reconnaîtra-t-on une volonté, un esprit? Demande-t-on une action de l'esprit en dehors de la nature ? Demande-t-on plus que ne donnerait un miracle ? Demande-t-on une violation de l'essence des choses ? On demande trop : il faut se contenter à moins. Derrière le mouvement du corps de notre positiviste, et les wagons, les roues, les rails, la route, disposés d'une manière plutôt que d'une autre, ou derrière le mouvement de ma main qui écrit, y a-t-il une volonté ? Y en a-t-il une derrière les mouvements naturels, supérieurs à la volonté de l'homme ? Une explication mécanique n'écarte pas une explication morale, ni le comment le pourquoi ; et plusieurs explications différentes peuvent ensemble être vraies, pourvu qu'elles ne soient pas contradictoires entre elles. Loin de se nuire alors, elles se complètent, et le problème s'élève à celui d'une explication plus haute dont l'unité compréhensive les embrasse toutes.

Mais la métaphysique a cet avantage sur les sciences physiques, que la preuve externe, toute négative, qui résulte de l'accord des faits avec leurs hypothèses, est la seule preuve de leurs théories ; tandis que des théories d'ordre rationnel ont en elles-mêmes leur évidence propre. Un raisonnement bien conduit ne saurait, s'il est bien fondé, aboutir à l'erreur.

Cependant trop de gens, et trop considérables, contestent à la métaphysique d'être une science, pour qu'il n'y ait qu'à leur donner tort : il ne se peut qu'ils n'aient pas raison à quelque égard, et nous-mêmes avons distingué la métaphysique de la science comme de la foi. Elle n'est pas plus science qu'elle n'est foi, elle est foi autant que science. Elle n'établit pas le fait, elle l'explique : le fait lui est donné par la foi non moins que par la science. Elle ne peut donc être vraie que dans la double hypothèse et d'une science valable et d'une légitime foi. Mais la science même est-elle vraie autrement que dans une hypothèse ? La physique, par exemple, dans une première hypothèse de la validité du témoignage des sens, dans une seconde hypothèse de la généralité et de la stabilité des lois de la nature ?

La métaphysique n'est pas une science dans la même acception du mot que la physique ou les mathématiques, deux sortes de science qui déjà ne le sont point de la même manière. Elle ne comporte pas la certitude rationnelle pure des mathématiques, qui ne sont au fond qu'une logique, et ne traitent que de possibles ; elle ne comporte pas la certitude tout expérimentale de la physique, qui ne traite que de réalités visibles et palpables : elle n'est pas la détermination de ce qui est, comme la physique, ni, comme les mathématiques, de ce qui peut être, mais l'explication de ce qui est par ce qui doit être. Ce qui est lui est donné, par la science ou par la foi, avec une certitude soit expérimentale soit morale, qui n'est pas la sienne : la sienne est rationnelle dans l'hypothèse de ce qui lui est donné. Sa certitude propre est rationnelle dans une hypothèse, comme celle des mathématiques : mais celles-ci dans l'hypothèse de possibles conçus, et par application du principe d'identité ; la nôtre dans l'hypothèse d'une réalité donnée, et par application de la raison tout entière.

VII

Soit, nous dira-t-on. La métaphysique, ainsi définie, garantie de tous côtés, limitée à l'effort de comprendre, de reconstruire par la raison notre univers, de traduire la science valable et la foi légitime en langage rationnel, n'aboutira pas à l'erreur : mais à quoi nous servira cette explication suprême de choses d'ailleurs connues ?

Il faut lire, dans un des brillants *Essais* de Macaulay, dans cette étude sur Bacon où l'anglais fait au grand anglais une gloire d'avoir cherché à constituer, sous le nom de philosophie, la science utile, il faut lire l'expression du mépris dont il accable cette métaphysique inféconde, qui est pour nous une si haute science, la plus haute des sciences humaines !

« Supposons, écrit-il, qu'au moment de fermer les écoles d'Athènes, Justinien eût engagé les derniers sages qui hantaient encore le Portique et qui erraient autour des antiques platanes à résumer leurs titres au respect du public ; supposons qu'il eût dit : « Mille ans
« sont écoulés depuis que Socrate confondit,
« dans cette fameuse cité, Protagoras et Hip-
« pias ; pendant ces mille ans, une proportion
« considérable des hommes les plus distingués
« de chaque génération s'est constamment ef-
« forcée d'amener à la perfection la philoso-
« phie que vous enseignez ; cette philosophie
« a été magnifiquement patronnée par des
« hommes puissants ; le public a tenu dans la
« plus grande estime ceux qui l'enseignaient ;
« elle s'est emparée de presque toute la sève

« et la vigueur de l'esprit humain ; et qu'a-t-
« elle fait ? Quelle est la vérité profitable, en-
« seignée par elle, dont, sans elle, nous n'au-
« rions pas eu également connaissance ? Nous
« a-t-elle rendus capables de faire ce que sans
« elle nous n'aurions pas été également capa-
« bles de faire ? » De telles questions auraient,
j'imagine, embarrassé Simplicius et Isidore.
Demandez à un disciple de Bacon ce qu'a fait
pour l'humanité la nouvelle philosophie, comme on l'appelait du temps de Charles II ; sa
réponse est toute prête : « Elle a prolongé la
« vie ; elle a diminué la douleur ; elle a fait
« disparaître des maladies ; elle a augmenté la
« fertilité du sol ; elle a donné de nouvelles
« sécurités au marin ; elle a fourni de nouvel-
« les armes au guerrier ; elle a jeté sur de
« grandes rivières, et sur des passages diffi-
« ciles, des ponts d'une forme inconnue à nos
« pères ; elle a fait descendre sans danger la
« foudre du ciel ; elle a paré la nuit de l'éclat
« du jour ; elle a étendu la portée de la vue
« humaine ; elle a multiplié la force des mus-
« cles humains ; elle a accéléré les mouve-
« ments ; elle a annihilé la distance ; elle a
« facilité les rapports, la correspondance, les
« bons offices, l'expédition des affaires ; elle a
« permis à l'homme de descendre dans les

« profondeurs de la mer, de planer dans les
« airs, de pénétrer sans péril dans les replis
« les plus dangereux de la terre, de traverser
« les continents dans des voitures qui fendent
« l'air sans chevaux, et l'océan dans des vais-
« seaux qui filent dix nœuds à l'heure contre le
« vent. Ce ne sont là que quelques-uns de ses
« fruits, et de ses premiers fruits. Car c'est
« une philosophie qui ne se repose jamais, qui
« n'est jamais arrivée, qui n'est jamais par-
« faite. Sa loi, c'est le progrès. Un point, qui
« était invisible hier, est aujourd'hui son but, et
« sera demain son point de départ... »

Voilà, voilà l'œuvre de la science véritable, et c'est un anglais qui l'a créée et mise au monde... Quel enthousiasme pour la science, la vraie science, et quel dédain pour la métaphysique !

Macaulay exprime un sentiment très répandu. Il ne voit pas quelle pourrait bien être notre réponse. La voici en peu de mots, qui seront la fin et comme le couronnement de notre étude sur la métaphysique.

A quoi servira, nous demande-t-on, cette explication suprême de choses d'ailleurs connues ?

A nous les faire comprendre : et par là, d'abord, à nous en faire indirectement, mais certainement, connaître d'autres ; ensuite, à confirmer notre foi, et à la déterminer, à en modifier la forme, au grand profit de la civilisation.

Comme le mathématicien analyse les notions de la quantité, de l'étendue, de la force, et les applique aux phénomènes que soumettent à ses calculs les observateurs des corps, ainsi le philosophe analyse la notion de l'être, et l'applique aux phénomènes que soumettent à son calcul supérieur les observateurs des corps et des âmes. Gouverné par l'ontologie, il établit la métaphysique des sciences, transformant en intelligence la connaissance des choses, reconstruisant rationnellement la nature. Tout problème d'essence, d'origine, de fin, placé en dehors de l'observation, relève de sa juridiction; quiconque, en histoire naturelle ou en chimie comme en psychologie, traite une question qui porte sur des phénomènes que l'expérience n'atteint pas, traite une question de métaphysique. Et comment conclure sur de pareils phénomènes, si l'esprit humain ne parvient à établir qu'ils sont parce qu'ils doivent être, s'il n'a pas le pouvoir d'en induire avec certitude la réalité nécessaire, par **la connexion intime qui la relie à la réalité donnée d'autres phénomènes connus ?**

Les origines et les fins, nécessairement placées en dehors de toute expérience, et même en dehors de toute analogie avec les choses de l'expérience, soulèvent des questions dont la solution se dérobe à la méthode expérimentale : consentira-t-on à les ignorer ? La science même n'y consent pas : elle pose ces questions, et les résout à sa manière. D'une manière négative, c'est-à-dire par élimination de solutions fausses, — elle ne peut les résoudre autrement. Et cependant, elle doit sa grandeur à son effort pour les résoudre. La question de la génération spontanée, qui remuait, il y a quelques années, le monde savant, celle de l'origine des espèces, qui l'agite aujourd'hui, sont dans ce cas : comment le partisan de la génération spontanée s'y prendra-t-il pour établir que là où il ne voit pas de germes il n'en existe pas d'invisibles ? Ou comment l'adversaire s'y prendra-t-il pour établir qu'il en existe ailleurs que là où il en montre, et partout ? Et comment le partisan de la transformation des espèces montrera-t-il que les choses se sont passées en effet comme il montre qu'elles ont pu se passer ? Le *transformisme* est une thèse métaphysique, — vraie ou fausse, peu importe ici : il suit d'une certaine conception du monde, d'un certain système de l'univers. Système faux, si les faits le combattent : les adversaires de ce système s'efforcent de le combattre par les faits ; les partisans s'efforcent, non de l'établir par les faits (ils n'y peuvent prétendre que grâce à une triste et caractéristique inintelligence de la portée des méthodes), mais d'établir que les faits ne lui sont pas contraires, d'en montrer, non la réalité, dis-je, mais la possibilité naturelle : leur œuvre expérimentale n'est pas autre, et la gloire de Darwin est dans la puissance avec laquelle il a exécuté cette œuvre. Est-il parvenu à rendre compte d'un moyen suffisant de transformation des espèces ? Reste à savoir s'il ne s'est pas ingénié à expliquer ce qui n'est point; reste à savoir si ce qui est dans le principe même de l'être, dans la raison des choses, c'est l'unité ou l'irréductible variété des espèces; si l'être multiple résulte ou non d'une distinction radicale, éternelle, absolue, dans l'être : s'il est essence, ou s'il est accident. Question de métaphysique, sur laquelle aucune science expérimentale n'a par aucun bout aucune prise, et où de proche en proche sont engagés les plus graves problèmes de la philosophie.

Si la métaphysique prête aux sciences physiques et naturelles non seulement leur plus haut mais leur plus vif intérêt, que sera-ce à la psychologie ? Comme les sciences lui sont nécessaires, à la métaphysique, elle leur est nécessaire à son tour, pour leur donner toute leur portée, leur élévation, leur valeur intellectuelle : à nulle science plus qu'à la psychologie. Les autres peuvent, jusqu'à un certain point, se passer de l'élévation dont elles sont capables, faire fi de leur valeur intellectuelle; elles peuvent, si telle est leur bassesse, s'enorgueillir du terre-à-terre où elles se complaisent, et rendre à qui les considère de trop haut dédain pour dédain : elles dirigent des entreprises utiles, elles servent à notre bien-être, et même à nos plaisirs! A quoi sert la psychologie? Qu'elle nous enseigne notre fin avec les moyens de l'atteindre, elle devient philosophie. La métaphysique de la physique peut-elle être indifférente aux physiciens ? celle de la psychologie ne saurait l'être aux psychologues.

La métaphysique, en même temps qu'elle relève la science, confirme la foi, et la détermine. La confirme d'abord : la foi, étant souvent en apparente contradiction avec la réalité visible, ne tarderait guère à s'effacer dans les âmes, et à laisser les hommes sans espérance dans le vide et l'horreur de la vie terrestre, si la philosophie ne substituait à cette contradiction apparente un accord véritable, par la synthèse rationnelle des données de l'un et de l'autre ordre. Si, pour prendre un exemple, celui qui n'a pas le sentiment de son immortalité est peu touché de la nécessité philosophique de l'immortalité de l'âme, celui même qui en a le sentiment ne le conserve qu'autant qu'il en voit la nécessité philosophique établie aux yeux des sages. La philosophie confirme donc la foi : non toute foi; mais la foi légitime. Ce n'est pas assez, elle détermine la foi. La foi ne détermine pas son objet, si ce n'est dans la mesure très peu précise où le requiert le sentiment qui le réclame : la philosophie le détermine, et de la sorte transforme la religion universelle en autant de religions particulières, plus ou moins vraies, qu'elle fait prévaloir de déterminations plus ou moins heureuses des objets de la foi. Nul n'ignore le rôle immense, prépondérant, premier, qu'ont joué les religions dans la civilisation du monde : qu'on se rende compte du rôle que la philosophie a joué soit dans la constitution des religions, soit surtout dans leur interprétation, dans leur application, dans leur établissement, et l'on verra quelle est sa place dans l'histoire du genre humain, on verra le bien ou le mal que la métaphysique, selon qu'elle aura été bien ou mal comprise, prépare à l'avenir.

Enfin, n'eût-elle pas, dans l'ordre de la foi comme dans l'ordre de la science, l'utilité supérieure que nous venons de reconnaître, elle aurait encore en elle-même un prix inestimable : par l'effort qu'elle nous invite à faire pour hausser notre raison jusqu'au point de vue de la raison créatrice, de la raison divine. La philosophie est l'aspiration de la raison, comme la poésie est l'aspiration du cœur : comme il faut voir dans la poésie une glorieuse tentative de l'humanité pour s'élever à des sentiments plus nobles, plus sublimes, plus dignes de sa divine fin, et qui la rapprochent du terme inaccessible de son amour, il faut voir aussi dans la philosophie une glorieuse tentative de l'humanité pour s'élever à des pensées plus hautes, plus compréhensives, plus dignes de sa divine fin, et qui la rapprochent du terme inaccessible de son intelligence. Si l'homme a pour fin la vie en Dieu, la possession de Dieu par la possession de la perfection de son propre être, il se doit à lui-même, et il doit à Dieu, la perfection de son esprit comme celle de son cœur : l'intelligence comme l'amour. A la charité, qui est la perfection du cœur et la possession de Dieu par l'amour, il doit joindre la raison, qui est la perfection de l'esprit et la possession de Dieu par l'intelligence; et s'il convient qu'il ne se flatte pas de pouvoir ici-bas atteindre pleinement un tel but, il convient qu'il y tende; il doit, sans présumer le succès, tenter l'effort. Tout pas en avant, sur cette route du ciel, est une conquête, tout succès un progrès de l'âme; et l'effort même a le prix infini de l'accomplissement d'un devoir supérieur.

FIN

TABLE DES MATIÈRES

Avant-propos 5
Introduction. — La Crise 9

LIVRE PREMIER

POSSIBILITÉ DE LA MÉTAPHYSIQUE

Chapitre premier. — La Science 44
Chapitre II. — Les Idées de raison 91
Chapitre III. — Valeur objective des idées de raison 182

LIVRE DEUXIÈME

IDÉE D'UNE MÉTAPHYSIQUE DÉFINITIVE

Chapitre premier. — Quelques essais de métaphysique 211
Chapitre II. — La Métaphysique 261
Chapitre III. — Difficultés et Réponses. — Valeur de la Métaphysique ainsi comprise ... 354

www.ingramcontent.com/pod-product-compliance
Lightning Source LLC
Chambersburg PA
CBHW051829230426
43671CB00008B/888